Os Tratados Internacionais de Direitos Humanos e o Controle da Constitucionalidade

PATRÍCIA COBIANCHI FIGUEIREDO
*Mestre em Direito do Estado — PUC/SP. Especialista em Direito Constitucional — ESDC/SP.
Professora universitária e advogada.*

Os Tratados Internacionais de Direitos Humanos e o Controle da Constitucionalidade

LTr 75

LTr EDITORA LTDA.
© Todos os direitos reservados

Rua Jaguaribe, 571
CEP 01224-001
São Paulo, SP — Brasil
Fone (11) 2167-1101

Produção Gráfica e Editoração Eletrônica: R. P. TIEZZI
Projeto de Capa: R. P. TIEZZI
Impressão: BARTIRA GRÁFICA E EDITORA
LTr 4318.9
Abril, 2011

Visite nosso site:
www.ltr.com.br

Dados Internacionais de Catalogação na Publicação (CIP)
(Câmara Brasileira do Livro, SP, Brasil)

Figueiredo, Patrícia Cobianchi
   Os tratados internacionais de direitos humanos e o controle da constitucionalidade / Patrícia Cobianchi Figueiredo. — São Paulo : LTr, 2011.

   Bibliografia

   ISBN 978-85-361-1700-3

   1. Controle da constitucionalidade das leis 2. Direito constitucional 3. Direitos humanos 4. Direito internacional 5. Direito internacional — Normas I. Título.

11-02442   CDU-341.18:340.135.5

Índice para catálogo sistemático:

1. Direitos humanos e controle da constitucionalidade : Direito internacional
        341.18:340.135.5

Dedico esta obra a todos que esperam por um sistema de proteção aos direitos humanos mais eficientes, em especial às minhas filhas Beatriz Victória e Sophia.

Agradecimentos

O maravilhoso Deus proporcionou tudo que se fez necessário para a realização desta obra, por isso posso afirmar: *O Senhor é meu pastor e nada me faltará.* Também por isso tenho muito a quem agradecer.

A professora Flávia Piovesan, mediante seus apaixonantes ensinamentos, despertou em mim a causa maior que norteou este trabalho, o que fez durante meu curso de especialização e consolidou num feliz reencontro durante o curso de Mestrado quase sempre acompanhada de suas solícitas assistentes voluntárias professoras Daniela Ikawa e Alessandra G. Bontempo. Foi assim que, ao lado de Zélia Cardoso Montal — quem muito contribuiu para essa empreitada —, me apaixonei definitivamente pela causa e, com isso, tive o privilégio de receber a motivadora e afetuosa orientação da professora Flávia Piovesan, resultando nessa contribuição em prol da proteção dos direitos humanos.

A professora Maria Garcia ofertou-me inúmeros e valorosos ensinamentos — além mesmo do campo do Direito —, o professor Marcelo Lamy, há tempos contribuía para minha formação com seus instigantes questionamentos e precisos apontamentos. O professor Vidal Serrano, prontamente trouxe novos horizontes para a abordagem do tema com lições acerca da dignidade humana e outras atinentes ao processo constitucional. O professor Márcio Pugliesi e a professora Maria Celeste C. L. Santos recepcionaram-me com os primeiros ensinamentos no curso de Mestrado, seguidos do professor Marcelo Figueiredo e do professor Sérgio Shimura. O professor Pádua Fernandes ofertou-me oportunidades de aprendizados e seu inspirador trabalho acadêmico.

Um agradecimento especial ao Sr. Antonio, Sra. Conceição e demais familiares de meu esposo, pelo carinho de sempre. Aos meus familiares cujo convívio foi fundamental para a realização deste trabalho: minhas filhas Beatriz Victória e Sophia, existências divinas em minha vida, fontes de inspiração, motivação e alegria. Meu esposo, Marcio César Figueiredo, exemplo de pai, de competência na advocacia, e de quanto um homem pode ser importante para o exercício dos direitos de uma mulher. Minha mãe, Maria Ap. Rosa Cobianchi, minha eterna heroína... Meu pai,

Dorvalino Cobianchi, exemplo de que estamos sempre aprendendo... Meus irmãos, cunhados e cunhada, Hilda, Rogério, Paula, Ananias, Sidnei e Alessandra, pelo amor que me ofertam e, principalmente, pelos maravilhosos sobrinhos. À família do meu esposo, pelo carinho de sempre. As primas Regina e Kátia, por se fazerem presentes com suas mensagens providenciais. Os amados que já não estão entre nós, por terem me deixado motivação para lutar mediante a força do Direito.

Não poderia deixar de agradecer aos amigos representados aqui por: Josilaine Carmargo Silva, pela fé transmitida; Valter Rodrigues e sua esposa Fátima, por me fazerem ouvir: "Viver e não ter a vergonha de ser feliz ..."; Maria Ap. Alvarez, Flávia Regina Ferraz e Luzia Palmieri, amigas sempre lembradas em minhas conquistas; aos amigos que, por meio de meu esposo, se tornaram uma grande família para mim, nas pessoas de Dernival de Oliveira e Lourival Laurindo de Castro; aos amigos do Fórum Regional I de Santana, pela amizade ainda presente agora que estou do outro lado dos balcões.

Agradeço também aos colegas do curso de Direito da Uninove, representados aqui na pessoa do diretor professor Sergio Braga, destacando-se aqueles que acompanharam mais de perto o meu trilhar para essa conquista, a exemplo dos professores Cibele Baldassa Muniz, Antonia Terezinha de Oliveir e Egle Cecconi. Ainda à equipe da Escola Superior de Direito Constitucional — ESDC, onde tudo começou com a força necessária para não parar. Enfim, à LTr pela viabilidade desta publicação.

SUMÁRIO

NOTA DA AUTORA 13

APRESENTAÇÃO — *MARIA GARCIA* 15

PREFÁCIO — *FLÁVIA PIOVESAN* 19

INTRODUÇÃO 25

CAPÍTULO 1
OS TRATADOS INTERNACIONAIS NO SISTEMA DE PROTEÇÃO DOS DIREITOS HUMANOS

1.1. A proteção dos direitos humanos após a Segunda Grande Guerra 30

1.2. Tratados internacionais do sistema global de proteção dos direitos humanos 35

    1.2.1. Declaração Universal de 1948, Pacto Internacional sobre Direitos Civis e Políticos de 1966 e Pacto Internacional sobre Direitos Econômicos, Sociais e Culturais de 1966: a Carta Internacional dos Direitos Humanos 36

    1.2.2. Outros tratados internacionais do sistema global 38

1.3. Tratados internacionais do sistema interamericano: Convenção Americana de Direitos Humanos e outros tratados internacionais 43

CAPÍTULO 2
A CONSTITUIÇÃO DE 1988 E A INSERÇÃO DO BRASIL NO SISTEMA INTERNACIONAL DE PROTEÇÃO DOS DIREITOS HUMANOS

2.1. Os princípios fundamentais e a declaração de direitos fundamentais como propiciadores da inserção do Brasil no sistema internacional de proteção dos direitos humanos 48

2.2. Principais consequências da inserção no sistema internacional de proteção dos direitos humanos 57

    2.2.1. Soberania estatal em prol da proteção dos direitos humanos 57

    2.2.2. Condição de humanidade como único requisito para ser sujeito de direitos e sua especificação em casos necessários 59

    2.2.3. Indivisibilidade e interdependência dos direitos civis, políticos, sociais, culturais e ambientais 61

CAPÍTULO 3
CONSTITUIÇÃO DE 1988 E OS TRATADOS INTERNACIONAIS DE DIREITOS HUMANOS: ELABORAÇÃO, INCORPORAÇÃO, HIERARQUIA E DENÚNCIA

3.1. Distinção entre tratados internacionais de direitos humanos e os demais tratados ... 65

3.2. Fases do processo de elaboração dos tratados internacionais: da assinatura à ratificação 68

3.3. Incorporação dos tratados internacionais de direitos humanos no ordenamento jurídico interno 72

3.4. Hierarquia normativa constitucional dos tratados internacionais de direitos humanos ... 75

3.5. Rigidez constitucional e os tratados internacionais de direitos humanos 82

3.6. Tratados internacionais de direitos humanos e o art. 5º, § 3º da CF/88: a questão formal dos tratados ratificados anteriormente 84

3.7. Considerações sobre a denúncia: necessária participação do Poder Legislativo e petrificação dos direitos decorrentes dos tratados internacionais de direitos humanos 89

CAPÍTULO 4
A POSIÇÃO DOS TRATADOS INTERNACIONAIS DE DIREITOS HUMANOS NO CONTROLE DA CONSTITUCIONALIDADE DAS LEIS NO BRASIL

4.1. Inconstitucionalidade como ofensa à supremacia constitucional e o controle da constitucionalidade a garantir a própria Constituição: os tratados internacionais de direitos humanos sob essa perspectiva 94

4.2. Impacto dos tratados internacionais de direitos humanos no ordenamento jurídico interno com primazia da norma mais favorável para o caso de conflito de normas .. 99

4.3. Tratados internacionais de direitos humanos e a interpretação dos direitos fundamentais em âmbito interno 104

4.4. Tratados internacionais de direitos humanos no controle da constitucionalidade: objetos ou parâmetros? 109

    4.4.1. Inconstitucionalidade extrínseca (formal) dos tratados internacionais de direitos humanos e o art. 5º, § 3º, da CF/88 109

4.4.2. O controle preventivo como meio de impedir a formação da inconstitucionalidade nos tratados internacionais de direitos humanos em âmbito interno .. 111

4.4.3. Possível meio de impedir a formação da inconstitucionalidade extrínseca nos tratados internacionais de direitos humanos em âmbito internacional 113

4.4.4. A inconstitucionalidade intrínseca (material) dos tratados internacionais de direitos humanos e o desnecessário controle repressivo: a primazia da norma mais favorável 116

Capítulo 5
Os Tratados Internacionais de Direitos Humanos como Parâmetros para o Controle da Constitucionalidade: um Avanço na Proteção dos Direitos Humanos em Âmbito Interno

5.1. A questão do parâmetro para o controle da constitucionalidade: os tratados internacionais de direitos humanos sob essa perspectiva 119

5.2. A obrigatoriedade de adequação da legislação interna aos comandos dos tratados internacionais de direitos humanos e a necessidade de controle interno nesse sentido 127

5.3. Uma questão terminológica: controle da constitucionalidade ou "controle da convencionalidade? 130

5.4. Momentos, competências e instrumentos para o controle da constitucionalidade considerando os tratados internacionais como parâmetros 136

    5.4.1. Controle preventivo 136

    5.4.2. Controle repressivo 138

        5.4.2.1. Controle difuso 138

        5.4.2.2. Os arts. 102, III, *a*, *b* e c e 105, III, *a*, da CF/88 141

        5.4.2.3. Controle concentrado 144

Conclusões 149

Referências 155

Nota da Autora

A despeito do estágio atual em que se encontram o constitucionalismo e a internacionalização dos direitos humanos, a luta pela efetivação dos direitos humanos fundamentais continua, pois não basta o reconhecimento de direitos em diplomas legais, ainda que em Constituições e em tratados internacionais. Necessário se faz o aprimoramento do sistema de proteção a fim de coibir ofensas, assegurar o pleno exercício dos direitos reconhecidos e garantir a segurança jurídica evitando retrocessos. Diante dessa realidade, ainda há muito a ser feito. Contudo, percebe-se a existência de muitos esforços nesse sentido, pois a força do humanitarismo intensifica-se em diversos segmentos e se revela com pequenas e grandes ações.

Esta obra, resultado de pesquisa que realizei para obtenção do grau de Mestre em Direito do Estado, embora possa ser considerada uma pequena ação diante da grande luta para efetivação dos direitos humanos, vem ao encontro de uma das prioridades nos dias atuais, que é a busca por meios para aprimorar o sistema de proteção dos direitos humanos. Poder agir nesse sentido é motivo de muita satisfação, seja pela contribuição acadêmica, seja pelos obstáculos pessoais vencidos para concluir este trabalho, cujo principal objetivo é contribuir para o reconhecimento dos tratados internacionais de direitos humanos na posição de parâmetros para o controle da constitucionalidade, um meio de aprimorar o sistema de proteção no âmbito interno, onde está a responsabilidade primária dos Estados, e, ainda, evitar a responsabilização internacional do Estado, o que, afinal, recai sobre seus cidadãos.

A ideia central circunda o fato de que os Estados, quando inseridos no sistema internacional de proteção, ratificam tratados internacionais de direitos humanos — o que fazem livremente e de boa-fé — e assumem compromissos perante a comunidade internacional em prol dos destinatários dos direitos internacionalmente reconhecidos. Um desses compromissos é o de adequar o ordenamento jurídico interno conforme os comandos decorrentes dos tratados. Trata-se de uma vinculação jurídica e não uma mera recomendação.

No Brasil, a exemplo de outros Estados, os direitos provenientes dos tratados de direitos humanos devem ser considerados na mesma condição daqueles expressos no rol dos direitos constitucionais. Isso porque são direitos que integram a Constituição além de seu texto, por força da abertura material determinada pelo próprio Poder Constituinte Originário, conforme o comando do art. 5º, § 2º, de certa forma reforçado, em 2004, com o advento do § 3º ao mesmo artigo. Para tanto, não há óbice na rigidez constitucional, cuja finalidade é proteger os direitos constitucionalmente previstos e entre eles devem ser considerados aqueles oriundos dos tratados internacionais de direitos humanos, os quais causam impacto positivo no ordenamento jurídico interno, pois reafirmam, complementam ou inovam o rol dos direitos constitucionais. Para o caso de eventual conflito entre norma constitucional e norma de tratado internacional de direitos humanos, a primazia deve ser daquela mais favorável ao ser humano, assim determinam os comandos provenientes dos próprios tratados e, internamente, os princípios fundamentais da República Federativa do Brasil, em especial, o da dignidade humana e o da prevalência dos direitos humanos.

Portanto, diante da hierarquia constitucional dos tratados internacionais de direitos humanos, incorporados de forma harmônica no ordenamento interno e protegidos de alterações que importem em retrocesso, esta obra contribui para que os direitos provenientes desses instrumentos sejam reconhecidos na posição de parâmetros para o controle da constitucionalidade, o que implica em considerá-los na interpretação da Constituição, ou seja, ao lado dos direitos constitucio-nalmente previstos, o que, de certa forma, já ocorre no Supremo Tribunal Federal e encontra acolhida na sistemática existente no Brasil.

Apresentação

Os Tratados Internacionais, contratos, acordos, pactos ou convenções firmados entre dois ou mais Estados vêm apresentando, ao curso do tempo, especialmente após as duas grandes Guerras Mundiais que caracterizaram o século XX, dado que, a partir daí, firmaram-se as ideias e os anseios em torno dos *direitos humanos* —, aquilo que, após a destruição das guerras, resta como algo único e permanente: o *ser humano*.

O ser humano como tal, despido das vaidades e honrarias mundanas, os haveres e os teres que o belicismo consumiu: o Homem e seus direitos inerentes à qualidade do *humano,* colados à pele, universais.

O estudo de Patrícia Cobianchi Figueiredo inicia-se precisamente com esse debruçar-se sobre a proteção dos direitos humanos após a 2ª Grande Guerra: denomina-se assim o conflito, de alcance mundial, que opôs, entre 1939 e 1945, nações contra nações, povos contra povos, com muitos tratados firmados e outros tantos descumpridos.

Findo os conflitos — constatada a sua insensatez, dado que os povos devem conviver neste único espaço à disposição dos seres que o habitam, a Geia ou Gaia, o nome grego da Terra —, proliferam os tratados internacionais de proteção dos direitos humanos, tal como assinalado no Capítulo I, no qual, com muita propriedade, a autora detém-se na amplitude ou abrangência que caracterizam esses documentos internacionais, pelo que "os tratados vão além, ao trazerem novos direitos, e, ainda, uma nova dimensão aos direitos já declarados".

Nesse desiderato, considera-se a "condição de humanidade como único requisito para ser sujeito de direitos", conforme ressalta a autora, citando Celso de Albuquerque Mello, para quem "o direito, seja ele qual for, se dirige sempre aos homens" — acrescentando, no bom dizer, que "a dignidade inerente ao ser humano o conduz à condição de sujeito de direitos".

Na sua obra de 1942, "Os direitos do homem", afirma Sampaio Dória: "Os direitos fundamentais, os homens os têm, só por serem homens, como o da vida, o de locomoção, o de associação, o de pensamento, o de apropriar-se".

Nesse sentido, a autora desenvolve amplo painel sobre a inserção do Brasil no sistema internacional de proteção aos direitos humanos (Capítulo 2), ressaltando que os Estados, ao ratificarem os tratados de direitos humanos, o fazem no pleno exercício da soberania estatal, sendo inadmissíveis argumentos posteriores para o seu descumprimento ou o delongar do atendimento às suas determinações: nesse domínio, conforme sublinha, "com o movimento de internacionalização dos direitos humanos, deve o Estado observar os ditames internacionais em âmbito interno".

É que os tratados internacionais de direitos humanos distinguem-se de outros tratados por especificidades próprias, isto é, têm por fim a proteção de direitos fundamentais dos seres humanos, em qualquer circunstância e acima de quaisquer distinções, diversamente da generalidade dos outros tratados, incidentes sobre as relações entre os Estados em multiplicidade de interesses outros que não, especificadamente, *o homem na sua humanidade*.

Contudo, há de ser ressaltado ainda um excepcional aspecto deste estudo, em que Patrícia Cobianchi Figueiredo adentra a ordem jurídica interna para apresentar os tratados internacionais como *parâmetros para o controle da constitucionalidade*, denominando uma técnica ou forma de "controle da convencionalidade".

Com efeito, conforme propõe, a mesma Constituição de 1988, no § 2º ao art. 5º, dispõe sobre a inclusão de direitos e garantias advindos de "tratados internacionais em que a República Federativa do Brasil seja parte" — "o parâmetro de constitucionalidade não se restringe às normas constitucionais expressas no texto constitucional, mas, considerando o bloco de constitucionalidade, abarca também as normas constantes dos tratados internacionais de direitos humanos" (Capítulo 5).

Daí, como sublinha a autora em conclusão, "considerar os tratados internacionais de direitos humanos como parâmetros no controle da constitucionalidade encontra suporte na questão da parametricidade, vez que esses tratados fazem parte do bloco de constitucionalidade".

O controle preventivo, afirma, seria o mais eficaz, pois impediria o surgimento de uma norma conflitante com a Constituição por desrespeito a tratados de direitos humanos: "no entanto, caso fuja a esse controle, resta o controle repressivo na forma difusa ou concentrada".

Conforme se constata, este estudo alcança amplas considerações no enfoque da proteção aos direitos humanos no sentido exposto por Noberto Bobbio em citação da autora (Capítulo 1):

> A comunidade internacional se encontra hoje diante não só do problema de fornecer garantias válidas para aqueles direitos, mas também de aperfeiçoar continuamente o conteúdo da Declaração, articulando-o, especificando-o, atualizando-o, de modo a não deixá-lo cristalizar-se e enrijecer-se em fórmulas tanto mais solenes quanto mais vazias.

Este estudo encontra-se bem nessa linha da proposta do memorável jusfilósofo, ensejando o prosseguimento e o aprofundamento das questões decorrentes desse tema inesgotável: *os direitos e garantias humanos* em caráter universal e permanente.

São Paulo, junho de 2010.

Maria Garcia
Livre-Docente pela Pontifícia Universidade Católica de São Paulo. Professora de Direito Constitucional, Direito Educacional e Biodireito Constitucional na PUC/SP. Coordenadora do Programa de Direito Constitucional da Pós-Graduação da PUC-SP. Membro da CoBi do HCFMUSP e do Instituto dos Advogados do Estado de São Paulo/IASP. Procuradora Aposentada do Estado de São Paulo. Membro fundador e atual Diretora-Geral do Instituto Brasileiro de Direito Constitucional (IBDC). Coordenadora da Revista de Direito Constitucional e Internacional (Editora Revista dos Tribunais). Membro da Academia Paulista de Letras Jurídicas (Cadeira Enrico T. Liebman).

Prefácio

Conheci a autora, Patrícia Cobianchi Figueiredo, na Escola Superior de Direito Constitucional em 2002, tendo tido desde então o privilégio de orientá-la em monografia de conclusão de curso, que já enfocava com inteira competência o tema da hierarquia e incorporação dos tratados de proteção dos direitos humanos no Direito Brasileiro. Em 2006, tive a alegria de contar com sua destacada participação como aluna da disciplina de Direitos Humanos que ministro na Pós-Graduação da PUC/SP, sendo, uma vez mais, sua orientadora em grau de mestrado. A todo tempo, ao acompanhar sua trajetória acadêmica, impressionaram-me sua seriedade, comprometimento e dedicação, que fortalecem sua especial vocação acadêmica e sua elevada qualidade de pesquisadora — atenta, curiosa e ávida por questionamentos, reflexões e respostas na área do Direito Constitucional Internacional.

É este espírito inquieto que move a primorosa obra, que tenho a honra de prefaciar, a celebrar um profícuo percurso iniciado pela autora na temática dos instrumentos internacionais de direitos humanos e de seu impacto na ordem jurídica brasileira. Fruto da dissertação de mestrado defendida por Patrícia Cobianchi Figueiredo em 2009 na PUC/SP, recebendo máxima aprovação, o livro lança luzes ao fascinante tema dos tratados internacionais de direitos humanos como parâmetros para o controle de constitucionalidade — o que permite aprimorar o sistema de proteção no âmbito interno.

Adotando como ponto de partida o crescente processo de internacionalização dos direitos humanos, o livro prossegue analisando a inserção do Brasil no sistema internacional de proteção dos direitos humanos. Ao examinar a recepção dos tratados de direitos humanos na Constituição Federal de 1988, a autora enfatiza a racionalidade e principiologia constitucional, sobretudo ao consagrar como princípios fundamentais a dignidade humana e a prevalência dos direitos humanos. Defende a existência de um regime jurídico misto, diferenciando o regime aplicável aos tratados de direitos humanos e o regime aplicável aos tratados tradicionais, reconhecendo, assim, a hierarquia constitucional dos tratados de direitos humanos, que não encontra qualquer óbice na rigidez constitucional.

À luz deste contexto, a investigação passa a apreciar a posição dos tratados de direitos humanos no controle da constitucionalidade, considerando particularmente o atual estágio do constitucionalismo, marcado por cláusulas abertas a fomentar o diálogo e a interação da ordem interna com a ordem internacional — o que vem a culminar com uma nova concepção de supremacia constitucional. O capítulo conclusivo assume o desafio de afirmar os tratados de direitos humanos como parâmetros para o controle da constitucionalidade, seja em razão da parametricidade das normas constitucionais (já que estes tratados integram o "bloco de constitucionalidade"), seja em virtude da necessidade de harmonizar a ordem doméstica tendo em vista os parâmetros protetivos mínimos fixados pela ordem internacional. No entender da autora, *a inconstitucionalidade advém não apenas de ofensa às normas do texto constitucional, mas também por ofensa às normas oriundas dos tratados internacionais de direitos humanos, o que se mostra como um meio de garantir a própria Constituição*. Adiciona que os tratados de direitos humanos devem ser ainda considerados na interpretação dos direitos constitucionalmente previstos.

Desde o processo de democratização, e em particular a partir da Constituição Federal de 1988, os mais importantes tratados internacionais de proteção dos direitos humanos foram ratificados pelo Brasil. O pós-1988 apresenta a mais vasta produção normativa de direitos humanos de toda a história legislativa brasileira. A maior parte das normas de proteção aos direitos humanos foi elaborada após a Constituição de 1988, em sua decorrência e sob a sua inspiração. A Constituição de 1988 celebra a reinvenção do marco jurídico normativo brasileiro no campo da proteção dos direitos humanos.

Embora a Constituição de 1988 seja exemplar na tutela dos direitos humanos e tenha introduzido avanços extraordinários para sua proteção, acabou por confiar a guarda do texto ao antigo Supremo Tribunal Federal, marcado até então por uma ótica acentuadamente privatista e por uma herança jurisprudencial de tempos ditatoriais. Vale dizer, a justiça de transição no Brasil foi incapaz de fomentar reformas institucionais profundas, a culminar, por exemplo, na criação de uma Corte Constitucional, como ocorreu em outros países (cite-se, a título ilustrativo, a Colômbia, a África do Sul, entre outros).

Na experiência brasileira ainda persiste a polêmica a respeito da hierarquia dos tratados de direitos humanos no âmbito interno. Em 03 de dezembro de 2008, ao julgar o Recurso Extraordinário n. 466.343, o Supremo Tribunal Federal, por unanimidade, convergiu em conferir aos tratados de direitos humanos um regime especial e diferenciado, distinto do regime jurídico aplicável aos tratados tradicionais. Rompeu, assim, com a jurisprudência anterior, que, desde 1977, por mais de três décadas, parificava tratados internacionais às leis ordinárias, mitigando e desconsiderando a força jurídica dos tratados internacionais. Tal paridade curiosamente operava sempre em favor da prevalência da lei: lei poderia revogar tratado, mas não ser revogada por ele.

Todavia, ainda que o Supremo Tribunal Federal tenha convergido em atribuir um *status* privilegiado aos tratados de direitos humanos, divergiu no que se refere especificamente à hierarquia a ser atribuída a estes tratados, remanescendo dividido entre a tese da supralegalidade (a ordem jurídica como uma pirâmide em que a Constituição assume o ponto mais elevado) e a tese da constitucionalidade dos tratados de direitos humanos (a ordem jurídica como um trapézio em que a Constituição e os tratados de direitos humanos assumem o ponto mais elevado), sendo a primeira tese a majoritária[*].

O julgado proferido em dezembro de 2008 constitui uma decisão paradigmática, tendo a força catalizadora de impactar a jurisprudência nacional, a fim de assegurar aos tratados de direitos humanos um regime privilegiado no sistema jurídico brasileiro, propiciando a incorporação de parâmetros protetivos internacionais no âmbito doméstico, o advento do controle da convencionalidade das leis e a reinvenção do controle da constitucionalidade (ao conceber os tratados de direitos humanos como parâmetros para o controle, se acolhida sua hierarquia constitucional).

Neste peculiar cenário, por sua consistência, densidade e primor, este livro traz uma extraordinária contribuição à pavimentação de um constitucionalismo democrático e emancipatório, que tem como vértice maior a efetiva proteção aos direitos humanos no âmbito interno e internacional, impulsionando o diálogo entre a ordem constitucional e internacional e potencializando o impacto entre elas, inspirado pela absoluta prevalência da dignidade humana.

Heidelberg, junho de 2010.

Flávia Piovesan
Professora doutora em Direito Constitucional e Direitos Humanos da Pontifícia Universidade Católica de São Paulo, Professora de Direitos Humanos dos Programas de Pós-Graduação da Pontifícia Universidade Católica de São Paulo, da Pontifícia Universidade Católica do Paraná e da Universidade Pablo de Olavide (Sevilha, Espanha); visiting fellow do Human Rights Program da Harvard Law School (1995 e 2000), visiting fellow do Centre for Brazilian Studies da University of Oxford (2005), visiting fellow do Max Planck Institute for Comparative Public Law and International Law (Heidelberg — 2007 e 2008), sendo atualmente Humboldt Foundation Georg Forster Research Fellow no Max Planck Institute (Heidelberg — 2009-2011); procuradora do Estado de São Paulo e membro do Conselho Nacional de Defesa dos Direitos da Pessoa Humana.

---

[*] Com efeito, a partir do julgamento do Recurso Extraordinário n. 466.343, em 3 de dezembro de 2008, a atual jurisprudência do Supremo Tribunal Federal encontra-se dividida entre a tese majoritária que confere aos tratados de direitos humanos hierarquia infraconstitucional, mas supralegal (5 votos) e a tese que confere a estes tratados de direitos humanos hierarquia constitucional (4 votos), nos termos do art. 5º, §§ 2º e 3º da Constituição Federal. Defendo com toda convicção a tese da hierarquia constitucional dos tratados de direitos humanos à luz de uma interpretação sistemática e teleológica da Constituição, considerando a racionalidade e integridade valorativa da Constituição de 1988. A respeito, ver PIOVESAN, Flávia. *Direitos humanos e o direito constitucional internacional*. 11. ed. São Paulo: Saraiva, 2010. p. 51-96.

"Com efeito, o problema que temos diante de nós não é filosófico, mas jurídico e, num sentido mais amplo, político. Não se trata de saber quais e quantos são esses direitos, qual é sua natureza e seu fundamento, se são direitos naturais ou históricos, absolutos ou relativos, mas sim qual é o modo mais seguro para garanti-los, para impedir que, apesar das solenes declarações, eles sejam continuamente violados. [...]"

Norberto Bobbio

Introdução

Os Estados, quando ratificam tratados internacionais de direitos humanos, o que fazem livremente e de boa-fé, avocam para si responsabilidade de adequar o ordenamento interno aos comandos decorrentes desses instrumentos, independentemente da posição hierárquica. No âmbito interno de cada Estado, para aqueles que concedem hierarquia constitucional a tais instrumentos, reconhecê-los como parâmetros para o controle da constitucionalidade é aprimorar o sistema de proteção em âmbito interno, o que vem ao encontro dos ditames internacionais de direitos humanos e também dos ditames constitucionais.

A responsabilidade primária dos Estados quanto à proteção dos direitos humanos norteou a escolha do tema proposto. Isso porque, mesmo que operante um sistema internacional de proteção com meios próprios de monitoramento e controle, é no campo interno de cada Estado que se deve buscar por efetiva proteção desses direitos. Portanto, no atual estágio do constitucionalismo e em prol da dignidade humana, todos os meios para se alcançar tal fim devem ser considerados.

No Brasil, o princípio da dignidade humana e o da prevalência dos direitos humanos estão constitucionalizados como princípios fundamentais da República Federativa do Brasil e, por força de comando expresso na própria Constituição, os direitos ali previstos não excluem aqueles decorrentes dos tratados internacionais de direitos humanos. Nada obstante, ainda há discussão acerca da hierarquia desses instrumentos no ordenamento jurídico brasileiro.

Não há uniformidade do entendimento segundo o qual todos os tratados internacionais de direitos humanos incorporados no ordenamento jurídico pátrio possuem hierarquia constitucional. Vale dizer, não apenas aqueles aprovados conforme o disposto no § 3º, do art. 5º, da CF/88 (fruto da EC n. 45/04). Esse preceito, ao trazer que são equivalentes às emendas constitucionais os tratados internacionais de direitos humanos aprovados da mesma forma que as emendas, exclui, à primeira vista, aqueles que não forem aprovados segundo o novo regramento, e, ainda, não explicita a condição hierárquica dos tratados já ratificados pelo Brasil.

Quanto à hierarquia dos tratados de direitos humanos já ratificados pelo Brasil, o Supremo Tribunal Federal revisitou a questão recentemente, no julgamento do RE n. 466.343/SP (conjuntamente do RE n. 349.703/RS e dos *habeas corpus* n. 87.585/TO e n. 92.566-9/SP). Segundo o voto do Min. Celso de Melo, seguido por outros Ministros, os tratados internacionais de direitos humanos já incorporados no ordenamento jurídico possuem hierarquia constitucional. Por diferença de apenas um voto, prevaleceu o entendimento do Min. Gilmar Mendes no sentido de que esses instrumentos possuem hierarquia supralegal, mas infraconstitucional.

Ambos os entendimentos reafirmam o dever de adequação da legislação interna aos comandos provenientes dos tratados internacionais de direitos humanos e demonstram que, na tarefa de interpretar a Constituição, os tratados internacionais de direitos humanos devem ser considerados. Resta, portanto, intensificar o entendimento no sentido de que todos os tratados internacionais de direitos humanos ratificados pelo Brasil possuem hierarquia constitucional e, nessa condição, são parâmetros para o controle da constitucionalidade.

É, portanto, objetivo deste estudo evidenciar que, na posição de parâmetros para o controle da constitucionalidade, além dos direitos previstos no texto constitucional, existem aqueles oriundos de todos os tratados internacionais de direitos humanos ratificados pelo Brasil, o que não encontra obstáculo no superveniente ditame do § 3º do art. 5º da Constituição. Objetiva ainda evidenciar que a sistemática de controle da constitucionalidade operante no Brasil comporta tais instrumentos na posição de parâmetros, uma vez que os atos inferiores devem coadunar-se com os comandos constitucionais, incluídos aqueles dos tratados internacionais de direitos humanos.

Para alcançar esse intento, no primeiro capítulo, considerando a necessidade de proteger os direitos humanos da melhor forma possível e não mais procurar por sua justificação — como asseverado por Norberto Bobbio —, a ênfase é para o sistema internacional de proteção emergido após a Segunda Guerra Mundial e estruturado normativamente por tratados internacionais que trazem, além dos direitos internacionalmente reconhecidos, disposições acerca da adequação do ordenamento jurídico interno, e, ainda, preveem sistemática própria de monitoramento e controle para assegurar os direitos que veiculam. Para tanto, são mencionados os principais tratados de direitos humanos ratificados pelo Brasil, tanto os advindos da Organização das Nações Unidas — ONU, quanto os oriundos da Organização dos Estados da América — OEA.

No segundo capítulo, o enfoque é para a inserção do Brasil no sistema internacional de proteção dos direitos humanos propiciada pelo advento da Constituição de 1988, que prima, de forma especial, pelos direitos fundamentais. Assim é que, considerando a internacionalização dos direitos humanos, a Constituição de 1988 prevê dupla fonte normativa — a interna e a internacional —, deixando expresso a não exclusão de outros direitos fundamentais, como os oriundos dos tratados internacionais de direitos humanos (art. 5º, § 2º). Dessa forma, está em consonância com a concepção de direitos humanos baseada na dignidade humana, como prevista na Declaração Universal de Direitos Humanos de 1948 e constitucionalizada como um dos fundamentos da República Federativa do Brasil (art. 1º, III), bem como em consonância com o princípio da prevalência dos direitos humanos a nortear o Brasil nas suas relações internacionais (art. 4º, II). Ao final do capítulo, são mencionadas algumas consequências da inserção do Brasil no sistema internacional de proteção aos direitos humanos, a exemplo da concepção de soberania estatal em prol dos direitos humanos e da interdependência dos direitos humanos.

No terceiro capítulo, diante da distinção entre os tratados internacionais de direitos humanos e os demais tratados, são ressaltadas as fases de elaboração desses instrumentos e a sua incorporação no ordenamento jurídico interno com hierarquia constitucional, independentemente do advento do § 3º do art. 5º da CF, o que não encontra óbice na rigidez constitucional. Ao findar do capítulo, a ênfase é para a necessidade de participação do Poder Legislativo no ato da denúncia aos tratados internacionais de direitos humanos que, ainda que efetivada, não tem o condão de afastar os direitos decorrentes de tais instrumentos do ordenamento jurídico interno.

É diante de tal cenário que, no quarto capítulo, auge do estudo, o foco é para a posição dos tratados de direitos humanos no controle da constitucionalidade. Para tanto, são considerados: o atual estágio do constitucionalismo que interage com o Direito Internacional dos Direitos Humanos garantindo a própria Constituição e com influência direta na concepção de supremacia constitucional, pressuposto para o controle da constitucionalidade; o impacto positivo dos tratados internacionais de direitos humanos no ordenamento jurídico interno, com a primazia da norma mais favorável para os casos de eventuais conflitos; e, enfim, os direitos veiculados por esses tratados na interpretação dos direitos constitucionalmente reconhecidos. Com isso, a evidência de que a posição dos tratados internacionais de direitos humanos internacionais no controle da constitucionalidade é peculiar. Para se evitar incompatibilidades entre normas de tratados e normas da Constituição, necessário, como ocorre em outros Estados, um controle preventivo, ou seja, antes da ratificação. Após a ratificação, não há falar em controle repressivo para reconhecer eventual inconstitucionalidade intrínseca (material), pois, quando incorporados no ordenamento interno, são parâmetros para o controle com meio próprio para solucionar eventuais incompatibilidades com o direito interno. Trata-se da aplicação do princípio da primazia da norma mais benéfica, conforme comandos internacionais e constitucionais.

No último capítulo, os tratados internacionais de direitos humanos são reafirmados como parâmetros para o controle da constitucionalidade a partir dos ensinamentos doutrinários acerca da parametricidade das normas constitucionais e da obrigação internacional, assumida pelos Estados, de adequar o ordenamento jurídico interno. Após, as razões que justificam a utilização da expressão que se apresentou mais apropriada para compor o título deste livro, que é: controle da constitucionalidade, não "controle da convencionalidade". Ao final, a possível e necessária releitura a fim de demonstrar que o sistema de controle da constitucionalidade existente no Brasil já dispõe de meios aptos para comportar os tratados internacionais de direitos humanos na posição de parâmetros para o controle da constitucionalidade. São os meios para o controle preventivo e para o controle repressivo, agora com a ampliação do rol das normas-parâmetros que estão além do texto constitucional. Também há possibilidade de utilização da ação de inconstitucionalidade para o fim de intervenção federal visando a assegurar a observância dos direitos da pessoa humana (art. 34, VII, *b*), o que independe da posição hierárquica concedida aos tratados de direitos humanos.

Nas conclusões, estão os tópicos principais resultantes da pesquisa que impulsiona para novos estudos, em especial, quanto às minúcias do processo constitucional.

O estudo é interdisciplinar, pois inserido no campo do Direito Constitucional que interage com o Direito Internacional dos Direitos Humanos. Esta última disciplina, por sua vez, é a relação existente entre Direitos Humanos e Direito Internacional Público. A interdisciplinaridade também se revela com outras disciplinas circundantes, a exemplo da Introdução ao Estudo do Direito e da Teoria Geral do Estado, além de as matérias dos tratados internacionais de direitos humanos serem afetas a diversas disciplinas, tanto do direito material, quanto do direito processual.

É mediante análise indutiva dentro do que permite o direito do pós-positivismo, inclusive no que tange à hermenêutica, que este livro evidencia mais um meio para proteção dos direitos humanos no âmbito interno. Assim, o estudo analisa os pertinentes comandos constitucionais e a jurisprudência, sempre com base nos ensinamentos doutrinários consolidados, que, quanto à forma de citação, prefere-se a direta por não pretender dizer com outras palavras o que os mestres já disseram com as palavras que sabiamente escolheram.

A relevância social do trabalho está na intensificação dos meios já existentes de proteção dos direitos humanos em âmbito interno, revelando-se também com potencial para evitar possíveis responsabilizações internacionais do Estado por ofensa a tais direitos, cujas consequências, em última análise, são suportadas por seus cidadãos. Portanto, necessário que os operadores do direito atentem para o tema despertado nesta obra que está longe de exauri-lo.

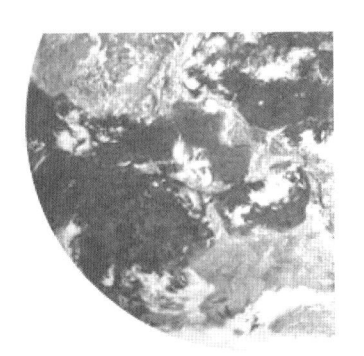

CAPÍTULO 1

OS TRATADOS INTERNACIONAIS NO SISTEMA DE PROTEÇÃO DOS DIREITOS HUMANOS

> *Ao emergir da Segunda Guerra Mundial, após três lustros de massacres e atrocidades de toda sorte, iniciados com o fortalecimento do totalitarismo estatal nos anos 30, a humanidade compreendeu, mais do que em qualquer outra época da História, o valor supremo da dignidade humana. O sofrimento como matriz da compreensão do mundo e dos homens, segundo a lição luminosa da sabedoria grega, veio a aprofundar a afirmação histórica dos direitos humanos*
> (Fábio Konder Comparato)[1].

O objetivo neste primeiro capítulo é, diante da existência do sistema internacional de proteção dos direitos humanos, evidenciar sua estrutura normativa, cuja criação, manutenção e aperfeiçoamento são propiciados por tratados internacionais. São os instrumentos internacionais que veiculam direitos fundamentais fixando parâmetros mínimos de proteção e deveres para os Estados que os reconhecem e, portanto, aceitam a sistemática de monitoramento e controle internacionais, é o caso do Brasil. Portanto, a ênfase é para os principais tratados internacionais de direitos humanos aplicáveis no ordenamento jurídico pátrio, destacando as dispo-

---

(1) COMPARATO, Fábio Konder. *Afirmação histórica dos direitos humanos*. 5. ed. São Paulo: Saraiva, 2007. p. 56-57.

sições pertinentes ao dever dos Estados de adequar o ordenamento jurídico interno a fim de cumprir o que ratificaram livremente e de boa-fé.

1.1. A proteção dos direitos humanos após a Segunda Grande Guerra

Após a Segunda Guerra Mundial, consolidou-se o processo de internacionalização dos direitos humanos com a criação do sistema internacional de proteção, cujo marco se encontra na proclamação da Declaração Universal dos Direitos Humanos de 1948[2]. Desde então, a busca é por proteção do indivíduo independentemente de localização geográfica, de nacionalidade ou qualquer outra condição.

Conforme Celso Lafer[3], ao dialogar com o pensamento de Hannah Arendt, necessário se fez a reconstrução dos direitos humanos. Nas palavras de Norberto Bobbio, o processo de desenvolvimento culminado da Declaração Universal de 1948 pode ser assim descrito:

> Os direitos do homem nascem como direitos naturais universais, desenvolvem-se como direitos positivos particulares, para finalmente encontrarem sua plena realização como direitos positivos universais. A Declaração Universal contém em germe a síntese de um movimento dialético, que começa pela universalidade abstrata dos direitos naturais, transfigura-se na particularidade concreta dos direitos positivos, e termina na universalidade não mais abstrata, mas também ela concreta, dos direitos positivos universais. [...] a Declaração Universal é apenas o início de um longo processo, cuja realização ainda não somos capazes de ver[4].

Se anteriormente os direitos humanos se apresentavam como preocupação basicamente doméstica, pertinentes aos cidadãos de determinado Estado, atualmente ultrapassam fronteiras territoriais e fazem parte de uma pauta comum em âmbitos local, regional e global. Em todos esses campos, em que se projetam tais direitos, a busca é a mesma: pela efetiva proteção dos direitos humanos. Bem por isso, sempre necessário e possível o diálogo.

---

(2) Fruto da Comissão de Direitos Humanos da ONU, a Declaração Universal de Direitos Humanos foi proclamada em 10 de dezembro de 1948 pela Resolução n. 217.
(3) "No capítulo das garantias da *comitas gentium*, aventadas por Hannah Arendt no seu artigo de 1949, cabe mencionar preliminarmente a substituição, em matéria de direitos humanos, do princípio de proteção diplomática, baseado no exercício de competência tutelar dos Estados, pelo da proteção internacional, que busca tutelar os direitos dos indivíduos enquanto indivíduos e não enquanto nacionais de qualquer Estado. É por essa razão que as Convenções Internacionais sobre Direitos Humanos, posteriores à II Guerra Mundial, buscam ir além dos interesses específicos dos Estados, criando garantias coletivas. Estas procuram estabelecer obrigações objetivas em matéria de direitos humanos, que são vistas e percebidas como necessárias para a preservação da ordem pública internacional. Daí o esforço do Direito Internacional Público de tutelar os direitos dos 'não cidadãos', no contexto mais amplo do princípio de proteção internacional" (LAFER, Celso. *A reconstrução dos direitos humanos* — um diálogo com o pensamento de Hannah Arendt. São Paulo: Companhia das Letras, 1988. p. 154-155).
(4) BOBBIO, Norberto. *A era dos direitos*. Trad. Carlos Nelson Coutinho. Rio de Janeiro: Campus, 1992. p. 30.

Entre os vários assuntos possíveis desse diálogo está o atinente à justificação e à própria concepção de direitos humanos, questão abordada por muitos estudiosos, entre filósofos e juristas. Genaro R. Carrió refere-se à justificação dos direitos humanos e inicia comparando os entendimentos de Carlos Santiago Nino e Eduardo Rabossi, como seguem:

> Si Nino ha querido presentarnos una justificación filosófico-metafísica de los derechos humanos, la de Rabossi es de pura raigambre jurídica. Consiste en afirmar que, a esta altura de los desarrollos institucionales del derecho internacional público, la mejor manera de justificar los derechos humanos y su protección son los textos de derecho internacional convencional — derecho positivo al fin — que desde hace décadas los consagran y tutelan. Si alguien se pregunta por el fundamento de los derechos humanos y su protección, la respuesta más simple, menos comprometida filosóficamente, es señalar esos textos: la *Declaración de Deberes y Derechos del Hombre Americano,* la *Declaración Universal de los Derechos Humanos,* los de creación de la Comisión Interamericana de Derechos Humanos, la de la Corte Interamericana (Pacto de San José de Costa Rica), la creación de la Comisión de Derechos Humanos en el seno de la ONU, la Comisión Europea de Derechos Humanos y los textos que aplica, etcétera.
>
> Nino siempre podría responder a Rabossi que la respuesta de este último no oblitera la cuestión, siempre abierta, de cómo se justifican esos textos de derecho internacional positivo, pues no es ocioso buscar tras de ellos la justificación última de prerrogativas humanas que esos textos se han limitado a "positivizar".
>
> Y Rabossi podría contestar a Nino que no es necesario meterse en honduras filosóficas de discutible acierto cuando hay textos supra-estatales que alcanzan la misma finalidad. ¿Para qué bajar al sótano en busca de oscuras raíces metafísicas si todo queda justificado a la plena luz del día, viendo simplemente qué ha ocurrido en la escena normativa internacional durante los últimos cincuenta años en materia de consagración y protección internacional de los derechos humanos?[5]

Para o fim deste estudo, diante da internacionalização dos direitos humanos, segue-se a proposta de Rabossi para considerar superada tal celeuma e dirigir atenção aos meios de proteção. Como assevera Norberto Bobbio: "Entende-se que a exigência do 'respeito' aos direitos humanos e às liberdades fundamentais nasce da convicção, partilhada universalmente, de que eles possuem fundamento [...]"[6].

---

(5) CARRIÓ, Genaro R. *Los derechos humanos y su protección*: distintos tipos de problemas. Buenos Aires: Abeledo-Perrot, 1990. p. 12, 21-23, 67.
(6) *Op. cit.*, p. 25-6.

A concepção de direitos humanos[7] aqui compartilhada não se trata de uma concepção estática, mas sim dinâmica, uma concepção que varia ao longo da história, adaptando-se às realidades. Nas palavras de André de Carvalho Ramos:

> [...] os direitos humanos não constituem um conjunto finito, demonstrável a partir de critérios axiológicos-valorativos. Pelo contrário, a análise da história da humanidade nos faz contextualizar o conceito de direitos humanos, *entendendo-o como fluido e aberto*. [...] O processo de alargamento do rol dos direitos fundamentais explicita a sua não tipicidade, na medida em que se protege um direito fundamental pelo seu *conteúdo*. Esse conteúdo consagra uma intenção de proteger um princípio maior que é a dignidade da pessoa humana, de um ponto de vista ético--valorativo. Com isso, verifica-se a existência de uma *cláusula aberta* ou mesmo um *princípio de não tipicidade* dos direitos fundamentais. Há sempre a possibilidade de uma compreensão aberta do âmbito normativo das normas de direitos humanos, o que fixa margens móveis para o conjunto de direitos humanos assegurados em uma determinada sociedade. Assim, considero que se enquadra como direito fundamental da pessoa humana, então, *aquele direito cujo conteúdo é decisivamente constitutivo da manutenção da dignidade da pessoa humana em determinado contexto histórico*. Tais margens móveis do conceito de direitos humanos também denomina-se *eficácia irradiante dos direitos fundamentais*[8]. (destaques no original)

Trata-se de uma concepção aberta de direitos humanos, advinda do diálogo, com o possível e devido respeito à diversidade e à pluralidade. Para Paulo klautau Filho:

> A construção da concepção universal dos direitos humanos pressupõe, como já indicado, um diálogo multicultural ou transnacional. [...] O

---

(7) Quanto à definição de direitos humanos, Celso D. de Albuquerque Mello menciona alguns autores: "Ricardo Lobo Torres afirma que os direitos humanos se caracterizam por serem 'preexistentes à ordem positiva, imprescritíveis, inalienáveis, dotados da eficácia *erga omnes*, absolutos e autoaplicáveis'. Na mesma linha de raciocínio está Lauterpacht. Perez Luño fornece uma definição bastante completa: 'é um conjunto de faculdades e instituições da dignidade, da liberdade e da igualdade humana, as quais devem ser reconhecidas positivamente pelos ordenamentos jurídicos a níveis nacional e internacional'. Para Ingo Wolfgang Sarlet direitos fundamentais são os direitos 'reconhecidos e positivados na esfera do direito constitucional positivo de determinado estado'. Salienta ainda este autor que eles têm relação com os textos de DI e que eles não se confundem com o direito natural, porque já foram positivados. Podemos adotar como conceito dos direitos humanos o de Louis Henkin: 'Direitos Humanos constituem um termo de uso comum, mas não categoricamente definido. Esses direitos são concebidos de forma a incluir aquelas 'reivindicações morais e políticas, que, no consenso contemporâneo, todo o ser humano tem o dever de ter perante sua sociedade ou governo', reivindicações estas reconhecidas como 'de direito' e não apenas 'por amor, graça ou caridade'. Desejo apenas mencionar que os direitos humanos só têm uma saída, isto é, se expandirem em todos os sentidos. [...]" (*Curso de direito internacional público*. 15. ed. Rio de Janeiro: Renovar, 2004. v. 1, p. 813).

(8) RAMOS, André de Carvalho. *Processo internacional de direitos humanos*. Análise dos sistemas de apuração de violações dos direitos humanos e a implementação das decisões no Brasil. Rio de Janeiro: Renovar, 2002. p. 11-13.

objetivo de um diálogo intercultural, segundo o filósofo Bhikhu Parekh, é chegar a um conjunto de valores, a respeito dos quais todos os participantes possam concordar. De maneira pragmática, o que se pretende não é "descobrir valores, já que eles não têm base objetiva, mas concordar a respeito deles [...] Já que os valores morais não podem ser racionalmente demonstrados, nossa preocupação deve ser a de construir um consenso a respeito daqueles que possam ser racionalmente os mais defensáveis". Tal consenso poderá ser alcançado somente através de um diálogo transcultural, no qual as partes estejam de mente aberta (*open-minded*) para reconhecer as demais tradições culturais[9].

Sob tal concepção deve ser compreendido o sistema internacional de proteção dos direitos humanos que, a partir da Declaração Universal de 1948 considerando a dignidade humana como inerente a todo ser humano[10], é estruturado mediante diversos tratados internacionais[11].

Quanto ao conceito de tratado internacional, a Convenção de Viena de 1969[12], em seu art. 2º, § 1º, *a*, dispõe o seguinte: "Tratado significa um acordo internacional celebrado entre Estados em forma escrita e regido pelo direito internacional, que conste, ou de um instrumento único ou de dois ou mais instrumentos conexos, qualquer que seja sua denominação específica". Atualmente, não apenas os Estados possuem capacidade para celebração de tratados. Assim, para Francisco Rezek: "Tratado é todo acordo formal concluído entre pessoas jurídicas de direito internacional público, e destinado a produzir efeitos jurídicos"[13].

---

(9) O autor ainda se refere ao entendimento de Boaventura, nos seguintes termos: "Boaventura Santos sugere uma 'hermenêutica diatópica' como instrumento para o desenvolvimento do diálogo. [...] Neste contexto, a tarefa principal da 'política emancipatória' contemporânea seria transformar a conceitualização e prática dos direitos humanos em um projeto verdadeiramente cosmopolita. O primeiro passo para tanto seria superar o debate entre universalismo e relativismo. No dizer de Boaventura Santos, este é um debate intrinsecamente falso, no qual as polarizações conceituais são prejudiciais para o diálogo e para uma concepção libertária de direitos humanos; [...]". (KLAUTAU FILHO, Paulo. Universalismo *versus* relativismo cultural — legitimidade da concepção cosmopolita dos direitos humanos. In: A contemporaneidade dos direitos fundamentais. *Revista Brasileira de Direito Constitucional* — RBDC, São Paulo: ESDC, jul./dez. 2004. p. 89). Flávia Piovesan refere-se, além de Boaventura, a J. H. Flores: "[...] No mesmo sentido, Joaquín Herrera Flores sustenta um universalismo de confluência, ou seja, um universalismo de ponto de chegada, e não de ponto de partida" [...] (*Direitos humanos e o direito constitucional internacional*. São Paulo: Saraiva, 2006. p. 147).
(10) Conforme a primeira consideração da Declaração Universal: "Considerando que o reconhecimento da dignidade inerente a todos os membros da família humana e de seus direitos iguais e inalienáveis é o fundamento da liberdade, da justiça e da paz no mundo".
(11) Para Flávia Piovesan: "Tal sistema é integrado por tratados internacionais de proteção que refletem, sobretudo, a consciência ética contemporânea compartilhada pelos Estados, na medida em que invocam o consenso internacional acerca de temas centrais aos direitos humanos, na busca da salvaguarda de parâmetros protetivos mínimos — do 'mínimo ético irredutível'" (*Direitos humanos e justiça internacional*. São Paulo: Saraiva, 2006. p. 13).
(12) Aprovada pelo Poder Legislativo brasileiro mediante o Decreto Legislativo n. 496, de 17 de julho de 1909, ressalvando as disposições dos arts. 25 e 66.
(13) REZEK, Francisco. *Direito internacional público*. 10. ed. São Paulo: Saraiva, 2005. p. 14. Segundo Celso de Albuquerque Mello: "A matéria que devemos mencionar agora é a de se saber quem pode concluir tratados:

Não se exclui do conceito de tratado a Declaração Universal de 1948, mesmo porque não há dúvida de que se trata de um acordo formal de vontades entre Estados para produzir efeitos. Quanto à denominação, a Convenção de Viena, ao final da redação supramencionada, dispõe: "qualquer que seja sua denominação específica", como entende Grandino Rodas[14].

Nada obstante, relevante que os direitos previstos na Declaração Universal, bem como outros direitos, agora sejam veiculados em instrumentos sobre os quais não há dúvida quanto à força jurídica vinculante. Para Norberto Bobbio:

> [...] a comunidade internacional se encontra hoje diante não só do problema de fornecer garantias válidas para aqueles direitos, mas também de aperfeiçoar continuamente o conteúdo da Declaração, articulando-o, especificando-o, atualizando-o, de modo a não deixá-lo cristalizar-se e enrijecer-se em fórmulas tanto mais solenes quanto mais vazias. Esse problema foi enfrentado pelos organismos internacionais nos últimos anos, mediante uma série de atos que mostram quanto é grande, por parte desses organismos, a consciência da historicidade do documento inicial e da necessidade de mantê-lo vivo, fazendo-o crescer a partir de si mesmo. Trata-se de um verdadeiro desenvolvimento (ou, talvez mesmo, de um gradual amadurecimento) da Declaração Universal, que gerou e está para gerar outros documentos interpretativos, ou mesmo complementares, do documento inicial[15].

Nesse caminho aberto pela Declaração Universal, os tratados internacionais vão além ao trazerem novos direitos, e, ainda, uma nova dimensão aos direitos já declarados, demonstrando a historicidade de tais direitos[16]. Nesse sentido surgem,

---

Estados, organizações internacionais, Santa Sé, beligerantes, insurgentes, Comitê Internacional da Cruz Vermelha, movimentos de libertação nacional, etc. Esta enumeração não pretende ser exaustiva, porque as Constituições, ou até mesmo tratados, podem conceder o *treaty-making power* a outras coletividades. Assim a própria Constituição do Brasil autoriza os Estados-membros da federação, municípios e o Distrito Federal a realizarem operações externas de natureza financeira e estas são, muitas vezes, realizadas sob a forma de tratados (acordos internacionais)" (*Direito constitucional internacional*. 2. ed. Rio de Janeiro: Renovar, 2000. p. 275).

(14) "Variada é a denominação que tem sido dada aos acordos internacionais: tratado, convenção, capitulação, artigos, protocolo, acordo, *modus vivendi*, ato, estatuto, *convenant*, carta, pacto, constituição, declaração, troca de notas, entendimento, concordata, ajuste, compromisso, ata, convênio, memorando e regulamento. Sob o prisma do Direito Internacional, a denominação escolhida não tem influência sobre o caráter do instrumento" (RODAS, João Grandino. *Tratados internacionais*. São Paulo: Revista dos Tribunais, 1991. p. 11).

(15) *Op. cit.*, p. 34.

(16) Conforme Norberto Bobbio: "[...] Sabemos hoje que também os direitos ditos humanos são o produto não da natureza, mas da civilização humana; enquanto direitos históricos, eles são mutáveis, ou seja, suscetíveis de transformação e de ampliação [...]. Não é preciso muita imaginação para prever que o desenvolvimento da técnica, a transformação das condições econômicas e sociais, a ampliação dos conhecimentos e a intensificação dos meios de comunicação poderão produzir tais mudanças na organização da vida humana e das relações sociais que criem (*sic*) ocasiões favoráveis para o nascimento de novos carecimentos e, portanto, para novas demandas de liberdade e de poderes" (*Op. cit.*, p. 32-33).

por exemplo, os temas atinentes aos portadores de necessidades especiais e ao meio ambiente. Quanto aos primeiros, adianta-se, têm relação com a mais nova dimensão de igualdade — pautada no reconhecimento e respeito à diferença, como será oportunamente abordado. Já quanto ao meio ambiente, basta lembrar que da melhor atenção voltada à questão depende o próprio futuro da humanidade.

Os tratados internacionais ao veicularem tais matérias reforçam a promoção, o implemento e o monitoramento em âmbito local, o campo ideal para realização desses objetivos. Daí que, diante da lição já mencionada de Norberto Bobbio no sentido de que "os direitos do homem nascem como direitos naturais universais, desenvolvem-se como direitos positivos particulares, para finalmente encontrarem sua plena realização como direitos positivos universais", ressalta-se que o advento dos direitos positivos universais intensifica a institucionalização e proteção dos direitos positivos particulares. Demonstração disso é que a Declaração Universal norteou e continua a nortear a declaração de direitos fundamentais nas Constituições. Não por outra razão o Brasil positivou o princípio da dignidade humana em âmbito constitucional. Também há Constituições com referência expressa à Declaração Universal, como a Constituição de Portugal de 1976 (art. 16), a Constituição de Nicarágua de 1987 (art. 46) e a Constituição da Argentina de 1853, com as reformas de 1994 (art. 75, n. 22). Esta última, concedendo-lhe expressamente hierarquia de norma constitucional.

Com essas considerações, segue com o apontamento dos principais tratados internacionais de direitos humanos ratificados pelo Brasil em âmbitos global e regional.

1.2. Tratados internacionais do sistema global de proteção dos direitos humanos

Os tratados internacionais do sistema global emanam da Organização das Nações Unidas seguindo os propósitos expressos na sua Carta de 1945. Para tanto, vários órgãos foram criados, sendo os principais aqueles mencionados no art. 7º da Carta: Assembleia-Geral, o Conselho de Segurança, Conselho Econômico Social, o Conselho de Tutela, uma Corte Internacional de Justiça e o Secretariado, sem prejuízo, quando necessários, de criação de órgãos subsidiários. Assim, a ONU alcançou um de seus intentos com a Declaração Universal de Direitos Humanos de 1948 que, seguida de dois tratados internacionais de 1966, instaura, efetivamente, o sistema normativo global de proteção[17].

---

(17) "A Declaração Universal de 1948, bem como os instrumentos subsequentes adotados, no contexto da ONU, inscrevem-se no movimento de busca de recuperação da dignidade humana, após os horrores cometidos pelo nazifascismo, mas sobretudo se dá a mudança no enfoque, quanto a ser o estabelecimento de sistema de proteção dos direitos fundamentais intrinsecamente internacional. Todo o sistema se constrói a partir de tal premissa" (ACCIOLY, Hildebrando; SILVA, G. E. do Nascimento; CASELLA, Paulo Borba. *Manual de direito internacional público*. 17. ed. São Paulo: Saraiva, 2009. p. 451).

1.2.1. Declaração Universal de 1948, Pacto Internacional sobre Direitos Civis e Políticos de 1966 e Pacto Internacional sobre Direitos Econômicos, Sociais e Culturais de 1966: a Carta Internacional dos Direitos Humanos[18]

A Declaração Universal foi assinada pelo Brasil em 10.12.1948, já os Pactos de 1966 foram aderidos pelo Brasil em 24.1.1992. A Declaração, como já mencionado, é o marco inicial do sistema internacional de proteção dos direitos humanos. Inaugura a contemporânea concepção de direitos humanos sob o reconhecimento da dignidade da pessoa humana e consolida a internacionalização desses direitos. Composta por 30 artigos, é originalmente a declaração solene dos direitos civis, políticos, sociais, econômicos e culturais, a nortear a elaboração dos diversos tratados internacionais de direitos humanos.

Embora seja possível encontrar entendimento no sentido de que a Declaração Universal de 1948 é desprovida de força jurídica vinculante, nas lições de Fábio Konder Comparato:

> Esse entendimento, porém, peca por excesso de formalismo. Reconhece-se hoje, em toda parte, que a vigência dos direitos humanos independe de sua declaração em constituições, leis e tratados internacionais, exatamente porque se está diante de exigências de respeito à dignidade humana, exercidas contra todos os poderes estabelecidos, oficiais ou não. [...] Já se reconhece, aliás, de há muito tempo, que a par dos tratados ou convenções, o direito internacional é também constituído pelos costumes e os princípios gerais de direito, como declara o Estatuto da Corte Internacional de Justiça (art. 38). Ora, os direitos definidos na Declaração de 1948 correspondem, integralmente, ao que o costume e os princípios jurídicos internacionais reconhecem, hoje, como normas imperativas de direito internacional geral (*jus cogens*)[19].

Como mencionado anteriormente, a Declaração Universal se enquadra no próprio conceito de tratado internacional por se tratar de um acordo solene para

---

(18) "Com a adoção dos Pactos das Nações Unidas (e Protocolo Facultativo) sobre Direitos Humanos, em 1966, compreendendo medidas de implementação, o projeto original de uma Carta Internacional de Direitos Humanos, iniciado com a Declaração Universal de 1948, completou-se" (TRINDADE, Antônio Augusto Cançado. *A proteção internacional dos direitos humanos:* fundamentos jurídicos e instrumentos básicos. São Paulo: Saraiva, 1991. p. 1).

(19) COMPARATO, Fábio Konder. *Afirmação histórica dos direitos humanos.* 5. ed. São Paulo: Saraiva, 2007. p. 227. Também para Flávia Piovesan: "... a Declaração Universal de 1948, ainda que não assuma a forma de tratado internacional, apresenta força jurídica obrigatória e vinculante, na medida em que constitui a interpretação autorizada da expressão 'direitos humanos' constante dos arts. 1º (3) e 55 da Carta das Nações Unidas. Ressalte-se que, à luz da Carta, os Estados assumem o compromisso de assegurar o respeito universal e efetivo aos direitos humanos. Ademais, a natureza jurídica vinculante da Declaração Universal é reforçada pelo fato de — na qualidade de um dos mais influentes instrumentos jurídicos e políticos do século XX — ter-se transformado, ao longo dos mais de cinquenta anos de sua adoção, em direito costumeiro internacional e princípio geral do direito internacional" (*Direitos humanos e o direito constitucional internacional.* São Paulo: Saraiva, 2006. p. 140).

produzir efeitos. Ao assinarem a Declaração Universal, os Estados se comprometeram em respeitar os seus ditames independentemente de previsão de controle para tanto. Descumprir a Declaração Universal é o mesmo que descumprir os tratados internacionais posteriores, senão mais grave, em face de sua condição de documento inicial e norteador dos demais instrumentos.

Quanto aos dois Pactos de 1966, ampliam o rol de direitos da Declaração Universal de Direitos Humanos de 1948. Teoricamente, a Carta Internacional dos Direitos Humanos, a partir da Declaração Universal de 1948, é composta por duas séries de direitos. A primeira requer garantia imediata, já a segunda, a adoção de medidas para a garantia progressiva, podendo ser demonstrado da seguinte forma:

A) Direito à garantia, por parte do Estado, dos direitos reconhecidos no Pacto Internacional sobre os Direitos Civis e Políticos

Para tanto, destaca-se o seguinte compromisso assumido pelos Estados conforme o art. 2º(2) do referido Pacto:

> Na ausência de medidas legislativas ou de outra natureza destinadas a tornar efetivos os direitos reconhecidos no presente Pacto, os Estados-partes comprometem-se a tomar as providências necessárias, com vistas a adotá-las, levando em consideração seus respectivos procedimentos constitucionais e as disposições do presente Pacto.

Diante de tal redação, primeiramente, espera-se que haja internamente medidas necessárias para se alcançar o que fora tratado e, caso isso não seja realidade, haverá o comprometimento dos Estados-partes no sentido de adotar todas as providências necessárias. Vale dizer, em suma, adequar o ordenamento jurídico interno para alcançar os compromissos assumidos livremente e de boa-fé. Observe que a parte final do dispositivo transcrito, especificamente quando dispõe "levando em consideração seus respectivos procedimentos constitucionais", demonstra que os compromissos assumidos se firmaram sob respeito à soberania estatal, redação essa também encontrada em muitos outros tratados internacionais.

B) Direito à adoção, por parte do Estado, de medidas, tanto por esforço próprio como pela assistência e cooperação internacionais, que visem a assegurar progressivamente, por todos os meios apropriados, o pleno exercício dos direitos previstos no Pacto Internacional sobre os Direitos Econômicos, Sociais e Culturais

Conforme art. 2º(1) do Pacto, entre as medidas a serem adotadas pelos Estados, a fim de assegurar de forma progressiva os direitos previstos, está: "incluindo, em particular, a adoção de medidas legislativas".

A progressividade para assegurar os direitos reconhecidos no Pacto não se confunde com a imediata adoção das medidas para tanto. Vale dizer, não se trata de, progressivamente, adotar as medidas, mas adotar as medidas para, progressivamente, alcançar os objetivos previstos no Pacto. Ainda assim, deve ser evidenciado que os direitos humanos são indivisíveis e interdependentes e, como tais, reclamam, na mesma intensidade, por promoção, implementação e garantia. Veja que um estudo comparativo entre os dois Pactos de 1966 constatará a existência de direitos em ambos os instrumentos, a exemplo do direito sobre constituição de sindicatos, e, ainda, dos direitos das crianças.

Quanto ao monitoramento e implementação, o Pacto que veicula os direitos civis e políticos prevê a constituição de um Comitê de Direitos Humanos (art. 28) para o desempenho de funções previamente descritas, entre as quais, a análise de relatórios, encaminhados pelos Estados-partes ao Secretário-Geral da ONU, que disponham sobre as medidas adotadas internamente (art. 41). Também prevê o exame de comunicações encaminhadas por um Estado-parte com alegação de descumprimento das obrigações por parte de outro Estado-parte (art. 41). É a sistemática de relatórios e comunicações interestatais segundo as regras previstas no Pacto.

O Protocolo Facultativo ao Pacto Internacional dos Direitos Civis e Políticos trouxe a grande inovação da sistemática de petições individuais, ou seja, a possibilidade de um indivíduo peticionar denunciando violação de direitos reconhecidos no Pacto[20].

Quanto ao Pacto Internacional dos Direitos Econômicos, Sociais e Culturais, conta com a sistemática de relatórios (art. 16) também encaminhados pelos Estados-partes ao Secretário-Geral da ONU, a quem cabe remeter ao Conselho Econômico e Social, que, por sua vez, criou o Comitê sobre Direitos Econômicos, Sociais e Culturais[21] para análise desses relatórios.

Observe que ambos os tratados, como os demais a serem mencionados, possuem uma sistemática de monitoramento e controle com criação de órgãos e mecanismos próprios, o que fugiria ao escopo desse estudo adentrar em tal assunto[22]. Aqui importa mencionar que, como esses tratados, muitos outros contam com a previsão de órgãos e mecanismos de monitoramento para alcance dos objetivos convencionados.

1.2.2. Outros tratados internacionais do sistema global

Enquanto os tratados anteriormente mencionados são de alcance geral, outros existem que compõem um sistema especial de proteção, já que de alcance específico a determinados sujeitos de direitos.

---

(20) Certamente é a sistemática mais bem-vinda, ainda que apenas os Estados-partes, todavia, poderão ter contra si eventual denúncia contida em petições individuais. No Brasil, mediante o Decreto legislativo n. 311, de 16.6.2009, aprovou-se tal protocolo, bem como o Segundo Protocolo atinente à abolição da pena de morte.
(21) PIOVESAN, Flávia. *Direitos humanos e o direito internacional*, cit., p. 171.
(22) Tratam do assunto da operatividade do sistema internacional de proteção dos direitos humanos, entre outros autores: Antônio Augusto Cançado Trindade, Fábio Konder Comparato, Flávia Piovesan, André de Carvalho Ramos e Valério de Oliveira Mazzuoli.

A) Convenção para a prevenção e repressão do crime de genocídio, de 9.12.1948, ratificada pelo Brasil em 4.9.1951

Com 19 artigos, a Convenção traz no seu art. I que o genocídio é crime contra o Direito Internacional e deve ser prevenido e punido pelos Estados. Especificamente quanto à responsabilidade dos Estados, transcreve-se a seguinte disposição:

> Art. V. As Partes contratantes assumem o compromisso de tomar, de acordo com as respectivas Constituições, as medidas legislativas necessárias a assegurar a aplicação das disposições da presente Convenção e, sobretudo, a estabelecer sanções penais eficazes aplicáveis às pessoas culpadas de genocídio ou de qualquer dos outros atos enumerados no art. III.

No art. VI[23] há menção de uma Corte Internacional. Nesse sentido, cita-se o **Estatuto de Roma do Tribunal Penal Internacional de 17.7.1998, ratificado pelo Brasil em 20.6.2002.** Com 128 artigos distribuídos em oito capítulos, o Estatuto de Roma cria a justiça penal internacional, inexistente em âmbito regional. O art. 12 do Estatuto trata da aceitação, pelos Estados, da jurisdição do Tribunal relativamente aos crimes referidos no art. 5º[24]. Jurisdição essa que, nos termos do art. 26, não alcança menores de 18 anos.

B) Convenção contra a tortura e outros tratamentos ou penas cruéis, desumanas ou degradantes, de 10.12.1984, ratificada pelo Brasil em 28.9.1989

Com 33 artigos, após definir "tortura", traz uma série de compromissos[25] assumidos pelos Estados-partes. Pertinente transcrever as seguintes disposições:

> Art. 2º-1. Cada Estado tomará medidas eficazes de caráter legislativo, administrativo, judicial ou de outra natureza, a fim de impedir a prática de atos de tortura em qualquer território sob sua jurisdição. [...] Art. 4º-1. Cada Estado-parte assegurará que todos os atos de tortura sejam considerados crimes segundo a sua legislação penal. O mesmo

---

(23) "Art. VI — As pessoas acusadas de genocídio ou de qualquer dos outros atos enumerados no art. III serão julgadas pelos tribunais competentes do Estado cujo território foi o ato cometido ou pela corte penal internacional competente com relação às Partes Contratantes que lhe tiverem reconhecido a jurisdição" (PIOVESAN, Flávia, *Direitos humanos e o direito constitucional internacional*, p. 384).

(24) De acordo com o art. 5º, são os seguintes crimes: crimes de genocídio; crimes contra a humanidade; crimes de guerra; crimes de agressão.

(25) Alguns compromissos: a não invocação de circunstâncias excepcionais para justificar a tortura; a não expulsão, devolução ou extradição de uma pessoa para outro Estado quando diante de razões que apontem que será ela torturada; assegurar o ensino e a informação sobre a proibição da tortura no treinamento do pessoal civil ou militar encarregado da aplicação da lei, do pessoal médico, dos funcionários públicos e de quaisquer outras pessoas que possam participar da custódia, interrogatório ou tratamento de qualquer pessoa submetida a qualquer forma de prisão, detenção ou reclusão; direito à reparação e indenização à vítima. Vale ressaltar que o art. 1º define "tortura" e vai além ao mencionar quem pode praticar tal ato. Para Flávia Piovesan: "A definição de tortura envolve, assim, três elementos essenciais: a) a inflição deliberada de dor ou sofrimentos físicos ou mentais; b) a finalidade do ato (obtenção de informações ou confissões, aplicação de castigo, intimidação ou coação e qualquer outro motivo baseado em discriminação de qualquer natureza); c) a vinculação do agente ou responsável, direta ou indiretamente, com o Estado" (*Direitos humanos e o direito constitucional internacional*. São Paulo: Saraiva, 2006. p. 195-196).

aplicar-se-á à tentativa de tortura e a todo ato de qualquer pessoa que constitua cumplicidade ou participação na tortura. [...] Art. 16-1. Cada Estado-parte se comprometerá a proibir, em qualquer território sob sua jurisdição, outros atos que constituam tratamentos ou penas cruéis, desumanos ou degradantes que não constituam tortura tal como definida no art. 1º, quando tais atos forem cometidos por funcionário público ou outra pessoa no exercício de funções públicas, ou por sua instigação, ou com o seu consentimento ou aquiescência. [...]

Quanto aos órgãos e mecanismos de monitoramento, a Convenção prevê a constituição de um Comitê contra a Tortura e o mecanismo de relatórios, e também, como cláusula facultativa (ainda não reconhecida pelo Brasil), as comunicações interestaduais e as petições individuais.

Em 11.1.2007, o Brasil ratificou o **Protocolo Facultativo à Convenção da ONU Contra Tortura e outros Tratamentos ou Penas Cruéis, Desumanos ou Degradantes, de 18.12.2002.** Composto por 26 artigos, o Protocolo fortalece o mecanismo de monitoramento com a finalidade de repelir a tortura[26].

C) Convenção sobre a eliminação de todas as formas de discriminação contra a mulher de 18.12.1979, ratificada pelo Brasil em 1º.2.1984

Com 30 artigos, a Convenção define "discriminação contra a mulher" e arrola os compromissos dos Estados, dentre os quais, conforme art. 2º, os seguintes:

> a) consagrar, se ainda não o tiverem feito, em suas constituições nacionais ou em outra legislação apropriada, o princípio da igualdade do homem e da mulher e assegurar por lei outros meios apropriados à realização prática desse princípio; b) adotar medidas adequadas, legislativas e de outro caráter, com as sanções cabíveis e que proíbam toda a discriminação contra a mulher; c) [...]; f) adotar todas as medidas adequadas, inclusive de caráter legislativo, para modificar ou derrogar leis, regulamentos, usos e práticas que constituam discriminação contra a mulher; g) derrogar todas as disposições penais nacionais que constituam discriminação contra a mulher.

Conforme o item *a* da citação, há o compromisso assumido pelos Estados em adequar, se necessário, as próprias Constituições locais.

Quanto aos órgãos e mecanismos de monitoramento, a Convenção estabelece o Comitê sobre Eliminação da Discriminação Contra a Mulher e prevê o mecanismo de relatórios. O **Protocolo Facultativo à Convenção sobre a Eliminação de todas as Formas de Discriminação Contra a Mulher, de 15.10.1999, ratificada pelo Brasil em 28.6.2002**, com 21 artigos, amplia o mecanismo de monitoramento

---

(26) Art. 1º O objetivo do presente Protocolo é estabelecer um sistema de visitas regulares efetuadas por órgãos nacionais e internacionais independentes a lugares onde pessoas são privadas de sua liberdade, com a intenção de prevenir a tortura e outros tratamentos ou penas cruéis, desumanos ou degradantes. Art. 2º Um subcomitê de prevenção da tortura e outros tratamentos ou penas cruéis, desumanos ou degradantes do Comitê contra tortura (doravante denominado subcomitê de Prevenção) deverá ser estabelecido e desempenhar as funções definidas no presente Protocolo.

ao trazer o reconhecimento por parte dos Estados da competência do Comitê para receber e considerar comunicações apresentadas de acordo com o seu art. 2º. Prevê ainda a possibilidade de investigação, inclusive com visita local, quando consentida pelos Estados-partes, nos termos do art. 8º.

D) Convenção sobre a eliminação de todas as formas de discriminação racial, de 21.12.1965, ratificada pelo Brasil em 27.3.1968

Composta por 25 artigos, a Convenção define discriminação racial, dispõe que não serão discriminatórias as medidas especiais tomadas com o único objetivo de assegurar o progresso adequado de certos grupos raciais ou étnicos ou de indivíduos que necessitem da proteção necessária para proporcionar igual gozo ou exercício de direitos humanos e, entre outras disposições, explicita os compromissos assumidos pelos Estados, dentre os quais se passa a transcrever parte do art. 2º:

> c) cada Estado-parte deverá tomar as medidas eficazes, a fim de rever as políticas governamentais nacionais e locais e modificar, ab-rogar ou anular qualquer disposição regulamentar que tenha como objetivo criar a discriminação ou perpetuá-la onde já existir; d) cada Estado-parte deverá tomar todas as medidas apropriadas, inclusive, se as circunstâncias o exigirem, medidas de natureza legislativa, para proibir e pôr fim à discriminação racial praticada por quaisquer pessoas, grupo ou organização; [...]

Quanto aos órgãos e mecanismos de monitoramento, estabelece um Comitê sobre a Eliminação da Discriminação Racial e prevê os mecanismos de relatório e de comunicação interestaduais e, em cláusula facultativa (aceita pelo Brasil), das petições por parte de indivíduos ou grupos de indivíduos.

E) Convenção sobre os direitos da criança, de 20.11.1989, ratificada pelo Brasil em 24.9.1990

Com 54 artigos, a Convenção dispõe que se entende por criança todo ser humano menor de 18 anos cujos direitos ali previstos deverão ser respeitados e assegurados pelos Estados sem discriminação de qualquer tipo e com primazia dos interesses da criança em todas as medidas pertinentes. Segue transcrição do art. 4º quanto ao dever do Estado em adequar seu ordenamento jurídico:

> Os Estados-partes tomarão todas as medidas apropriadas, administrativas, legislativas e outras, para a implementação dos direitos reconhecidos nesta Convenção. Com relação aos direitos econômicos, sociais e culturais, os Estados-partes tomarão tais medidas no alcance máximo de seus recursos disponíveis e, quando necessário, no âmbito da cooperação internacional.

No que tange ao mecanismo de controle e fiscalização, instituiu-se um Comitê para os Direitos da Criança com competência para monitorar a implementação da Convenção mediante análise de relatórios periódicos esclarecendo as medidas adotadas em cumprimento à Convenção.

Existem dois protocolos facultativos à Convenção em comento: **Protocolo Facultativo à Convenção sobre os Direitos da Criança Referente à Venda de Criança, à Prostituição Infantil e à Pornografia Infantil, de 25.5.2000, e o Protocolo Facultativo à Convenção sobre os Direitos da Criança Relativos ao Envolvimento de Crianças em Conflitos Armados, de 25.5.2000, ambos os Protocolos ratificados pelo Brasil em 27.1.2004.**

F) Convenção sobre os direitos das pessoas com deficiência e protocolo facultativo, ratificados pelo Brasil em 1º.8.2008

A Convenção, composta por 50 artigos, dispõe seu propósito no art. 1º, como segue: "O propósito da presente Convenção é promover, proteger e assegurar o exercício pleno e equitativo de todos os direitos humanos e liberdades fundamentais por todas as pessoas com deficiência e promover o respeito pela sua dignidade inerente"[27].

Dentre as obrigações gerais dos Estados, destacam-se as seguintes do art. 4º:

1. Os Estados-Partes se comprometem a assegurar e promover o pleno exercício de todos os direitos humanos e liberdades fundamentais por todas as pessoas com deficiência, sem qualquer tipo de discriminação por causa de sua deficiência. Para tanto, os Estados-Partes se comprometem a: a) Adotar todas as medidas legislativas, administrativas e de qualquer outra natureza, necessárias para a realização dos direitos reconhecidos na presente Convenção; b) Adotar todas as medidas necessárias, inclusive legislativas, para modificar ou revogar leis, regulamentos, costumes e práticas vigentes, que constituírem discriminação contra pessoas com deficiência [...].

Quanto ao controle e monitoramento, a Convenção dispõe em seu art. 34 sobre a previsão de um Comitê para desempenhar as funções ali definidas, já os arts. 35 e 36 tratam da sistemática de relatórios dos Estados-partes, além do relatório do Comitê previsto no art. 39. Quanto ao Protocolo à Convenção, compõe-se de 18 artigos e vem possibilitar o reconhecimento da competência do Comitê. Conforme seu art. 1º, tal competência é para: "receber e considerar comunicações submetidas por pessoas ou grupos de pessoas, ou em nome deles, sujeitos à sua jurisdição, alegando serem vítimas de violação das disposições da Convenção pelo referido Estado Parte" (*sic*). Assim, apenas com relação aos Estados signatários do Protocolo o comitê poderá receber comunicações.

Quanto ao sistema global de proteção dos direitos humanos, foram esses os tratados internacionais que se optou mencionar, considerados como referenciais. Certamente o rol não é exaustivo, poder-se-ia mencionar outros instrumentos como

---

(27) No mesmo dispositivo contém a seguinte concepção de pessoas com deficiência: "Pessoas com deficiência são aquelas que têm impedimentos de longo prazo de natureza física, mental, intelectual ou sensorial, os quais, em interação com diversas barreiras, podem obstruir sua participação plena e efetiva na sociedade em igualdades de condições com as demais pessoas".

os que tangem ao meio ambiente e ao trabalhador, mas, para o fim deste estudo, seria estender sobremaneira e distanciar-se do foco. Parte-se, então, para o sistema regional.

1.3. Tratados internacionais do sistema interamericano: convenção americana de direitos humanos e outros tratados

Ao lado do sistema global surgiram — e tendem a surgir[28] — sistemas regionais, ou seja, com delimitação espaço-geográfico. Os já consolidados são: o sistema europeu, o sistema interamericano e o sistema africano. Todos estruturados normativamente a partir dos seguintes e respectivos tratados internacionais: Convenção Europeia de Direitos Humanos de 1950, Convenção Americana de Direitos Humanos de 1969 e Carta Africana de Direitos Humanos de 1981. A mais antiga, portanto, é a Convenção Europeia de Direitos Humanos e bem por isso com grandes progressos reconhecidos quanto aos seus propósitos. A Carta Africana de Direitos Humanos, a mais recente, tem o diferencial de não separar os direitos civis e políticos dos direitos sociais, culturais e econômicos, assim, já em consonância com a indivisibilidade e interdependência de tais direitos. Também, como registrado por Fábio Konder Comparato: "A Carta Africana é a primeira convenção internacional a afirmar o direito dos povos à preservação do equilíbrio ecológico (art. 24) [...] adota a tese do desenvolvimento sustentado"[29].

Com a observação de que o sistema global se harmoniza com os sistemas regionais e também com o interno[30], destaca-se, para a finalidade deste livro, o sistema interamericano, cujos tratados internacionais emanam da Organização dos Estados da América — OEA, de acordo com os propósitos expressos na sua Carta de 1948. O principal instrumento do sistema interamericano é a Convenção Americana de Direitos Humanos de 1969.

A) Convenção Americana de Direitos Humanos, de 22.11.1969, ratificada pelo Brasil em 25.9.1992

A Convenção Americana possui 82 artigos, sendo menos extensa em comparação apenas ao Estatuto de Roma. Inicia com o compromisso dos Estados em respeitar e garantir o exercício dos direitos e liberdades ali previstos a toda pessoa sob sua jurisdição. No art. 2º está o dever de adotar disposições de direito interno:

---

(28) Como os sistemas árabe e asiático.
(29) *Op. cit.*, p. 403.
(30) Segundo Flávia Piovesan: "O propósito da coexistência de distintos instrumentos jurídicos — garantindo os mesmos direitos — é, pois, no sentido de ampliar e fortalecer a proteção dos direitos humanos. O que importa é o grau de eficácia da proteção, e, por isso, deve ser aplicada a norma que no caso concreto melhor proteja a vítima. Ao adotar o valor da primazia da pessoa humana, esses sistemas se complementam, interagindo com o sistema nacional de proteção, a fim de proporcionar a maior efetividade possível na tutela e promoção de direitos fundamentais" (PIOVESAN, Flávia; GOMES, Luiz Flávio (coords.). *O sistema interamericano de proteção dos direitos humanos e o direito brasileiro*. São Paulo: Revista dos Tribunais, 2000. p. 25-26).

Se o exercício dos direitos e liberdades mencionados no art. 1º ainda não estiver garantido por disposições legislativas ou de outra natureza, os Estados-partes comprometem-se a adotar, de acordo com as suas normas constitucionais e com as disposições desta Convenção, as medidas legislativas ou de outra natureza que forem necessárias para tornar efetivos tais direitos e liberdades.

Após, há disposições acerca dos direitos civis e políticos, seguidas de disposição pertinente ao desenvolvimento progressivo dos direitos econômicos, sociais e culturais, sobre a suspensão de garantias, interpretação e aplicação, e, ainda, alguns deveres das pessoas; já numa segunda parte contém disposições sobre os meios de proteção e, por fim, disposições gerais e transitórias.

Quanto aos órgãos e mecanismos de monitoramento, instituem-se a Comissão Interamericana de Direitos Humanos e a Corte Interamericana de Direitos Humanos; além dos relatórios e das petições individuais, há possibilidade de comunicações interestaduais, nos termos do art. 45. Como registrado por Flávia Piovesan com referência a Hector Fiz-Zamudio, a Comissão não alcança apenas os Estados-partes da Convenção, mas também todos os Estados-membros da Organização dos Estados Americanos quanto aos Direitos previstos na Declaração Americana de 1948[31].

Há o Protocolo Adicional à Convenção Americana de Direitos Humanos em matéria de Direitos Econômicos, Sociais e Culturais de 17.11.1988 (Protocolo de San Salvador), ratificado pelo Brasil em 21.8.1996, o qual direciona maior atenção aos direitos econômicos, sociais e culturais[32]. Com 22 artigos, o Protocolo formaliza o compromisso dos Estados quanto aos direitos que veiculam e prevê a sistemática de relatórios, conforme o art. 19. No art. 1º está o compromisso de adotar medidas para, progressivamente, tornar plenamente efetivos tais direitos. Já o art. 2º traz a obrigação de adotar disposições de direito interno, como segue:

Se o exercício dos direitos estabelecidos neste Protocolo ainda não estiver garantido por disposições legislativas ou de outra natureza, os Estados-partes comprometem-se a adotar, de acordo com suas normas constitucionais e com as disposições deste Protocolo, as medidas legislativas ou de outra natureza que forem necessárias para tornar efetivos esses direitos.

Cita-se, ainda, o **Protocolo à Convenção Americana sobre Direitos Humanos Referente à Abolição da Pena de Morte, de 8.6.1990,** ratificada, pelo Brasil, em

---

(31) PIOVESAN, Flávia. *Direitos humanos e o direito constitucional internacional.* São Paulo: Saraiva, 2006. p. 230.
(32) Vale transcrever parte do Preâmbulo do referido Protocolo: "[...] Considerando a estreita relação que existe entre a vigência dos direitos econômicos, sociais e culturais e a dos direitos civis e políticos, porquanto as diferentes categorias de direito constituem um todo indissolúvel que encontra sua base no reconhecimento da dignidade da pessoa humana, pelo qual exigem uma tutela e promoção permanente, com o objetivo de conseguir sua vigência plena, sem que jamais possa justificar-se a violação de uns a pretexto da realização de outros; [...] Recordando que, de acordo com a Declaração Universal dos Direitos do Homem e a Convenção Americana sobre os Direitos Humanos, só pode ser realizado o ideal do ser humano livre, isento de temor e da miséria, se forem criadas condições que permitam a cada pessoa gozar de seus direitos econômicos, sociais e culturais, bem como de seus direitos civis e políticos [...]".

13.8.1996, com reserva para aplicar a pena de morte em tempo de guerra nos termos do art. 2º do Protocolo[33].

B) Convenção Interamericana para Prevenir e Punir a Tortura, de 9.12.1985, ratificada pelo Brasil em 20.7.1989

Com 24 artigos, destaca-se o art. 6º referente aos deveres dos Estados, como segue:

> Em conformidade com o disposto no art. 1º os Estados-partes tomarão medidas efetivas a fim de prevenir e punir a tortura no âmbito de sua jurisdição. Os Estados-partes assegurar-se-ão de que todos os atos de tortura e as tentativas de praticar atos dessa natureza sejam considerados delitos em seu direito penal, estabelecendo penas severas para sua punição, que levem em conta sua gravidade. Os Estados-partes obrigam-se também a tomar medidas efetivas para prevenir e punir outros tratamentos ou penas cruéis, desumanos ou degradantes, no âmbito de sua jurisdição.

O art. 17 trata do compromisso dos Estados em informar à Comissão Interamericana de Direitos Humanos sobre as medidas legislativas, judiciais, administrativas e de outra natureza que adotarem em aplicação da Convenção.

C) Convenção Interamericana para Prevenir, Punir e Erradicar a Violência Contra a Mulher, de 1994 (Convenção de Belém do Pará), ratificada pelo Brasil em 27.11.1995

Com 25 artigos, o art. 7º dispõe, entre os deveres dos Estados, o seguinte:

> Os Estados-partes condenam todas as formas de violência contra a mulher e concordam em adotar, por todos os meios apropriados e sem demora, políticas orientadas a prevenir, punir e erradicar a dita violência e empenhar-se em: [...] c. incluir em sua legislação interna normas penais, civis e administrativas, assim como as de outra natureza que sejam necessárias para prevenir, punir e erradicar a violência contra a mulher e adotar as medidas administrativas apropriadas que venham ao caso; [...] e. tomar todas as medidas apropriadas, incluindo medidas de tipo legislativo, para modificar ou abolir leis e regulamentos vigentes, ou para modificar práticas jurídicas ou consuetudinárias que respaldem a persistência ou a tolerância da violência contra a mulher.

No art. 10 há determinação aos Estados para inclusão, nos informes nacionais à Comissão Interamericana de Mulheres, de explicação sobre as medidas adotadas, bem como as dificuldades encontradas. Já o art.12 prevê a possibilidade de denúncia à Comissão Interamericana em caso de violação dos deveres dos Estados previstos no art. 7º, o que pode ser feito por qualquer pessoa ou grupo de pessoas, ou, ainda, por entidade não governamental.

---

(33) "Art. 2. 1. Não será admitida reserva alguma a este Protocolo. Entretanto, no momento de ratificação ou adesão, os Estados Partes neste instrumento poderão declarar que se reservam o direito de aplicar a pena de morte em tempo de guerra, de acordo com o Direito Internacional, por delitos sumamente graves de caráter militar."

D) Convenção Interamericana sobre Tráfico Internacional de Menores, de 18.3.1994, ratificada pelo Brasil em 8.7.1997

A Convenção conta com 35 artigos e, no art. 1º, logo após explicitar seu objeto, dispõe:

> Nesse sentido, os Estados partes obrigam-se a: a) garantir a proteção do menor, levando em consideração os seus interesses superiores; b) instituir entre os Estados partes um sistema de cooperação jurídica que consagre a prevenção e a sanção do tráfico internacional de menores, bem como a adoção das disposições jurídicas e administrativas sobre a referida matéria com essa finalidade.

Sob a primazia dos interesses dos menores e por meio da cooperação entre Estados, o tráfico internacional deve ser prevenido e punido. Para tanto, são necessárias disposições sobre a matéria.

E) Convenção Interamericana para Eliminação de Todas as Formas de Discriminação Contra as Pessoas Portadoras de Deficiência, de 1999, ratificada pelo Brasil em 15.8.2001

Com 14 artigos, destaca-se o art. III quanto aos compromissos dos Estados, a saber:

> Para alcançar os objetivos desta Convenção, os Estados Partes comprometem-se a: 1. Tomar as medidas de caráter legislativo, social, educacional, trabalhista, ou de qualquer outra natureza, que sejam necessárias para eliminar a discriminação contra as pessoas portadoras de deficiência e proporcionar a sua plena integração à sociedade, entre as quais as medidas abaixo enumeradas, que não devem ser consideradas exclusivas.

Para acompanhar os compromissos assumidos, conforme art. VI, será estabelecida uma Comissão para a Eliminação de Todas as Formas de Discriminação Contra as Pessoas Portadoras de Deficiência. Nesse mesmo artigo há previsão de entrega de relatórios ao Secretário-Geral da Organização, o qual enviará à Comissão para análise e estudo, procedimento que se repetirá a cada quatro anos.

Quanto ao sistema regional interamericano, foram esses os tratados que se optou mencionar com o objetivo principal de evidenciar que também nesse sistema há o dever, para os Estados, de adequarem suas legislações internas aos ditames internacionais.

Em conclusão neste capítulo, o sistema internacional de proteção dos direitos humanos, erigido sob a contemporânea concepção de direitos humanos, desenvolveu-se e ainda se desenvolve mediante a adoção de diversos tratados internacionais, sejam de âmbito global ou de âmbito regional. Contudo, o campo ideal para efetivação desses direitos é o local, bem por isso há necessidade de adequação do ordenamento jurídico interno aos comandos internacionais. Parte-se, então, a demonstrar que a ênfase concedida, pela Constituição de 1988, aos direitos fundamentais, possibilitou a inserção do Brasil no sistema internacional de proteção dos direitos humanos.

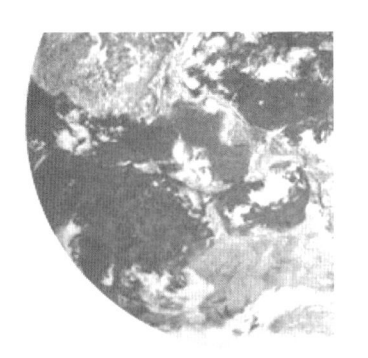

CAPÍTULO 2

Constituição de 1988 e a Inserção do Brasil no Sistema Internacional de Proteção dos Direitos Humanos

> *Nós, representantes do povo brasileiro, reunidos em Assembleia Nacional Constituinte para instituir um Estado Democrático, destinado a assegurar o exercício dos direitos sociais e individuais, a liberdade, a segurança, o bem-estar, o desenvolvimento, a igualdade e a justiça como valores supremos de uma sociedade fraterna, pluralista e sem preconceitos, fundada na harmonia social e comprometida, na ordem interna e internacional, com a solução pacífica das controvérsias, promulgamos, sob a proteção de Deus, a seguinte CONSTITUIÇÃO DA REPÚBLICA FEDERATIVA DO BRASIL.*
> (Preâmbulo da Constituição da República Federativa do Brasil promulgada em 5.10.1988)

Neste capítulo, o objetivo é ressaltar como a ordem constitucional inaugurada em 1988 propiciou a inserção do Estado brasileiro no sistema internacional de proteção, pois a partir de então a questão dos direitos humanos se intensificou e rompeu definitivamente com o regime autoritário que primava pela arbitrariedade e pelo desrespeito aos direitos fundamentais.

A nova ordem constitucional institucionalizou os direitos e garantias fundamentais de forma inédita na história das Constituições brasileiras, e o fez com um modelo aberto ao sistema internacional de proteção dos direitos humanos. Trata-se de uma tendência global que vem ao encontro da definição de Antonio E. Perez Luño no sentido de que os direitos humanos devem ser positivamente reconhecidos em âmbito interno e internacional[34]. Assim, os instrumentos internos e os internacionais se inter-relacionam na busca de uma efetiva proteção dos direitos humanos em prol da dignidade humana.

2.1. Os princípios fundamentais e a declaração dos direitos fundamentais como propiciadores da inserção do Brasil no sistema internacional de proteção dos direitos humanos

Não se pode desprezar que a abertura do Brasil para o sistema internacional já se encontra no Preâmbulo da Constituição de 1988 e também no Ato das Disposições Transitórias.

O Preâmbulo é considerado, sumariamente, como a carta de intenções de um Estado jurídico que surge com o advento de uma nova Constituição. Quanto ao termo "Preâmbulo", conforme Pinto Ferreira, vem do latim, "onde se formou de dois elementos, a saber, o prefixo *pré* e o verbo *ambulare*, o primeiro elemento significando *antes, sobre*, e o segundo significando *passear, andar, caminhar, marchar*"[35]. Na sequência o autor ressalta:

> Com o advento do regime constitucional a palavra passou a ser usada antecedendo a própria Constituição, embora como parte integrante de seu contexto. [...] O preâmbulo de uma Constituição nunca deve ser considerado mera fórmula, como disse Barraquero. Ele é, ao contrário, parte integrante da Constituição. Tem, assim, o mesmo valor que a Constituição; está acima das leis ordinárias. Nesse sentido, afirmou Story, em seus Comentários à Constituição Federal dos Estados Unidos, que o preâmbulo revela a intenção do legislador[36].

Na Constituição de 1988, o teor do Preâmbulo deixa assente a ruptura com a ordem até então dominante e o surgimento de uma nova ordem jurídica. No dizer de Canotilho, trata-se da descontinuidade constitucional, formal e materialmente[37].

---

(34) "Un conjunto de faculdades e instituciones que, en cada momento histórico, concretan las exigencias de la dignidad, la libertad y la igualdad humanas, las cuales deben ser reconocidas positivamente por los ordenamientos jurídicos a nivel nacional e internacional" (LUÑO, Antonio E. Perez. Los derechos fundamentales. In: *Temas clave de la Constitución española*. 5. ed. Madrid: Tecnos, 1993. p. 46).
(35) FERREIRA, Pinto. *Curso de direito constitucional*. São Paulo: Saraiva, 1998. p. 71.
(36) *Op. cit.*, p. 71.
(37) "[...] fala-se de descontinuidade constitucional quando uma nova ordem constitucional implica uma ruptura com a ordem constitucional anterior. Neste sentido, existirá uma relação de descontinuidade quando uma nova constituição adquiriu efetividade e validade num determinado espaço jurídico sem que para tal se tenham observado os preceitos reguladores de alteração ou revisão da constituição vigente que, assim, deixa de ser, por sua vez, válida e efetiva no mesmo espaço jurídico. [...] A descontinuidade material pode traduzir-

Nesse sentido, destaca-se o comprometimento do Estado brasileiro com a ordem interna e a ordem internacional.

Tendo como norte os valores sinteticamente expressos no Preâmbulo, necessário se fez a previsão de um conjunto de comandos constitucionais a regular as situações pendentes no momento da transição constitucional, é o Ato das Disposições Constitucionais Transitórias. Entre os dez primeiros artigos está a abertura do Brasil para a ordem internacional, especificamente no art. 7º, no qual consta que o Brasil propugnará pela formação de um tribunal internacional de direitos humanos. Conforme Pedro Dallari:

> As normas constitucionais relativas à inserção do Brasil na comunidade internacional se desdobram por todo o texto da nova Carta. Não vinculados explicitamente ao tratamento do tema das relações exteriores do País, dispositivos cujo teor encerra forte incidência nessa temática estão presentes nos diferentes Títulos da Constituição [...] No que se refere especificamente aos princípios que balizam as relações exteriores do Brasil, encontram-se eles arrolados no Título I da Constituição brasileira de 1988, dedicado à enunciação "Dos princípios Fundamentais" do Estado brasileiro sem prejuízo da presença de inúmeros outros princípios que emanam da totalidade do texto constitucional[38].

Identificar na Constituição quais são as estruturas básicas, os fundamentos, os alicerces do sistema, é identificar os princípios constitucionais fundamentais. Na Constituição Federal de 1988, tais princípios são aqueles constantes no Título I, sem prejuízos de outros. Uma leitura do texto constitucional deve passar por essa principiologia, pois é a porta de entrada da Constituição mediante a qual se conhece: tratar-se de uma República Federativa que se constitui em Estado Democrático de Direito (*caput* do art. 1º), seus fundamentos (incs. I a V, do art. 1º), a titularidade do poder (parágrafo único do art. 1º), a independência e a harmonia nas funções estatais (art. 2º), os objetivos (art. 3º) e os princípios regentes das relações internacionais (art. 4º). São, no dizer de Canotilho, os princípios estruturantes do Estado[39].

Ao anunciar, no *caput* do art. 1º, que a República Federativa do Brasil se constitui em Estado Democrático de Direito, há informações relevantes para os

---

-se não tanto no diferente título de legitimação do poder constituinte, mas na ruptura consciente com o passado no plano dos princípios constitucionalmente conformadores. [...]" (2000. p. 195-197).

(38) DALLARI, Pedro. *Constituição e relações exteriores*. São Paulo: Saraiva, 1994. p. 151-152.

(39) Para Canotilho: "[...] eles designam os princípios constitutivos do 'núcleo essencial da constituição', garantindo a esta uma determinada identidade e estrutura. Possuem, em geral, duas dimensões: (1) uma dimensão constitutiva, dado que os princípios, eles mesmos, na sua 'fundamentalidade principal', exprimem, indicam, denotam ou constituem uma compreensão global da ordem constitucional; (2) uma dimensão declarativa, pois estes princípios assumem, muitas vezes, a natureza de 'superconceitos', de 'vocábulos designantes', utilizados para exprimir a soma de outros 'superprincípios' e de concretizações normativas constitucionalmente plasmadas" (*Direito constitucional*, p. 349).

direitos fundamentais, como República, Federação[40] e Estado Democrático de Direito[41], comportando estudos isolados. Importa enfatizar que o campo para efetivação dos direitos humanos é muito mais fértil quando se trata de uma República Federativa que se constitui em Estado Democrático de Direito.

No que tange aos fundamentos da República Federativa do Brasil, destaca-se a dignidade da pessoa humana (art. 1º, III), cuja inclusão no texto constitucional de 1988 significa a constitucionalização do que foi reconhecido na Declaração Universal de Direitos de 1948. Nas palavras de Ingo Wolfgang Sarlet:

> Apenas ao longo do século XX e, ressalvada uma ou outra exceção, tão somente a partir da Segunda Guerra Mundial, a dignidade da pessoa humana passou a ser reconhecida expressamente nas Constituições, notadamente após ter sido consagrada pela Declaração Universal da ONU de 1948[42].

A Constituição consagrou a dignidade humana e de forma privilegiada, pois a inseriu no texto constitucional com *status* de princípio fundamental a estruturar o Estado brasileiro[43], ao lado de outros fundamentos, entre eles, o da cidadania. A cidadania, bem como os outros fundamentos, e os direitos e garantias fundamentais são, em síntese, dimensões da dignidade humana[44]. O princípio da dignidade

---

(40) Dircêo Torrecillas Ramos é autor de artigo intitulado A formação da doutrina dos direitos fundamentais. A forma do Estado e a proteção dos direitos: opção pelo federalismo. In: A contemporaneidade dos direitos fundamentais. *Revista Brasileira de Direito Constitucional* — RBDC, São Paulo: ESDC, jul./dez. 2004. p. 56-68.
(41) Conforme Canotilho: "O Estado Constitucional, para ser um estado com as qualidades identificadas pelo constitucionalismo moderno, deve ser um Estado de direito democrático. Eis aqui as duas grandes qualidades do Estado constitucional: Estado de direito e Estado democrático. Estas duas qualidades surgem muitas vezes separadas. Fala-se em Estado de direito, omitindo-se a dimensão democrática, e alude-se a Estado democrático silenciando a dimensão de Estado de direito. [...]O Estado constitucional democrático de direito procura estabelecer uma conexão interna entre democracia e Estado de direito. [...]" (*Op. cit.*, p. 93). O mesmo autor ainda nos traz : "Tal como são um elemento constitutivo do Estado de direito, os direitos fundamentais são um elemento básico para a realização do princípio democrático. [...]" (*Op. cit.*, p. 288).
(42) SARLET, Ingo Wolfgang. *A eficácia dos direitos fundamentais*. 7. ed. Porto Alegre: Livraria do Advogado, 2007. p. 64.
(43) "Consagrando expressamente, no título dos princípios fundamentais, a dignidade da pessoa humana como um dos fundamentos do nosso Estado democrático (e social) de Direito (art. 1º, inc. III, da CF), o nosso Constituinte de 1988 — a exemplo do que ocorreu, entre outros países, na Alemanha —, além de ter tomado uma decisão fundamental a respeito do sentido, da finalidade e da justificação do exercício do poder estatal e do próprio Estado, reconheceu categoricamente que é o Estado que existe em função da pessoa humana, e não o contrário, já que o ser humano constitui a finalidade precípua, e não meio da atividade estatal" (SARLET, Ingo Wolfgang. *Dignidade da pessoa humana e direitos fundamentais*. 5. ed. Porto Alegre: Livraria do Advogado, 2007. p. 67-68).
(44) Nas palavras de Flávia Piovesan e de Renato Stanziola Vieira: "Se no atual cenário do Direito Constitucional ocidental, pode-se depreender que a hermenêutica que mais contribui para a efetividade das Constituições é aquela que privilegia e potencializa a força normativa de seus princípios fundamentais (a serem levados em conta desde o primeiro vislumbre da norma abstrata, até o momento da decisão dos casos concretos), imperioso é ressaltar que, dentre eles, com força deontológica predominante, está o princípio da dignidade da pessoa humana. Aliás, sua importância chega mesmo a transcender os limites do positivismo, conforme já restou assentado nesse texto, a respeito da evolução doutrinária relacionada aos princípios jurídicos" (A força normativa dos princípios constitucionais fundamentais: a dignidade da pessoa humana. In: *Temas de direitos humanos*. São Paulo: Max Limonad, 2003. p. 389).

humana está também em outras partes da Constituição, a exemplo dos arts. 170, 226, § 7º, 227 e 230, ao tratarem, respectivamente, da ordem econômica, da família, da criança e do idoso.

O Estado brasileiro, fundado na dignidade humana, tem muitos objetivos a serem alcançados e, de forma inédita na história constitucional brasileira, alguns constam no art. 3º, como o de promover o bem de todos, sem preconceitos de origem, raça, sexo, cor, idade e quaisquer outras formas de discriminação (inc. IV, do art. 3º).

Quanto às relações internacionais, o art. 4º arrola os princípios a orientar a República Federativa do Brasil nesses relacionamentos. As razões que levam o Brasil a relacionar-se internacionalmente são variadas[45]; interessa, aqui, aquela razão que visa à promoção e proteção dos direitos humanos. Nessa direção, destaca-se, também pioneiramente, o princípio da prevalência dos direitos humanos (inc. II), além do princípio da cooperação entre os povos para o progresso da humanidade (inc. IX)[46], os quais deixam assente a opção do Estado brasileiro por um modelo aberto às questões de direitos humanos, primando pela sua prevalência.

A constitucionalização dos temas de relações exteriores, como adverte Pedro Dallari, é irreversível[47]. Assim também são os direitos reconhecidos em âmbitos interno e internacional, conforme previsto expressamente em tratados internacionais, a exemplo do art. 5º(2), do Pacto sobre Direitos Civis e Políticos[48]. Certamente tal irreversibilidade vem em prol do princípio da segurança jurídica e do princípio da proibição do retrocesso, ambos inerentes ao Estado Democrático de Direito.

---

(45) Conforme Maria Garcia, com referência a Franck Attar: "Negar a existência do Direito Internacional é uma recusa à evidência, bastando observar a sociedade dos Estados para a constatação de uma rede jurídica condicionando sua convivência ou sua cooperação. Fala-se, invoca-se" (GARCIA, Maria. Torres gêmeas: as vítimas silenciadas. O direito internacional entre o caos e a ordem. A questão cultural no mundo globalizado. *Revista de Direito Constitucional e Internacional*, São Paulo: Revista dos Tribunais, ano 14, abr./jun. 2006, n. 55).

(46) Celso Ribeiro Bastos e Ives Gandra Martins tecem os seguintes comentários acerca do inciso IX, do art. 4º: "O atual texto foi ainda mais longe. Adota como princípio a colaboração do Brasil com os outros povos. De fato, não poderia ser outra a orientação neste mundo cada mais interdependente. Esta colaboração pode ser atingida por duas vias fundamentais: a bilateral e a multilateral. Pela primeira, os dois Estados interessados estabelecem relações recíprocas de colaboração. Na segunda, abre-se o leque a múltiplos interessados, dando lugar, assim, ao surgimento de organizações de cunho mundial ou então regional. Não é difícil prever-se que estas organizações deverão ter um papel cada vez mais importante..." (*Comentários à Constituição do Brasil*. Pré-constitucionalismo. O Estado. Constituição. Arts. 1º a 4º. São Paulo: Saraiva, 1998. v. 1, p. 460).

(47) "A ênfase atribuída pela Assembleia Nacional Constituinte ao tratamento constitucional dos temas de relações exteriores não deverá vir a sofrer reversão. Seja no que diz respeito particularmente à enunciação dos princípios destinados a servir de parâmetros para a inserção internacional do Brasil, seja no que se refere aos demais dispositivos constitucionais com repercussão, direta ou indireta, no campo das relações exteriores, o enfoque da matéria no patamar da Constituição parece ser algo consolidado, sujeito apenas a um processo natural de renovação e aperfeiçoamento" (DALLARI, Pedro. *Constituição e relações exteriores*. São Paulo: Saraiva, 1994. p. 187).

(48) "Não se admitirá qualquer restrição ou suspensão dos direitos humanos reconhecidos ou vigentes em qualquer Estado-parte no presente Pacto em virtude de leis, convenções, regulamentos ou costumes, sob pretexto de que o presente Pacto não os reconheça ou os reconheça em menor grau."

Tais considerações já se revelam suficientes para a inserção do Brasil no sistema internacional de proteção dos direitos humanos. Nada obstante, logo após anunciar os princípios fundamentais, o Título II (arts. 5º a 17) declara os direitos e garantias fundamentais. Percebe-se, de pronto, uma localização topográfica distinta em comparação com os outros textos constitucionais brasileiros. Para Paulo Bonavides:

> Com a queda do positivismo e o advento da teoria material da Constituição, o centro de gravidade dos estudos constitucionais, que dantes ficava na parte organizacional da lei magna — separação de poderes e distribuição de competências, enquanto forma jurídica de neutralidade aparente, típica do constitucionalismo do Estado Liberal — se transportou para a parte substantiva, de fundo e conteúdo, que entende com os direitos fundamentais e as garantias processuais da liberdade, sob a égide do Estado social. [...] Com efeito, a esfera mais crítica e delicada para o estabelecimento de um Estado de Direito era, na idade do Estado Liberal, a organização jurídica dos Poderes, a distribuição de suas competências e, por conseguinte, a harmonia e o equilíbrio funcional dos órgãos de soberania, bem como a determinação de seus limites. Hoje, os direitos fundamentais ocupam essa posição estrutural culminante[49].

No Título II da Constituição de 1988 constam os direitos fundamentais em harmonia com muitos tratados internacionais de direitos humanos ratificados pelo Brasil[50]. O mais extenso rol de direitos fundamentais na história constitucional brasileira amplia os direitos individuais, inclui direitos coletivos e difusos e dispõe acerca de uma série de garantias[51]. Mas vai além ao deixar assente não se tratar de um rol exaustivo, petrificar direitos e determinar a aplicabilidade imediata.

Quanto à aplicabilidade imediata das normas definidoras dos direitos e garantias fundamentais, conforme art. 5º, § 1º[52], vem ao encontro da necessária efetividade dos direitos fundamentais e tem relação com a classificação das normas constitucionais quanto à aplicabilidade e eficácia. Há algumas propostas nesse sentido, sendo a mais recorrente a classificação de José Afonso da Silva[53]. Leciona o autor

---

(49) *Curso de direito constitucional*. 13. ed. São Paulo: Malheiros, 2003. p. 584-586.
(50) "Cumpre salientar que o catálogo dos direitos fundamentais (Título II da CF) contempla direitos fundamentais das diversas dimensões, demonstrando, além disso, estar em sintonia com a Declaração Universal de 1948, bem assim com os principais pactos internacionais sobre Direitos Humanos, o que também deflui do conteúdo das disposições integrantes do Título I (dos Princípios Fundamentais)" (SARLET, Ingo Wolfgang. *A eficácia dos direitos fundamentais*. 7. ed. Porto Alegre: Livraria do Advogado, 2007. p. 79-80).
(51) Quanto às garantias constitucionais, Paulo Bonavides assevera: "A Constituição de 5 de outubro de 1988 foi de todas as Constituições brasileiras aquela que mais procurou inovar tecnicamente em matéria de proteção aos direitos fundamentais. Não o fez, porém, sem um propósito definido, que tacitamente se infere do conteúdo de seus princípios e fundamentos: a busca em termos definitivos de uma compatibilidade do Estado social com o Estado de Direito mediante a introdução de novas garantias constitucionais, tanto do direito objetivo como do direito subjetivo" (*Curso de direito constitucional*. 13. ed. São Paulo: Malheiros, 2003. p. 548).
(52) Art. 5º, § 1º: "As normas definidoras dos direitos e garantias fundamentais têm aplicação imediata".
(53) SILVA, José Afonso da. *Aplicabilidade das normas constitucionais*. 3. ed. São Paulo: Malheiros, 1998.

não haver norma constitucional destituída de eficácia, pois, mesmo que uma norma não reúna condições para aplicabilidade, tem o potencial de não recepcionar normas anteriores incompatíveis e ainda vincula o legislador para que não legisle em sentido contrário.

Nessa direção e diante do comando constitucional do art. 5º, § 1º, é preciso que o legislador não deixe de legislar quando constitucionalmente obrigado a fazê-lo, possibilitando, assim, a aplicabilidade imediata de norma constitucional atinente a direito fundamental. Se atualmente a não atuação para tornar aplicável qualquer norma constitucional já é nítida inconstitucionalidade, quando se trata de direitos fundamentais a situação se intensifica diante do referido comando constitucional. Bem por isso, há previsão do mandado de injunção, conforme inc. LXXI, do art. 5º[54], cuja finalidade é tornar viável o exercício dos direitos fundamentais que, porventura, estejam obstados por ausência de norma infraconstitucional. Há, ainda, a Ação Direta de Inconstitucionalidade por Omissão para sanar a ausência de norma reclamada pela Constituição.

A Constituição de 1988, ao apresentar meios para tornar efetivos os direitos fundamentais, foi providente não apenas em declarar os direitos fundamentais, mas também por zelar para que eles sejam efetivamente aplicados desde logo. Como registrado por Paulo Bonavides: "Os direitos fundamentais, em rigor, não se interpretam; concretizam-se"[55]. Para Luiz Alberto David Araújo e Vidal Serrano Nunes Júnior, "a importância de qualificar direitos constitucionais como fundamentais reside no regime jurídico de proteção especial que a Constituição lhes outorgou"[56].

Os direitos fundamentais não são apenas os indicados no Título II da Constituição Federal. Por força do art. 5º, § 2º, outros direitos não devem ser excluídos, vejamos: "Os direitos e garantias expressos nesta Constituição não excluem outros decorrentes do regime e dos princípios por ela adotados, ou dos tratados internacionais em que a República Federativa do Brasil seja parte".

Em busca da origem do art. 5º, § 2º, em especial quanto aos direitos decorrentes dos tratados internacionais, conforme informa Silvia M. da S. Loureiro[57], tal redação originou-se de proposta de Antônio Augusto Cançado Trindade, objetivando a inclusão no texto constitucional de um modelo aberto de proteção dos direitos humanos a constar, preferencialmente, entre os princípios fundamentais, mas sem

---

(54) "Art. 5º [...]. LXXI — conceder-se-á mandado de injunção sempre que a falta de norma regulamentadora torne inviável o exercício dos direitos e liberdades constitucionais e das prerrogativas inerentes à nacionalidade, à soberania e à cidadania."
(55) BONAVIDES, Paulo. *Curso de direito constitucional*, cit., p. 592.
(56) ARAÚJO, Luiz Alberto David; NUNES JUNIOR, Vidal Serrano. *Curso de direito constitucional*. 11. ed. São Paulo: Saraiva, 2007. p. 127.
(57) LOUREIRO, Silvia Maria da Silveira. *Tratados internacionais sobre direitos humanos na Constituição*. Belo Horizonte: Del Rey, 2005.

prejuízo de privilegiá-lo também, se incluído entre os direitos e garantias individuais, o que se tornou realidade com algumas alterações redacionais quanto à proposta inicial[58].

Diante do comando constitucional supramencionado, surgiram algumas classificações para os direitos fundamentais[59]. Para o fim deste estudo, importa ressaltar que, além dos direitos expressos sob o Título "Dos Direitos e Garantias Fundamentais" (arts. 5º a 17), o teor do § 2º do art. 5º determina a não exclusão de outros direitos desde que sejam: 1º) decorrentes do regime e dos princípios adotados pela Constituição; ou 2º) decorrentes dos tratados internacionais em que a República Federativa do Brasil seja parte.

Quanto à primeira exigência — direitos decorrentes do regime e dos princípios adotados pela Constituição —, há direito fundamental em todo o texto constitucional, conforme já está assente no Supremo Tribunal Federal[60]. Também direitos nessa condição existem fora da Constituição.

Com relação à segunda exigência, ou seja, direitos fundamentais decorrentes dos tratados internacionais, trata-se, primeiramente, do reconhecimento de dupla fonte normativa, a interna e a internacional[61]. Se, atualmente, há discussão acerca

---

(58) Destaca-se, dentre as alterações examinadas pela autora, a omissão do termo "tratados humanitários", o que, no seu dizer, "prejudica, ainda hoje, a interpretação e a aplicação deste dispositivo" e a não inclusão das declarações de direitos humanos, sobre a qual, segundo a autora, "ainda que fosse como instrumento de interpretação e integração das normas constitucionais [...]. Enfim, o apuro técnico da redação oferecida pelo conferencista, se adotado desde logo, pouparia os Constituintes de discussões inférteis, e muitas vezes equivocadas a este respeito" (p. 60).

(59) Flávia Piovesan apresenta três grupos, a saber: "a) dos direitos expressos na Constituição (por exemplo, os direitos elencados pelo Texto nos incisos I a LXXVIII do art. 5º; b) o dos direitos expressos em tratados internacionais de que o Brasil seja parte; e c) o dos direitos implícitos (direitos que estão subentendidos nas regras de garantias, bem como os decorrentes do regime e dos princípios adotados pela Constituição)" (*Direitos humanos e o direito constitucional internacional*, p. 58). No mesmo sentido, Carlos Mário da Silva Velloso: "Em votos proferidos no Supremo Tribunal Federal, tenho sustentado que são três as vertentes, na Constituição da República, dos direitos e garantias: a) direitos e garantias expressos na Constituição; b) direitos e garantias decorrentes do regime e dos princípios adotados pela Constituição; c) direitos e garantias inscritos nos tratados internacionais firmados pelo Brasil (Constituição Federal, art. 5º, § 2º)" (VELLOSO, Carlos Mário da Silva. Tratados internacionais na jurisprudência do Supremo Tribunal Federal. In: AMARAL, Antonio Carlos Rodrigues do (coord.). *Tratados internacionais na ordem jurídica brasileira*. Prefácio de José Francisco Rezek. São Paulo: Aduaneiras, 2005. p. 20).

(60) O julgado de referência é o proferido na Ação Direta de Inconstitucionalidade n. 939-7, em que ficou assente a existência de direitos individuais além do art. 5º.

(61) "Nesse sentido, Valério Mazzuoli: "A Carta de 1988, com a disposição do § 2º do seu art. 5º, de forma inédita, passou a reconhecer de forma clara, no que tange ao seu sistema de direitos e garantias, uma dupla fonte normativa: a) aquela advinda do direito interno (direitos expressos e implícitos na Constituição, estes últimos decorrentes do regime e dos princípios por ela adotados); e b) aquela outra advinda do direito internacional (decorrente dos tratados internacionais de direitos humanos em que a República Federativa do Brasil seja parte). De forma expressa, a Carta de 1988 atribuiu aos tratados internacionais de proteção dos direitos humanos devidamente ratificados pelo Estado brasileiro a condição de fonte do sistema constitucional de proteção de direitos e garantias. É dizer, tais tratados passam a ser fonte do sistema constitucional de proteção de direitos no mesmo plano de eficácia e igualdade daqueles direitos, expressa ou implicitamente, consagrados pelo texto constitucional, o que justifica o *status* de norma constitucional que esses instrumentos internacionais apresentam no ordenamento brasileiro" (*Direito internacional público*. Parte geral, p. 90-91).

da multiplicidade de fontes do direito na seara da globalização, em especial, quanto à formação de blocos econômicos, é preciso intensificar a discussão no campo da universalização dos direitos humanos a fim de reconhecer, como fonte imediata de direito, os tratados internacionais de direitos humanos incorporados no ordenamento jurídico interno. Os recentes julgados do Supremo Tribunal Federal, ao observarem, além das normas constitucionais, os tratados internacionais de direitos humanos, reafirmam a inserção do Brasil no sistema internacional de proteção e a condição de fonte imediata dos tratados internacionais de direitos humanos.

Os direitos recepcionados no rol dos direitos fundamentais estão petrificados por força do comando do art. 60, § 4º, inc. IV[62]. Embora se reconheça que, se por um lado, isso é plenamente aceitável quanto aos direitos e garantias individuais fora do art. 5º, por outro lado, há resistência quanto aos demais direitos fundamentais, ou seja, direitos que, embora fundamentais e constantes no texto, não são intitulados como direitos individuais. Celeuma maior aflora quando se tratam de direitos fundamentais fora do texto constitucional, como no caso dos direitos oriundos dos tratados internacionais de direitos humanos.

O tratamento especial e necessário dispensado aos direitos fundamentais pela Constituição Federal de 1988, marco jurídico da transição democrática e da institucionalização dos direitos humanos no Brasil, propiciou a inserção do Brasil no sistema internacional de proteção dos direitos humanos, o que ocorreu mediante a ratificação de tratados internacionais de direitos humanos, inclusive com o reconhecimento de jurisdição internacional. Assim, os direitos fundamentais estão por todo o texto da Constituição Federal e também nos tratados internacionais de direitos humanos em que a República Federativa do Brasil seja parte. Reconhece-se com isso a relevância não apenas da Constituição, mas também dos tratados internacionais na proteção dos direitos humanos. Nessa direção, menciona-se o advento, em 2004, dos §§ 3º e 4º no art. 5º, e ainda, do § 5º no art. 109[63].

Demais, menciona-se, no âmbito estritamente interno, a elaboração, pelo Ministério da Justiça em conjunto com diversas organizações da sociedade civil, do Programa Nacional de Proteção dos Direitos Humanos de 13.5.1996, recomendado na Conferência Mundial de Direitos Humanos, realizada em Viena, em 1993, o qual vem reforçar o comprometimento do Brasil com os direitos internacionalmente reconhecidos.

---

(62) Art. 60, § 4º: "Não será objeto de deliberação a proposta de emenda tendente a abolir: [...] IV — os direitos e garantias individuais".

(63) "Art. 5º [...] § 3º Os tratados e convenções internacionais sobre direitos humanos que forem aprovados, em cada Casa do Congresso Nacional, em dois turnos, por três quintos dos votos dos respectivos membros, serão equivalentes às emendas constitucionais. § 4º O Brasil se submete à jurisdição de Tribunal Penal Internacional a cuja criação tenha manifestado adesão." "Art. 109. [...] § 5º Nas hipóteses de grave violação de direitos humanos, o Procurador-Geral da República, com a finalidade de assegurar o cumprimento de obrigações decorrentes de tratados de direitos humanos dos quais o Brasil seja parte, poderá suscitar, perante o Superior Tribunal de Justiça, em qualquer fase do inquérito ou processo, incidente de deslocamento de competência para a Justiça Federal."

O Programa constitui-se de um Prefácio, um texto introdutório e um conjunto de propostas de ações governamentais para proteção e promoção dos direitos humanos. Transcreve-se parte do texto introdutório do PNDH que faz menção aos tratados:

> O Governo brasileiro, embora considere que a normatização constitucional e a adesão a tratados internacionais de direitos humanos sejam passos essenciais e decisivos na promoção destes direitos, está consciente de que a sua efetivação, no dia a dia de cada um, depende da atuação constante do Estado e da Sociedade. Com este objetivo se elaborou o Programa Nacional de Direitos Humanos que ora se submete a toda a Nação[64].

Um dos objetivos mencionados no Programa a ser alcançado em curto prazo é: "Adotar legislação interna que permita o cumprimento pelo Brasil dos compromissos assumidos internacionalmente, como Estado parte, em convenções e tratados de direitos humanos"[65]. Também, um novo Programa foi elaborado[66] com itens específicos quanto à inserção do Brasil nos sistemas internacionais, destacando-se o primeiro deles:

> Adotar medidas legislativas e administrativas que permitam o cumprimento pelo Brasil dos compromissos assumidos em pactos e convenções internacionais de direitos humanos, bem como das sentenças e decisões dos Órgãos dos Sistemas Universal — ONU e Regional — OEA de promoção e proteção dos direitos humanos[67].

Há, ainda, o II Pacto Republicano de Estado por um sistema de justiça mais acessível, ágil e efetivo, firmado entre os chefes dos três poderes, em maio de 2009, sendo as seguintes matérias prioritárias: 1) a proteção dos direitos humanos fundamentais; 2) agilidade e efetividade da prestação jurisdicional; e 3) acesso universal à Justiça.

Resta mencionar algumas consequências para o Brasil após sua inserção no sistema internacional de proteção dos direitos humanos, estruturado sob a nova

---

(64) Brasil. Presidência da República, Governo Fernando Henrique Cardoso. 1995. Direitos Humanos: Novo Nome da Liberdade e da Democracia. Brasília: Presidência da República, Secretaria de Comunicação Social, Ministério da Justiça e Ministério das Relações Exteriores.
(65) Disponível em: <http://www.dhnet.org.br/dados/pp/pndh/textointegral.html#Ratificação> Acesso em: 12.3.2008.
(66) "Incorpora ações específicas no campo da garantia do direito à educação, à saúde, à previdência e assistência social, ao trabalho, à moradia, a um meio ambiente saudável, à alimentação, à cultura e ao lazer, assim como propostas voltadas para a educação e sensibilização de toda a sociedade brasileira com vistas à construção e consolidação de uma cultura de respeito aos direitos humanos. [...]" (Disponível em: <http://www.dhnet.org.br/dados/pp/pndh/pndh_concluido/01_intro.html> Acesso em: 12.3.2008).
(67) Disponível em: <http://www.dhnet.org.br/dados/pp/pndh/pndh_concluido/15_internacional.html> Acesso em: 12.3.2008.

concepção de direitos humanos fundada na dignidade humana porquanto valor intrínseco à condição humana.

2.2. Principais consequências da inserção no sistema internacional de proteção dos direitos humanos

As consequências que serão mencionadas não se restringem ao Brasil, pois atinem a todos Estados inseridos no sistema internacional de proteção dos direitos humanos. Contudo, a ênfase final de cada tópico será para o Estado brasileiro.

2.2.1. Soberania estatal em prol da proteção dos direitos humanos

Com a inserção dos Estados no sistema internacional de proteção dos direitos humanos, a soberania persiste, como não poderia ser diferente. Demonstração disso é que, em prol da própria soberania estatal, os Estados são livres para ratificar tratados internacionais e muitos comportam reservas, ou seja, a possibilidade de não aceitar determinadas disposições do tratado. Também a jurisdição internacional de forma subsidiária prestigia a soberania dos Estados.

Nada obstante, na seara do direito internacional, a concepção de soberania estatal tem causado algumas discussões[68], em especial no que tange aos mecanismos de monitoramento e controle do sistema internacional de proteção dos direitos humanos.

Os Estados, ao ratificarem tratados internacionais de direitos humanos, o fazem no exercício da soberania estatal e, livremente, aceitam o que foi convencionado, inclusive, a sistemática de controle prevista nesses instrumentos. Portanto, inadmissível eventual recurso à concepção de soberania para refutarem os compromissos assumidos[69]. Compromissos esses não apenas com outros Estados, mas — perante outros Estados — com os indivíduos universalmente protegidos[70], pois, além

---

(68) Segundo Dalmo de Abreu Dallari: "O conceito de soberania, claramente afirmado e teoricamente definido desde o século XVI, é um dos que mais têm atraído a atenção dos teóricos do Estado, filósofos do direito, cientistas políticos, internacionalistas, historiadores das doutrinas políticas, e de todos quantos se dedicam ao estudo das teorias e dos fenômenos jurídicos e políticos. [...] Atualmente, porém, não obstante a imprecisão e as controvérsias, a expressão soberania vem sendo largamente empregada na teoria e na prática, às vezes até mesmo para justificar as posições de duas partes opostas num conflito, cada uma alegando defender sua soberania. Daí a observação recente de Kaplan e Katzenbach, de que não há no Direito Internacional um termo mais embaraçoso que soberania, parecendo-lhes que o seu uso impreciso e indisciplinado talvez se deva ao fato de haver-se tornado um 'símbolo altamente emocional', amplamente utilizado para conquistar simpatias em face das tendências nacionalistas que vêm marcando nossa época" (*Elementos de teoria geral do Estado*. 19. ed. São Paulo: Saraiva, 1995. p. 63).

(69) Para André de Carvalho Ramos: "[...] Os próprios Estados, ao aceitar as diversas obrigações internacionais no campo dos direitos humanos, tornaram infundada qualquer tipo de alegação de 'domínio reservado' ou 'ofensa à soberania' porventura ventiladas" (*Op. cit.*, p. 23).

(70) Conforme Mônica de Mello: "[...] ao celebrar um tratado sobre direitos fundamentais, o Estado-parte não assume a obrigação de respeitar os seus preceitos apenas com os demais Estados, mas, principalmente, com

de cidadãos desse ou daquele Estado, são sujeitos de direitos internacionais. Adherbal M. Mattos, ao tratar dos atores do Direito Internacional Público, aponta o Estado, as Organizações Internacionais e o indivíduo. Quanto a este último, o autor faz menção até mesmo de "uma soberania humana, que substituiria a soberania estatal"[71].

A proteção dos direitos humanos transcende a esfera nacional, diferentemente de outrora em que tais direitos se restringiam ao domínio doméstico. O Estado soberano, criado para servir aos homens, com o movimento de internacionalização dos direitos humanos, deve observar os ditames internacionais em âmbito interno, servindo assim aos seus reais propósitos. É ressaltar, como fez Celso Lafer, a distinção entre a perspectiva *ex parte populi* e a perspectiva *ex parte principis*[72]. A soberania do século XXI vem nesse sentido, pois os Estados soberanos, em prol dos direitos humanos, assumem obrigações decorrentes dos acordos internacionais que não são impostas, mas fruto do consenso, da liberalidade e da boa-fé.

Na Constituição brasileira de 1988, a soberania é um dos princípios fundamentais, conforme art. 1º, inc. I, cabendo ao intérprete clarificar sua real concepção em prol da promoção e da proteção dos direitos humanos[73]. Veja que a atual

---

as pessoas que habitam o seu território" (Impacto da convenção americana de direitos humanos nos direitos civis e políticos. In: GOMES, Luiz Flávio; PIOVESAN, Flávia (coords.). *O sistema interamericano de proteção dos direitos humanos e o direito brasileiro*. São Paulo: Revista dos Tribunais, 2000. p. 311).

(71) "Também o indivíduo — o ser humano, a pessoa física — que durante certo tempo já tivera um certo *status* internacional, hoje, mais do nunca, é tido como sujeito do DIP. Há mesmo autores (Cezar Barros Hurtado) que falam numa soberania humana, que substituiria a soberania estatal. O raciocínio tem certa validez, principalmente após o advento de uma Corte Europeia para a proteção dos direitos fundamentais do indivíduo, e da entrada em vigor dos dois grandes Pactos da ONU sobre a matéria" (MATTOS, Adherbal Meira. *Direito internacional público*. 2. ed. Rio de Janeiro: Renovar, 2002. p. 4-5).

(72) "[...] a perspectiva *ex parte principis*, em relação aos direitos humanos enquanto invenção histórica, norteia-se pela governabilidade de um conjunto de homens e coisas num dado território. Com efeito, como observa Foucault, a partir da segunda metade do século XVIII, 'a população será o ponto em torno do qual se organizará aquilo que nos textos do século XVI se chamava de paciência do soberano, no sentido em que a população será o objeto que o governo deverá levar em consideração em suas observações, em seu saber, para conseguir governar efetivamente de modo racional e planejado'. É por essa razão que, numa perspectiva *ex parte principis*, deontologicamente aceitável para o critério da razoabilidade do paradigma da Filosofia do Direito, o tema dos direitos humanos é o da escolha, baseada numa 'ética de responsabilidade', de quais direitos humanos que podem efetivamente ser tutelados, levando-se em conta os recursos disponíveis e a necessidade de evitar, com a discórdia excessiva, a desagregação da unidade do poder. Já a perspectiva *ex parte populi*, em contraste com a *ex parte principis*, não se ocupa com a governabilidade, mas se preocupa com a liberdade. É por essa razão que, na perspectiva *ex parte populi*, os direitos humanos, desde Locke, colocaram-se como uma conquista política a serviço dos governados. [...]" Antes disso, o autor sublinhou a importância da dicotomia, mencionando, com Bobbio, o resultado: "O princípio, solenemente proclamado pelas declarações americana e francesa, de que o governo é para o indivíduo e não o indivíduo para o governo" (LAFER, Celso. *A reconstrução dos direitos humanos* — um diálogo com o pensamento de Hannah Arendt. São Paulo: Companhia das Letras, 1988. p. 125-126).

(73) "O desenvolvimento histórico da proteção internacional dos direitos humanos gradualmente superou barreiras do passado: compreendeu-se pouco a pouco que a proteção dos direitos básicos da pessoa humana não se esgota, como não poderia esgotar-se, na atuação do Estado, na pretensa e indemonstrável 'competência nacional exclusiva'. Esta última (equiparável ao chamado 'domínio reservado do Estado') afigura-se como um reflexo, manifestação da particularização da própria noção de soberania, inteiramente inadequada ao plano das relações internacionais, porquanto originariamente concebida, tendo em mente o Estado *in abstracto* (e não em relações com outros Estados), e como expressão de um poder interno, de uma supremacia própria de um ordenamento de subordinação, claramente distinto do ordenamento internacional, de coordenação e cooperação, em que todos os Estados são, ademais de independentes, juridicamente iguais" (TRINDADE, Antônio Augusto

concepção de soberania estatal tem relação direta com a concepção de supremacia constitucional (pressuposto para o controle da constitucionalidade), já que a dogmática acerca dessa supremacia foi construída sob aquela concepção de soberania, ainda não inserida no contexto da internacionalização dos direitos humanos.

2.2.2. Condição de humanidade como único requisito para ser sujeito de direitos e sua especificação em casos necessários

A filosofia kantiana[74] contribuiu sobremaneira para deixar assente que a dignidade inerente ao ser humano o conduz à condição de sujeito de direitos.

É dizer que o único requisito para ser sujeito de direitos é condição de humanidade, mesmo porque, como assevera Celso D. de Albuquerque Mello: "Direito, seja ele qual for, se dirige sempre aos homens. O homem é a finalidade última do Direito. Este somente existe para regulamentar as relações entre os homens. Ele é um produto do homem"[75].

Ocorre que, para melhor assegurar direitos, não basta um reconhecimento genérico e abstrato, como se todos os seres humanos fossem realmente iguais. Foi preciso ir além. Nessa direção, o sistema normativo internacional de proteção dos direitos humanos, além de projetar-se em dois âmbitos — Global e Regional —, sob outra ótica pode ser evidenciado, qual seja, quanto ao alcance, quanto aos destinatários da proteção, se todos genericamente considerados ou certos sujeitos especificamente considerados, pois existem os tratados de alcance geral e outros de alcance específico[76].

Cançado. *A proteção internacional dos direitos humanos:* fundamentos jurídicos e instrumentos básicos. São Paulo: Saraiva, 1991. p. 4).

(74) "[...] Ora, o princípio primeiro de toda a ética é o de que 'o ser humano e, de modo geral, todo ser racional, existe como fim em si mesmo, não simplesmente como meio do qual esta ou aquela vontade possa servir-se a seu talante'. [...] Ora, a dignidade da pessoa não consiste apenas no fato de ser ela, diferentemente das coisas, um ser considerado e tratado, em si mesmo, como um fim em si e nunca como um meio para a consecução de determinado resultado. Ela resulta também do fato de que, pela sua vontade racional, só a pessoa vive em condições de autonomia, isto é, como ser capaz de guiar-se pelas leis que ele próprio edita. Daí decorre, como assinalou o filósofo, que todo homem tem dignidade e não um preço, como as coisas. A humanidade como espécie, e cada ser humano em sua individualidade, é propriamente insubstituível: não tem equivalente, não pode ser trocado por coisa alguma" (COMPARATO, Fábio Konder. *Afirmação histórica dos direitos humanos*. 5. ed. São Paulo: Saraiva, 2007. p. 21-2).

(75) Continua o autor: "Ora, não poderia o DI negar ao indivíduo a subjetividade internacional. Negá-la seria desumanizar o DI e transformá-lo em um conjunto de normas ocas sem qualquer aspecto social. Seria fugir ao fenômeno da socialização, que se manifesta em todos os ramos do Direito. Na verdade, podemos concluir que existem duas principais razões para o homem ser considerado pessoa internacional: a) a própria dignidade humana, que leva a ordem jurídica internacional, como veremos, a lhe reconhecer direitos fundamentais e procurar protegê-los e b) a própria noção de Direito, obra do homem para o homem. Em consequência, a ordem jurídica internacional vai-se preocupando cada vez mais com os direitos do homem, que são quase verdadeiros 'direitos naturais concretos'" (MELLO, Celso D. de Albuquerque. *Curso de direito internacional público*. 15. ed. Rio de Janeiro: Renovar, 2004. v. 1, p. 808).

(76) Na maioria das vezes, o próprio título do tratado internacional já aponta se se trata de alcance geral ou de alcance específico; a exemplo destes últimos: a Convenção Interamericana para Prevenir, Punir e Erradicar a

É o sistema especial de proteção pautado no reconhecimento das peculiaridades, das diferenças. Boaventura de Sousa Santos trata do princípio da diferença ao identificar as premissas para a transformação da conceitualização e da prática dos direitos humanos de um localismo globalizado em um projeto cosmopolita[77]. Norberto Bobbio assevera sobre a passagem do homem genérico para o homem específico[78]. Pietro de Jesús Lora Alarcón chama a atenção para a necessária tolerância em aceitar o diferente[79].

Em outras palavras, é considerar a igualdade em uma terceira concepção, a qual requer o respeito à etnia, ao gênero, etc. Distinta da primeira concepção, que trata da igualdade meramente formal com o reconhecimento de que todos são literalmente iguais, e distinta também da segunda concepção, que, principalmente diante das diferenças econômicas, busca por uma efetiva igualdade. Tanto na segunda concepção quanto na terceira, busca-se por igualdade material (ou substancial), já que restou demonstrado na história que a concepção de igualdade advinda do Estado Liberal não foi suficiente[80].

Assim, o sistema internacional de proteção dos direitos humanos, com fundamento na dignidade humana e mediante tratados internacionais, traz direitos

---

Violência Contra a Mulher, a Convenção Internacional sobre Eliminação de Todas as Formas de Discriminação Racial, a Convenção sobre os Direitos da Criança, a Convenção Interamericana para Eliminação de Todas as Formas de Discriminação Contra as Pessoas Portadoras de Deficiência, etc.

(77) "Por último, a quinta premissa é que todas as culturas tendem a distribuir as pessoas e os grupos sociais entre dois princípios competitivos de vínculo hierárquico. Um — o princípio de igualdade — opera por intermédio de hierarquias entre unidades homogêneas (a hierarquia de estratos socioeconômicos; a hierarquia cidadão/estrangeiro). O outro — o princípio da diferença — opera por intermédio da hierarquia entre identidades e diferenças consideradas únicas (a hierarquia entre etnias ou raças, entre sexos, entre religiões, entre orientações sexuais). Embora na prática os dois princípios frequentemente se sobreponham, uma política emancipatória de direitos humanos deve saber distinguir entre a luta pela igualdade e a luta pelo reconhecimento igualitário das diferenças a fim de poder travar ambas as lutas eficazmente" (SANTOS, Boaventura Sousa. Por uma concepção multicultural de direitos humanos. In: *Reconhecer para libertar:* os caminhos do cosmopolitanismo multicultural. Rio de Janeiro: Civilização Brasileira, 2003. p. 442-443).

(78) "[...] a passagem ocorreu do homem genérico — do homem enquanto homem — para o homem específico, ou tomado na diversidade de seus diversos *status* sociais, com base em diferentes critérios de diferenciação (o sexo, a idade, as condições físicas), cada um dos quais revela diferenças específicas, que não permitem igual tratamento e igual proteção. [...]Basta examinar as cartas de direitos que se sucederam no âmbito internacional, nestes últimos quarenta anos, para perceber esse fenômeno [...]" (BOBBIO, Norberto. *A era dos direitos.* Trad. Carlos Nelson Coutinho. Rio de Janeiro: Campus, 1992. p. 69).

(79) "A tolerância e o respeito pelos direitos humanos reclamam a aceitação do diferente, em contraposição à exclusão, a inclusão comunitária é um exercício extremamente difícil de coexistência, que, precisamente pelo difícil, pode e deve ser considerado perfeitamente possível de ser atingido" (A efetividade dos direitos humanos: o desafio contemporâneo. In: A contemporaneidade dos direitos fundamentais. *Revista Brasileira de Direito Constitucional* — RBDC, São Paulo: ESDC, jul./dez. 2004. p. 318).

(80) "Leva Vierkandt seu pensamento às últimas consequências ao afirmar que seria correto o conceito de liberdade do liberalismo se os homens fossem dotados de igual capacidade. Mas, como a igualdade a que se arrima o liberalismo é apenas formal, e encobre, na realidade, sob seu manto de abstração, um mundo de desigualdades de fato — econômicas, sociais, políticas e pessoais — termina 'apregoada liberdade, como Bismarck já o notara, numa real liberdade de oprimir os fracos, restando a estes, afinal de contas, tão somente a liberdade de morrer de fome'" (BONAVIDES, Paulo. *Do Estado liberal ao Estado social.* 6. ed. São Paulo: Malheiros, 1996. p. 61).

de alcance geral e também de alcance específico, ressaltando, assim, a condição de humanidade como único requisito para ser sujeito de direitos e a necessária especificação para alguns casos em prol de uma efetiva igualdade.

No Brasil, a Constituição de 1988 está em consonância com a necessidade desse reconhecimento específico, a exemplo das disposições atinentes à criança e ao adolescente, à mulher, ao idoso, ao índio e aos portadores de deficiência. É o reconhecimento de que, além da condição de humanidade, as diferenças servem à afirmação — e não à negação — de direitos.

2.2.3. Indivisibilidade e interdependência dos direitos civis, políticos, sociais, culturais e ambientais

Os direitos humanos são interdependentes e indivisíveis[81], o que requer uma visão da integralidade desses direitos. Para o pleno exercício dos direitos civis e políticos necessário se faz a efetivação dos direitos sociais, culturais e ambientais, ou seja, esses direitos são condições para aqueles.

Embora tais direitos, não raras vezes, encontram-se veiculados em documentos distintos, a exemplo dos Pactos de 1966, preferível, como fez a Declaração Universal e, regionalmente, a Carta Africana, veicular tais direitos em um único diploma legal.

É preciso ressaltar que, apesar de algumas divisões, os direitos humanos não são divisíveis, ao contrário, são indivisíveis, já que interdependentes. Veja, por exemplo, a interdependência existente entre o direito à vida e o direito à saúde no sentido de que o exercício desse direito é pressuposto para o exercício daquele quando sob uma concepção de vida com dignidade, como deve ser. Outros direitos podem ser exemplificados como pressupostos para o exercício dos direitos civis e políticos, é o caso dos direitos ambientais[82] e do direito à educação, pressupostos

---

(81) Nas lições de Flávia Piovesan: "Além da universalidade dos direitos humanos, a Declaração de 1948 ainda introduz a indivisibilidade desses direitos ao ineditamente conjugar o catálogo dos direitos civis e políticos com o dos direitos econômicos, sociais e culturais. De fato, concebida como a interpretação autorizada dos arts. 1º (3) e 55 da Carta da ONU, no sentido de aclarar, definir e decifrar a expressão 'direitos humanos e liberdades fundamentais', a Declaração de 1948 estabelece duas categorias de direitos: os direitos civis e políticos e os direitos econômicos, sociais e culturais. Combina, assim, o discurso liberal e o discurso social da cidadania, conjugando o valor da liberdade com o valor da igualdade. [...] Ao conjugar o valor da liberdade com o da igualdade, a Declaração demarca a concepção contemporânea de direitos humanos, pela qual esses direitos passam a ser concebidos como uma unidade interdependente e indivisível. [...] sem a efetividade dos direitos econômicos, sociais e culturais, os direitos civis e políticos se reduzem a meras categorias formais, enquanto sem a realização dos direitos civis e políticos, ou seja, sem a efetividade da liberdade entendida em seu mais amplo sentido, os direitos econômicos, sociais e culturais carecem de verdadeira significação. [...]" (*Direitos humanos e o direito constitucional internacional*, p. 131, 134 e 136).
(82) Nas lições de Ives Gandra da Silva Martins: "Por enquanto, nada obstante o início das explorações espaciais, o homem conhece pouco do Universo e, do pouco conhecido, nada é habitável. A terra continua sendo o seu único 'refúgio' e a preservação de condições ambientais é da maior relevância para a sobrevivência do ser humano e de outras formas de vida" (MARTINS, Ives Gandra da Silva. Direitos humanos — aspectos jurídicos.

para o exercício dos direitos civis e políticos, com destaque para o exercício dos direitos à igualdade e à liberdade.

A visão da integralidade dos direitos humanos significa que o Estado deve dispensar a mesma atenção para todos esses direitos. Se os direitos civis e políticos são conhecidos como direitos negativos no sentido de que o Estado não deve agir para ofendê-los, isso não indica que não há ações positivas no sentido de assegurá-los. Genaro Carrió exemplifica:

> Es generalmente concebido como uno de los derechos civiles y políticos la llamada garantía de la defensa en juicio que, en su forma tradicional, o cara negativa, consiste en que uno no debe verse afectado en sus derechos sin un proceso regular llevado a cabo ante un juez imparcial. Aun en esa forma tradicional ese derecho no consiste meramente en el derecho a una omisión del Estado. Para satisfacerlo éste no debe meramente limitarse a no interferir. Por el contrario, debe desplegar una actividad positiva consistente, por lo menos, en poner a disposición de los habitantes de la comunidad un poder judicial idóneo para tutelar los derechos de aquéllos. En esto la llamada garantía de la defensa en juicio se asemeja a los derechos económicos, sociales y culturales y, de algún modo, relativiza, en su campo, la distinción entre éstos y los tradicionales derechos civiles y políticos[83].

Assim, os direitos sociais, conhecidos como direitos positivos no sentido de que requerem uma atuação positiva do Estado, por serem condições para o exercício dos direitos civis e políticos, devem contar com a mesma atenção direcionada aos outros direitos. Para André de Carvalho Ramos, a postergação da efetivação dos direitos sociais por motivo de recursos limitados temporariamente não se justifica[84]. Para proteção de direitos civis e políticos, também há grandes esforços orçamentários, requerendo prestações positivas por parte do Estado.

In: A contemporaneidade dos direitos fundamentais. *Revista Brasileira de Direito Constitucional* — RBDC, São Paulo: ESDC, jul./dez. 2004. p. 27).

(83) (CARRIÓ, Genaro R. *Los derechos humanos y su protección:* distintos tipos de problemas. Buenos Aires: Abeledo-Perrot, 1990. p. 30). Para Flávia Piovesan: "Cabe realçar que tanto os direitos sociais como os civis e políticos demandam do Estado prestações positivas e negativas, sendo equivocada e simplista a visão de que os direitos sociais só demandariam prestações positivas, enquanto os civis e políticos demandariam prestações negativas, ou a mera abstenção estatal. A título de exemplo, cabe indagar qual o custo do aparato de segurança, mediante o qual se assegura direitos civis clássicos, como o direito à liberdade e o direito à propriedade, ou ainda qual o custo do aparato eleitoral, que viabiliza os direitos políticos, ou do aparato da justiça, que garante o direito ao acesso ao Judiciário" (*Direitos humanos e o direito constitucional internacional.* 7. ed. São Paulo: Saraiva, 2006, nota de rodapé n. 33).

(84) "A postergação da efetivação de direitos sociais, em sentido amplo, é tida, então, como consequência de uma disponibilidade limitada, porém temporária, de recursos. A lógica da postergação é sempre acompanhada da lembrança do caráter temporário das restrições a implementação destes direitos sociais, acenando-se com uma acumulação futura de recursos aptos a suprir as carências materiais da população. Ora, essa promessa de concretização futura de direitos protegidos não é aceita nos chamados direitos civis e políticos. [...]" (RAMOS, André de Carvalho. *Op. cit.*, p. 257).

Vale lembrar, como mencionado no primeiro capítulo, que há mesmos direitos tanto no Pacto sobre Direitos Civis e Políticos[85] quanto no Pacto de Direitos Sociais e Culturais. No mais, já há o reconhecimento expresso dessa visão da integralidade dos direitos humanos em documentos internacionais, como no Protocolo Adicional à Convenção Americana de Direitos Humanos em Matéria de Direitos Econômicos, Sociais e Culturais de 17.11.1988 (Protocolo de San Salvador), e, ainda, como apontado por Flávia Piovesan, na Declaração de Direitos Humanos de Viena, de 1993[86].

No Brasil, a Constituição de 1988 trata de todos esses direitos, inclusive dos atinentes ao meio ambiente (cap. VI, CF/88), reconhecendo-os como fundamentais, seja pela localização topográfica para os que estão sob o título II da CF/88, seja pela abertura do art. 5º, § 2º, para aqueles que não estão sob o mencionado título.

Enfim, neste capítulo, a Constituição de 1988 primou, de forma inigualável na história constitucional brasileira, pelos direitos fundamentais. Assim, em prol da dignidade humana e da prevalência dos direitos humanos, propiciou a inserção do Brasil no sistema internacional de proteção dos direitos humanos. É diante desse cenário, constitucional-internacional, que se procura demonstrar o tratamento especial e privilegiado ofertado aos tratados internacionais de direitos humanos, assunto do próximo capítulo.

---

(85) Nesse sentido, cita-se também o art. 12 do Pacto Internacional sobre Direitos Civis e Políticos ao tratar da saúde, inclusive mediante medidas que assegurem a melhoria dos aspectos de higiene do trabalho e do meio ambiente. [...]

(86) "Ressalte-se que a Declaração de Direitos Humanos de Viena, de 1993, reitera a concepção da Declaração de 1948, quando, em seu § 5º, afirma: 'Todos os direitos humanos são universais, interdependentes e inter--relacionados. A comunidade internacional deve tratar os direitos humanos globalmente de forma justa e equitativa, em pé de igualdade e com a mesma ênfase'. A Declaração de Viena afirma ainda a interdependência entre os valores dos direitos humanos, democracia e desenvolvimento" (PIOVESAN, Flávia. Direitos humanos e propriedade intelectual: proteção internacional e constitucional. In: RIBEIRO, Lauro Luiz Gomes; BERARDI, Luciana Andréa Accorsi (orgs.). *Estudos de direito constitucional:* homenagem à professora Maria Garcia. São Paulo: IOB-Thomson, 2007. p. 118).

CAPÍTULO 3

Constituição de 1988 e os Tratados Internacionais de Direitos Humanos: Elaboração, Incorporação, Hierarquia e Denúncia

A incorporação da normativa internacional de proteção no direito interno dos Estados constitui alta prioridade em nossos dias: pensamos que, da adoção e aperfeiçoamento de medidas nacionais de implementação, depende em grande parte o futuro da própria proteção internacional dos direitos humanos. [...]
(Antônio Cançado Trindade)[87]

O foco neste capítulo é evidenciar o tratamento diferenciado ofertado aos tratados internacionais de direitos humanos pelo ordenamento jurídico interno. Para tanto, com base na distinção entre os tratados internacionais de direitos humanos e os demais tratados, a ênfase é para o processo de elaboração, incorporação e hierarquia constitucional desses instrumentos, com considerações acerca da rigidez constitucional e sobre os tratados ratificados anteriormente ao advento do § 3º do art. 5º. Ao final, algumas considerações pertinentes à denúncia.

---

(87) TRINDADE, Antônio Augusto. *Tratado de direito internacional dos direitos humanos.* Porto Alegre: Sergio Antonio Fabris, 1999. v. I, p. 401.

3.1. Distinção entre tratados internacionais de direitos humanos e os demais tratados

A distinção entre os tratados internacionais de direitos humanos e os demais tratados foi evidenciada pela Corte Interamericana de Direitos e pela Comissão Europeia de Direitos Humanos, como segue:

> Los tratados de derechos humanos tienen, por su contenido, características especiales que los diferencian del resto de los tratados. Así lo declaro la Corte Interamericana de Derechos Humanos en su opinión consultiva 2: "La Corte debe enfatizar, sin embargo, que los tratados modernos sobre derechos humanos, en general y en particular, la Convención Americana, no son tratados multilaterales del tipo tradicional, concluídos en función de un intercambio recíproco de derechos, para el beneficio mutuo de los Estados contratantes. Su objeto y fin son la protección de los derechos fundamentales de los seres humanos, independientemente de su nacionalidad, tanto frente a su propio Estado como frente a los otros Estados contratantes. Al aprobar estos tratados sobre derechos humanos, los Estados se someten a un orden legal dentro del cual ellos, por el bien común, assumen varias obligaciones, no en relación con otros Estados, sino hacia los indivíduos bajo su jurisdicción". Del mismo modo, ya se habia pronunciado la Comisión Europea de Derechos Humanos cuando declaró "que las obligaciones asumidas por las altas partes contratantes en la Convención (europea) son esencialmente de carácter objetivo, diseñadas para proteger los derechos fundamentales de los seres humanos de violaciones de parte de las altas partes contratantes en vez de crear derechos subjetivos y recíprocos entre las altas partes contratantes"[(88)].

Com tais especificidades, a interpretação dos tratados internacionais de direitos humanos também se diferencia da interpretação dos demais tratados[(89)]. Mas, três outras especificidades merecem destaque.

---

(88) CAFIERO, Juan Pablo; FAUR, Marta Ruth; LLAMOSAS, Esteban Miguel; LEÓN, Juan Méndez Rodolfo Ponce de; VALLEJOS, Cristina Maria. *Jerarquía constitucional de los tratados internacionales*: fundamentos, tratados de derechos humanos, operatividad, tratados de integración, acciones positivas, derecho a la vida, derecho de réplica. Diretores Juan Carlos Veja; Marisa Adriana Graham. Buenos Aires: Depalma, 1996. p. 32-33.
(89) "A natureza especial dos tratados de direitos humanos tem incidência, como não poderia deixar de ser, em seu processo de interpretação. Tais tratados, efetivamente — tal como têm advertido as Cortes Europeia e Interamericana de Direitos Humanos —, não são interpretadas à luz de concessões recíprocas, como nos tratados clássicos, mas sim na busca da realização do propósito último da proteção dos direitos fundamentais do ser humano. [...] há ademais que assinalar que alguns dos tratados de direitos humanos chegam a conter disposições expressas sobre a harmonização do direito interno dos Estados-Partes com as normas convencionais de proteção (TRINDADE, Antônio Augusto Cançado. *Op. cit.*, p. 29-31). Novamente salienta-se que os tratados de direitos humanos não são tratados que regulam interesses materiais dos Estados, regidos pelo princípio da reciprocidade (*quid pro quo*). Pelo contrário, os Estados obrigam-se a respeitar os direitos humanos sem que haja qualquer contraprestação a eles devida. São os imperativos da governabilidade e legitimidade, como comentado na

A primeira, como demonstrado no primeiro capítulo, consiste na necessária adequação do direito interno com as obrigações assumidas pelos Estados.

A segunda consiste no impacto positivo que esses instrumentos causam no ordenamento jurídico interno, já que reforçam e ampliam os direitos internamente reconhecidos, como será visto oportunamente.

Já a terceira, relacionada com a anterior, está no fato de que tais instrumentos primam pela aplicação da norma mais favorável, esteja no próprio tratado, em outros tratados, ou mesmo em normativa interna.

Acrescente-se a isso as lições de Flávia Piovesan ao enfatizar que os tratados internacionais de proteção dos direitos humanos envolvem quatro dimensões:

> 1) fixam um consenso internacional sobre a necessidade de adotar parâmetros mínimos de proteção dos direitos humanos (os tratados não são o "teto máximo" de proteção, mas o "piso mínimo" para garantir a dignidade humana, constituindo o "mínimo ético irredutível"); 2) celebram a relação entre a gramática de direitos e a gramática de deveres; ou seja, os direitos internacionais impõem deveres jurídicos aos Estados (prestações positivas e/ou negativas), no sentido de respeitar; proteger e implementar os direitos humanos; 3) instituem órgãos de proteção, como meios de proteção dos direitos assegurados (exemplos: os Comitês, as Comissões e as Cortes); e 4) estabelecem mecanismos de monitoramento voltados à implementação dos direitos internacionalmente assegurados (exemplos: os relatórios, as comunicações interestatais e as petições individuais)[90].

Assim, fica evidenciado que os tratados de direitos humanos reúnem uma série de peculiaridades que os distinguem dos demais tratados internacionais. São, em suma, as seguintes:

> 1) veiculam direitos fundamentais internacionalmente reconhecidos como parâmetros mínimos de proteção aos indivíduos, independentemente de qualquer condição;
>
> 2) trazem obrigações para os Estados, entre elas, a de adequar o ordenamento jurídico interno;
>
> 3) preveem mecanismos de monitoramento e controle sobre as obrigações assumidas pelos Estados mediante órgãos administrativos e judiciais com procedimentos próprios;

---

análise da internacionalização dos direitos humanos, que levam os Estados à ratificação de tratados e convenções internacionais de direitos humanos. Por isso, caracteriza um tratado de direitos humanos a natureza objetiva de suas normas, que devem ser interpretadas não em prol dos contratantes (Estados), mas sim, em prol dos indivíduos" (RAMOS, André de Carvalho. *Op. cit.*, p. 32).

(90) PIOVESAN, Flávia. *Direitos humanos e o direito constitucional internacional*, p. 55.

4) para a interpretação de seus comandos, impõem-se os interesses relativos à promoção, à implementação e à garantia de direitos fundamentais, não interesses outros dos Estados;

5) causam impacto positivo no ordenamento jurídico interno ao reforçar, ampliar ou até mesmo inovar os direitos constitucionalmente reconhecidos;

6) dispõem para o caso de conflito entre normas a primazia da norma mais favorável ao ser humano, prevista em instrumentos internacionais ou internos.

Diante dessas peculiaridades, o tratamento ofertado pelos Estados-partes a esses instrumentos não pode ser o mesmo dispensado aos outros tratados internacionais. Mesmo porque, para a efetivação do sistema internacional de proteção dos direitos humanos, não basta a elaboração de tratados, é preciso dar-lhes a devida aplicabilidade, tal como, para a efetivação do Estado Constitucional — que prima pelos direitos fundamentais —, não basta a promulgação de uma Constituição. Nesse sentido, para o Estado, ambos os sistemas — interno e internacional — serão eficazes se diante de um Estado Constitucional que reconheça o adequado tratamento que se deve ofertar aos tratados internacionais de direitos humanos[91].

Na Constituição de 1988 há tratamento especial destinado aos direitos e garantias fundamentais com inclusão dos direitos oriundos dos tratados ratificados pelo Brasil. É o que se depreende do teor da parte final do art. 5º, § 2º, e, ainda, atualmente, das disposições do § 3º do mesmo dispositivo e § 5º, do art. 109, comandos destinados exclusivamente aos tratados de direitos humanos. Já os seguintes dispositivos fazem menção aos tratados internacionais, de forma geral: art. 49, I; art. 84, VIII; art. 102, III, *b*; art. 105, III, *a*.

Resguardados os arts. 102, III, *b* e 105, III, *a*, objeto do último capítulo, quanto ao art. 49, I[92], a situação é peculiar, já que tal comando é aplicável apenas quando o tratado acarretar encargos ou compromissos gravosos ao patrimônio nacional. Nessa direção, embora a praxe brasileira de se avocar esse dispositivo também para os tratados internacionais de direitos humanos, não se identifica tal hipótese nesses casos[93]. Também quanto aos tratados de direitos humanos, há

---

[91] Oscar Vilhena Vieira leciona no sentido de que: "Os sistemas regionais europeu e interamericano, porém, são melhor estruturados e tecnicamente mais viáveis, aproximando-se ainda mais de um sistema internacional de caráter constitucional" (VIEIRA, Oscar Vilhena. A gramática dos direitos humanos. *Revista do Ilanud*, São Paulo, n. 17, 2001. p. 42).

[92] "Art. 49. É de competência exclusiva do Congresso Nacional: I — resolver definitivamente sobre tratados, acordos ou atos internacionais que acarretem encargos ou compromissos gravosos ao patrimônio nacional."

[93] Silvia Maria da Silveira Loureiro, em nota de rodapé, ao fazer referência a tal dispositivo, nos traz: "Apesar do presente estudo não ter se fixado na pesquisa deste dispositivo, sustenta-se que, em que pesem as críticas a sua má redação, ele não dispõe sobre a regra geral de competência do Poder Legislativo para aprovar tratados, mas sim a segunda parte do inciso VIII do art. 84. Afigura-se-nos que este dispositivo traz uma preocupação

exigência constitucional de participação do Congresso, mas somente é possível afirmar que lhe cabe resolver definitivamente sobre tais instrumentos no sentido de que a sua reprovação ao tratado obsta a confirmação em definitivo em âmbito internacional, como se verá. Já quanto ao art. 84, VIII, está relacionado com a elaboração dos tratados, objeto do próximo tópico.

3.2. Fases do processo de elaboração dos tratados internacionais: da assinatura à ratificação

A regra para elaboração dos tratados de direitos humanos encontra-se entre as atribuições do chefe do Poder Executivo, é a de celebrar tratados internacionais sujeitos a referendo do Congresso Nacional (art. 84, VIII). Atualmente, por obra do poder constituinte reformador, o teor do art. 5º, § 3º, como se verá, dirige-se a uma das fases de formação desses instrumentos, especificamente, a fase de aprovação do tratado pelo Congresso Nacional.

Quanto às fases de elaboração dos tratados, João Grandino Rodas aponta as seguintes: "Negociação, assinatura ou adoção, aprovação legislativa por parte dos Estados interessados em se tornar parte no tratado e, finalmente, ratificação ou adesão"[94]. Trata-se do processo de formação dos tratados internacionais que, de forma cronológica, comporta as seguintes fases em âmbitos internacional e interno:

1) ato internacional da assinatura pelo Presidente da República após negociações;

2) ato interno da submissão do tratado assinado à apreciação do Congresso Nacional;

3) ato interno da aprovação do Congresso Nacional mediante edição de decreto legislativo;

4) ato internacional da ratificação (ou adesão) seguida de depósito do instrumento.

Percebe-se um processo complexo e solene de elaboração dos tratados internacionais, perfazendo fases internacionais e internas. Em todas essas fases o Brasil encontra-se norteado pela ordem constitucional pertinente aos direitos fundamentais.

Quanto à decisão de assinatura ou não de um tratado de direitos humanos, é preciso considerar os princípios constitucionais fundamentais da República Federativa

---

peculiar do Constituinte de 1988 com os tratados internacionais de endividamento externo brasileiro. Cf. MEDEIROS. *O poder de celebrar tratados*, p. 382 *et seq*. Cf. também art. 26 do ADCT" (*Tratados internacionais sobre direitos humanos na Constituição*. Belo Horizonte: Del Rey, 2005. p. 124).

(94) RODAS, João Grandino. *Op. cit.*, p. 14.

do Brasil concernentes à dignidade humana e à prevalência dos direitos humanos, reforçados pela abertura constitucional expressa no § 2º do art. 5º. Tais disposições e outras advindas de tratados já ratificados vêm a indicar ser bem-vinda assinatura de novos instrumentos, embora esteja o Brasil no exercício de sua soberania para decidir livremente.

A assinatura simplesmente não gera efeitos jurídicos vinculantes[95]. Não obstante, oportuno citar Celso D. de Albuquerque Mello, com referência a Aréchaga, para quem a assinatura pode ser resumida nos seguintes fatores:

> a) autentica o texto do tratado; b) atesta que os negociadores estão de acordo com o texto do tratado; c) os dispositivos referentes ao prazo para a troca ou o depósito dos instrumentos de ratificação e adesão são aplicados a partir da assinatura; d) os contratantes "devem se abster de atos que afetem substancialmente o valor do instrumento assinado". A Convenção de Viena (art. 18, *b*) abre uma exceção para a obrigação de uma parte "não frustrar o objeto e finalidade de um tratado", que é a de que a "entrada em vigor do tratado" não tenha sido "retardada indevidamente". Maresca assinala que nos tratados bilaterais uma parte que tenha assinado o tratado e este não tenha entrado em vigor pode praticar atos contrários ao tratado, desde que após a assinatura comunique previamente ao outro contratante que não mais concorda com o que ele assinara; e) a assinatura pode ter valor político; f) pode significar que o Estado reconhece as normas costumeiras tornadas convencionais[96].

Ênfase deve ser dada ao item *d* da citação no sentido de que, a partir da assinatura, os Estados devem abster-se de atos contrários ao teor substancialmente considerado do instrumento. Sob o princípio da boa-fé, a assinatura ocorrerá quando presentes — ou viáveis de se tornarem presentes — as condições necessárias para o fiel cumprimento do que se pretende tratar. É, por exemplo, certificar se o tratado de direitos humanos coaduna-se com a ordem jurídica interna permitindo sua incorporação de forma harmoniosa no ordenamento. Ou se, para tanto, haverá necessidade de adequação na legislação interna, o que, preferencialmente, deve ocorrer de forma preventiva, ou seja, antes da ratificação do tratado, ou, ainda, tão logo isso aconteça.

Após a assinatura, o tratado é submetido à apreciação do Poder Legislativo[97], conforme previsão da parte final do art. 84, VIII, que não traz prazo estipulado

---

(95) Conforme Flávia Piovesan: "A assinatura do tratado, por si só, traduz o aceite precário e provisório, não irradiando efeitos jurídicos vinculantes. Trata-se da mera aquiescência do Estado em relação à forma e ao conteúdo final do tratado. A assinatura do tratado, via de regra, indica tão somente que o tratado é autêntico e definitivo" (*Direitos humanos e o direito constitucional internacional*, p. 47).
(96) MELLO, Celso D. de Albuquerque. *Curso de direito internacional público*, p. 226-227.
(97) Sobre a origem da previsão constitucional acerca da participação do Poder Legislativo no processo de elaboração dos tratados internacionais, Celso D. de Albuquerque Mello ressalta: "A primeira Constituição que introduziu controle do Poder Legislativo no processo de conclusão dos tratados foi a dos EUA, de 1789 [...] no

para tanto. Porém, por se tratar do processo de formação de tratado de direitos humanos, tal submissão deve ocorrer sem delongas desnecessárias, pois a inexistência de aprovação do Poder Legislativo impede a continuidade do processo de formação do tratado.

A aquiescência do Congresso Nacional é materializada via decreto legislativo. Tal decreto não tem o condão de, por si só, fazer com que o tratado venha a surtir efeitos de norma jurídica, seja na ordem interna, seja na internacional. Nas lições de Manoel Gonçalves Ferreira Filho: "O art. 59 da Constituição inclui no 'processo legislativo' a elaboração de decretos legislativos e de resoluções, atos a que falta o caráter de instauração de normas gerais e abstratas"[98]. Não há falar que o decreto legislativo transforma o tratado internacional em lei em âmbito interno, mesmo porque, em nenhuma hipótese, o tratado é transformado em lei nacional; é o próprio tratado internacional que, após sua regular formação, incorpora-se ao ordenamento jurídico. A expedição do decreto legislativo significa tão somente que os representantes do povo e dos Estados aprovam o que foi anteriormente assinado e, a partir de então, está o Chefe do Poder Executivo autorizado para ratificar o tratado.

Embora a aprovação do Congresso Nacional, materializada no decreto legislativo, demonstre que o tratado está em condições para ser observado e cumprido pelo Estado brasileiro, não vincula o chefe do Executivo, cabendo-lhe a decisão de ratificar ou não. A vinculação existe caso o Congresso Nacional não aprove o tratado, impedindo assim a ratificação.

Necessário mencionar que, assim como não há prazo para que o Presidente da República submeta o tratado à apreciação do Congresso Nacional, também não há prazo para o Congresso apreciar o tratado. Nada obstante, também aqui deve ocorrer dentro de um prazo razoável, ou seja, sem demoras injustificadas, a exemplo da delonga para apreciação da Convenção de Viena sobre Direito dos Tratados, de 1969. Tal Convenção, submetida à apreciação do Congresso Nacional em 1992[99], apenas em 2009 foi apreciada e aprovada pelo Poder Legislativo (Decreto Legislativo

---

seu art. II, seção 2. A Revolução Francesa, nas suas diferentes Constituições (1791, girondina, 1793, ano III e a do ano VIII), consagrou a intervenção do Legislativo na ratificação dos tratados. [...] Esta tendência foi se afirmando nas Constituições das monarquias liberais do século XIX, inclusive na brasileira de 1824 (art. 102, alínea 8ª). A Constituição belga de 1831 foi um fator decisivo da evolução neste sentido, introduzindo (art. 68) uma distinção: a de tratados que podem ser concluídos pelo Executivo sem a intervenção do Legislativo e os que necessitam de aprovação do Legislativo. Nesta última categoria entravam os tratados de comércio, os que afetavam as finanças do Estado e os que modificavam a legislação em vigor" (MELLO, Celso D. de Albuquerque. *Curso de direito internacional público*, p. 234). No Brasil, como nos informa João Grandino Rodas: "A tradição constitucional brasileira desde 1891, excetuando-se, obviamente, a Carta de 1937, consagra a colaboração entre Executivo e Legislativo na conclusão dos tratados internacionais" (RODAS, João Grandino. *Op. cit.*, p. 28).

(98) FERREIRA FILHO, Manoel Gonçalves. *Do processo legislativo*. São Paulo: Saraiva, 2002. p. 198.

(99) "Em nosso país, em 22.4.1992, o Poder Executivo, com a Mensagem n. 116 (*Diário Oficial da União*, seção I, edição de 23 de abril), encaminhou o texto da Convenção de Viena de 1969 à apreciação do Congresso Nacional. Desde outubro de 1995, a matéria — objeto do Projeto de Decreto Legislativo n. 214-C/92 — está pronta para a Ordem do Dia (cf. *Diário do Congresso Nacional*, seção I, edição de 28.10.1995. p. 3.386) ..." (MAZZUOLLI, Valério de Oliveira. *Direito internacional público*, p. 45-46).

n. 496, de 17 de julho de 2009). Vale observar que, mesmo antes disso, as normas da Convenção de Viena já eram consideradas como direito consuetudinário[100]. Suas regras são invocadas pelo próprio Supremo Tribunal Federal, como ocorreu no julgamento do HC n. 87.585/TO. Nas palavras de Antônio Paulo Cachapuz de Medeiros, com referência a Richard R. Baxter e a Louis B. Sohn: "Se quase todos os Estados demonstram interesse na aplicação de uma regra, inserida em convenção multilateral, e agem de acordo com ela, há clara presunção de que a regra tenha se tornado costume internacional, mesmo que a convenção não tenha sido ratificada"[101].

Nos casos de tratados internacionais de direitos humanos, não se pode contar com essa possibilidade diante da demora de apreciação por parte do Poder Legislativo. É preciso ressaltar a possibilidade de outros tratados internacionais não possuírem tal força e, portanto, necessitarem da aprovação pelo Poder Legislativo seguida da ratificação. Veja que, no Brasil, houve a necessidade de inserir no texto constitucional a razoável duração do processo (judicial e administrativo), conforme art. 5º, inc. LXXVIII. Talvez seja o caso agora de dirigir as atenções para a demora do processo legislativo, principalmente no que tange aos direitos fundamentais.

Com a aprovação do Poder Legislativo, que apenas não ocorrerá se presentes motivos justificados para tanto, segue-se com a ratificação. Para Francisco Rezek: "Ratificação é o ato unilateral com que o sujeito de direito internacional, signatário de um tratado, exprime definitivamente, no plano internacional, sua vontade de obrigar-se"[102]. A ratificação é, portanto, o último ato de formação do tratado internacional. Antes disso não há para o Estado um tratado, mas um "projeto de tratado", já que ainda não o confirmou em definitivo.

Relativamente à classificação dos tratados, quanto ao aspecto formal, em bilaterais e multilaterais[103], enquadrando-se geralmente os tratados de direitos humanos nesse

---

(100) Vale lembrar do entendimento de Celso D. de Albuquerque Mello, seguindo Aréchaga, acerca dos fatores que demonstram a importância da assinatura, entre eles: "f) pode significar que o Estado reconhece as normas costumeiras tornadas convencionais", conforme anteriormente mencionado.

(101) MEDEIROS, Antônio Paulo Cachapuz de. *O poder de celebrar tratados:* competência dos poderes constituídos para a celebração de tratados, à luz do direito internacional, do direito comparado e do direito constitucional brasileiro. Porto Alegre: Sergio Antonio Fabris, 1995. p. 196. O autor trata especificamente da Convenção de Viena nos seguintes termos: "Vigente desde 27 de janeiro de 1980, a Convenção de Viena sobre o Direito dos Tratados, obriga, *stricto sensu*, apenas os Estados que a tenham ratificado ou comunicado a sua adesão à norma. Porém, devido à importância que possui, a Convenção ultrapassa o limite de obrigatoriedade restrita aplicável aos Estados-partes, para influir, *lato sensu*, sobre todos os tratados celebrados após sua entrada em vigor". (*Ibidem*, p. 242)

(102) REZEK, Francisco. *Direito internacional público:* curso elementar. 10. ed. São Paulo: Saraiva, 2005. p. 50. Também Celso D. de Albuquerque Mello concorda com Sette Câmara, para quem: "A ratificação 'é o ato pelo qual a autoridade nacional competente informa às autoridades correspondentes dos Estados cujos plenipotenciários concluíram, com os seus, um projeto de tratado, a aprovação que dá a este projeto e que o faz doravante um tratado obrigatório para o Estado que esta autoridade encarna nas relações internacionais'" (MELLO, Celso D. de Albuquerque. *Responsabilidade internacional do Estado.* Rio de Janeiro: Renovar, 1995. p. 228).

(103) Segundo Antônio Paulo Cachapuz de Medeiros: "Predominavam, assim, até a metade do século passado, os tratados bilaterais, pois mesmo que participassem vários Estados das negociações e que o conteúdo fosse idêntico, os tratados eram feitos de forma bilateral. Entretanto, a partir da década de 1850, os Estados começaram a celebrar tratados multilaterais e essa prática foi se intensificando progressivamente" (*O poder de celebrar*

último caso, atenta-se para a possibilidade de adesão por parte de Estados interessados após a conclusão do tratado[104]. Já quanto à necessidade de ratificação no caso de adesão, para Celso D. de Albuquerque Mello, no Brasil, há divergência:

> [...] seguem os dois processos de adesão: "ora dá sua adesão definitiva, autorizado o Executivo pelo Congresso Nacional; ora o faz *ad referendum*, subordinando-a a posterior aprovação do Poder Legislativo". É a adesão sujeita à ratificação um ato sem qualquer valor obrigatório[105].

Com a ratificação, o tratado internacional é concluído e, a partir de então, começa a surtir seus efeitos internacionalmente. Resta saber quando e como os tratados internacionais são incorporados no ordenamento jurídico interno, como se passa a tratar.

3.3. Incorporação dos tratados internacionais de direitos humanos no ordenamento jurídico interno

Para Manoel Gonçalves Ferreira Filho: "Perfeito o ato normativo, qualquer que seja ele, antes que se torne eficaz há de ser promulgado e publicado. Promulgação e publicação constituem no Direito brasileiro uma fase integratória da eficácia do ato normativo"[106].

Ao direcionar tal entendimento aos tratados internacionais, deduz-se que a promulgação e a publicação também se impõem. A prática no Brasil vem nesse sentido, após a ratificação, o Chefe do Poder Executivo expede um decreto de execução promulgando o tratado, que é publicado no Diário Oficial[107].

Contudo, surge o seguinte questionamento: se um tratado internacional surte efeitos internacionalmente a partir da ratificação, quais são esses efeitos que, em âmbito interno, precisam aguardar o decreto presidencial? Em outras palavras, é possível um tratado ratificado surtir efeitos internacionalmente, mas não para o Estado que o ratificou?

---

tratados: competência dos poderes constituídos para a celebração de tratados, à luz do direito internacional, do direito comparado e do direito constitucional brasileiro. Porto Alegre: Sergio Antonio Fabris, 1995. p. 192).

(104) "A adesão ou acessão é a cláusula inserida em um tratado que permite a um Estado não contratante se tornar parte dele. Ela tem sido muito utilizada nos tratados multilaterais e em princípio só é possível quando o tratado a previu expressamente. Caso o tratado silencie sobre a possibilidade de um terceiro se tornar seu contratante, é necessário o consentimento dos Estados-partes no tratado. A adesão pode ocorrer antes da entrada em vigor do tratado" (MEDEIROS, Antônio Paulo Cachapuz de. *O poder de celebrar tratados*: competência dos poderes constituídos para a celebração de tratados, à luz do direito internacional, do direito comparado e do direito constitucional brasileiro. Porto Alegre: Sergio Antonio Fabris, 1995. p. 245).

(105) MELLO, Celso D. de Albuquerque. *Curso de direito internacional público*. 15. ed. Rio de Janeiro: Renovar, 2004. v. 1, p. 245.

(106) FERREIRA FILHO, Manoel Gonçalves. *Do processo legislativo*. São Paulo: Saraiva, 2002. p. 249.

(107) Pedro Lenza nos traz o posicionamento do STF: "De acordo com o posicionamento do STF, a expedição, pelo Presidente da República, do referido decreto, acarreta três efeitos básicos que lhe são inerentes: a) a promulgação do tratado internacional; b) a publicação oficial de seu texto; c) a executoriedade do ato internacional, que passa, então, e somente então, a vincular e a obrigar no plano do direito positivo interno" (LENZA, Pedro. *Direito constitucional esquematizado*. 13. ed. São Paulo: Saraiva, 2009. p. 437).

Para os tratados internacionais, enquanto a publicação é indispensável para exigibilidade e executoriedade em âmbito interno, o mesmo não se pode afirmar quanto à promulgação. Se para a lei nacional a promulgação atesta sua regular elaboração e, portanto, sua existência com aptidão para surtir efeitos no ordenamento jurídico, no caso de tratados internacionais a ratificação já cumpre essa função.

A preocupação, em especial, é com o lapso temporal entre a ratificação e a promulgação do decreto presidencial. Veja que Canotilho refere ao art. 8º (1)[108] da Constituição portuguesa no seguinte sentido cabível para o caso brasileiro:

> Não necessitando de qualquer transformação em lei ou outro ato de direito interno para poderem ser consideradas incorporadas no ordenamento interno, as normas de direito internacional comum entram em vigor no direito interno ao mesmo tempo que adquirem vigência na ordem internacional[109].

Tal entendimento intensifica-se no caso de tratados de direitos humanos, pois, a partir da ratificação, há o reconhecimento de direitos positivados internacionalmente e, salvo disposição em contrário — a exemplo da que exige um número mínimo de adesões —, os cidadãos, não mais sujeitos de direitos exclusivamente nacionais, já podem considerar que houve reforço, ampliação ou mesmo inovação no rol dos seus direitos nacionalmente reconhecidos. Podem considerar também que, para assegurar esses direitos, há um sistema internacional de monitoramento e controle, inclusive com jurisdição internacional. E, ainda, a possibilidade de agirem pessoalmente para acionar tal sistema, o que independe de decreto presidencial.

É preciso salientar que não se trata de direitos e jurisdição estrangeiros, mas internacionais, ou seja, pairam sobre os Estados que livremente e de boa-fé assim concordaram. Portanto, quando ocorre a expedição do decreto presidencial, o ato já se encontra validamente pronto, acabado e surtindo efeitos.

Além do reconhecimento internacional no sentido de que com a ratificação o tratado internacional começa a surtir efeitos jurídicos, uma interpretação do § 1º do art. 5º, conjuntamente com o § 2º do mesmo dispositivo, leva a concluir que todos os direitos e garantias fundamentais devem ter aplicabilidade imediata, não apenas aqueles direitos com assento na Constituição[110].

---

(108) O autor informa a redação: "'Normas e os princípios de direito internacional geral ou comum fazem parte integrante do direito português'" (*Direito constitucional e teoria da Constituição*, p. 795). Veja que, buscando na Constituição brasileira por redação equivalente, encontramos no art. 5º, § 2º.
(109) CANOTILHO, José Joaquim Gomes. *Direito constitucional e teoria da Constituição*, p. 795-796.
(110) "Frise-se que o § 1º do art. 5º da Constituição de 1988 dá aplicação imediata a todos os direitos e garantias fundamentais, sejam estes expressos no texto da Constituição, ou provenientes de tratados, vinculando-se todo o judiciário nacional a esta aplicação, e obrigando, por conseguinte, também o legislador, aí incluído o legislador constitucional. É dizer, seu âmbito material de aplicação transcende o catálogo dos direitos individuais e coletivos insculpidos nos arts. 5º a 17 da Carta da República, para abranger ainda outros direitos

Não há confundir o complexo processo de formação dos tratados internacionais com o processo legislativo da lei nacional. Para este, há exigência constitucional da promulgação, para aquele, há o costume de promulgação, não determinação constitucional[111]. Caso continue imperando a força desse costume, um prazo para a promulgação se faz necessário, a exemplo do já existente para o caso de não manifestação do Presidente da República no processo legislativo nacional[112]. Assim, o tratado regularmente acabado, e surtindo efeitos internacionalmente, não será obstado de aplicação no âmbito interno porque pendente de promulgação, um ato a mais por parte do Presidente da República, além da assinatura e da ratificação do tratado, esta última, autorizada pelo Poder Legislativo.

Quanto à publicação do teor do tratado internacional, não é dispensável, já que necessária para o conhecimento geral dos compromissos assumidos internacionalmente. A partir da ratificação do tratado, a publicação deve ocorrer tão logo seja possível. Mesmo porque, como adverte Valério Mazzuoli, o art. 4º da Convenção de Havana sobre Tratados Internacionais, de 1928, determina que os tratados "serão publicados imediatamente depois da troca de ratificações", mas acrescenta que "a omissão no cumprimento desta obrigação internacional não prejudicará a vigência dos tratados, nem a exigibilidade das obrigações nele contidas"[113].

Há notícias de países que primam pela publicação, mas dispensam a promulgação, ou a concebem como "promulgação tácita"[114], o que poderia estar ocorrendo também no Brasil. Logo após a ratificação, dispensada a promulgação, poderia publicar a íntegra do tratado para trazer ao conhecimento geral que o ordenamento jurídico interno foi inovado e o Estado está obrigado internacionalmente aos compromissos assumidos.

---

e garantias expressos na mesma Constituição (mas fora do catálogo), bem como aqueles decorrentes do regime e dos princípios por ela adotados e dos tratados internacionais em que a República Federativa do Brasil seja parte, consoante a regra do § 2º do seu art. 5º" (MAZZUOLI, Valério de Oliveira. *Direitos humanos, Constituição e os tratados internacionais:* estudo analítico da situação e aplicação do tratado na ordem jurídica brasileira. São Paulo: Juarez de Oliveira, 2002. p. 253-254).

(111) Para Grandino Rodas: "O Brasil, após a Independência, continuou a seguir a tradição lusitana de promulgar os tratados já ratificados por meio de um decreto do Executivo. Embora as Constituições Brasileiras da República, incluindo a vigente, não façam qualquer referência, esse costume vem sendo mantido" (*Op. cit.*, p. 54).

(112) "Art. 66. [...] § 7º Se a lei não for promulgada dentro de quarenta e oito horas pelo Presidente da República, nos casos dos §§ 3º e 5º, o Presidente do Senado a promulgará, e, se este não o fizer em igual prazo, caberá ao Vice-Presidente do Senado faze-lo." "Art. 66. [...] § 3º Decorrido o prazo de quinze dias, o silêncio do Presidente da República importará sanção."

(113) MAZZUOLI, Valério de Oliveira. *Direitos humanos, Constituição e os tratados internacionais:* estudo analítico da situação e aplicação do tratado na ordem jurídica brasileira, p. 181.

(114) "No Brasil a promulgação é feita por decreto do Presidente da República, onde é ordenada a execução do tratado, cujo texto aí figura e é publicado no Diário Oficial. Alguns países, como a França e os EUA, utilizam-se do que foi denominado de 'promulgação tácita', isto é, faz-se simplesmente a publicação sem se 'ordenar coisa alguma'. Na verdade, a publicação certificando a existência do tratado é mais do que suficiente, uma vez que as normas internacionais são obrigatórias para o Estado, sem qualquer transformação. O importante é a executoriedade do tratado e esta só é possível, no plano interno, com a publicação que leva ao conhecimento de todos a existência daquela norma internacional. Entretanto, no âmbito internacional ela já é obrigatória antes da publicação" (MELLO, Celso D. de Albuquerque. *Curso de direito internacional público*, p. 241).

Os tratados internacionais de direitos humanos incorporam-se no ordenamento jurídico brasileiro com hierarquia normativa constitucional. É esse o foco do próximo item.

3.4. Hierarquia normativa constitucional dos tratados internacionais de direitos humanos

A questão da hierarquia normativa dos tratados internacionais de direitos humanos encontra entendimentos diversos na doutrina e na jurisprudência. Em 2006, Flávia Piovesan, defendendo a hierarquia constitucional desses instrumentos, registrou quatro entendimentos possíveis: 1) hierarquia supraconstitucional; 2) hierarquia constitucional; 3) hierarquia infraconstitucional, mas supralegal; 4) hierarquia infraconstitucional[115].

A razão principal da celeuma está, ainda que não mais sob o positivismo exacerbado, no fato de o constituinte originário de 1988 não ter mencionado expressamente a hierarquia constitucional para tais instrumentos. O advento do § 3º no art. 5º[116], ao contrário do que se esperava, não pacificou a querela, em especial quanto aos tratados já ratificados.

No Supremo Tribunal Federal, a jurisprudência demonstra dois momentos históricos de mudança de entendimento. O primeiro foi o julgamento do RE n. 80.004/SE[117], quando houve uma brusca alteração de entendimento, considerada como um verdadeiro retrocesso[118], já que até então o entendimento majoritário foi no sentido do primado do direito internacional sobre o direito interno[119].

---

(115) *Direitos humanos e o direito constitucional internacional*, p. 71.
(116) "Art. 5º [..] § 3º Os tratados e convenções internacionais sobre direitos humanos que forem aprovados, em cada Casa do Congresso Nacional, em dois turnos, por três quintos dos votos dos respectivos membros, serão equivalentes às emendas constitucionais."
(117) Relator Min. Xavier de Albuquerque, julgamento em 1º.6.1977, Tribunal Pleno. "Ementa. Convenção de Genebra — Lei Uniforme sobre Letras de Câmbio e Notas Promissórias [...] Embora a Convenção de Genebra que previu uma lei uniforme sobre letras de câmbio e notas promissórias tenha aplicabilidade no direito interno brasileiro, não se sobrepõe a ela as leis do País, disso decorrente da constitucionalidade e consequente validade do Decreto-Lei n. 427/69 [...] Recurso extraordinário conhecido e provido. [...]" (Disponível em: <www.stf.jus.br/jurisprudencia> Acesso em: 11.11.2008).
(118) Para Celso D. de Albuquerque Mello: "A tendência mais recente no Brasil é a de um verdadeiro retrocesso nesta matéria. No Recurso Extraordinário n. 80.004, decidido em 1977, o Supremo Tribunal Federal estabeleceu que uma lei revoga o tratado anterior. A grande maioria dos votos está fundamentada em autores antigos e dualistas, como é o caso de Triepel. Sustentar que a nossa Constituição é omissa nesta matéria significa apenas que a jurisprudência passa a ter um papel mais relevante, mas não que a jurisprudência possa ignorar a tendência atual do direito nesta matéria adotando uma concepção de soberania que desapareceu em 1919, pelo menos entre os juristas. [...]" (MELLO, Celso D. de Albuquerque. *Curso de direito internacional público*, p. 131).
(119) "No Brasil existem diversos acórdãos consagrando o primado do DI, como é o caso da União Federal c. Cia. Rádio Internacional do Brasil (1951), em que o Supremo Tribunal Federal decidiu unanimemente que um tratado revogava as leis anteriores (Apelação Cível n. 9.587). Coelho Rodrigues assinala a existência de um acórdão do STF (1914), no Pedido de Extradição n. 7, de 1913, em que se declarava estar em vigor e aplicável um tratado, apesar de haver uma lei posterior contrária a ele. É a tese do primado do DI. No mesmo sentido

Nada obstante, o mencionado julgado se tornou precedente recorrente na defesa de que os tratados internacionais possuíam *status* de norma infraconstitucional, e, ainda, com a inexplicável consequência de uma lei nacional posterior ter o condão de "revogar" um tratado internacional anterior. Nas palavras de Pedro Dallari:

> Mas, vejam os problemas que isso gera! Na verdade, do ponto de vista político, tal entendimento significa o seguinte: o Brasil vai à comunidade internacional, celebra acordo, que é assinado e ratificado e, posteriormente, de maneira unilateral, sem ao menos denunciar o tratado segundo os procedimentos nele estabelecidos, decide que o que foi pactuado não tem mais vigência no País. Ora, face ao princípio da soberania do Estado, nenhum tratado é definitivo; acordos internacionais podem ser denunciados. Porém, exige-se, do ponto de vista do Direito Internacional Público, a observância das regras, previstas no próprio corpo do tratado, que estabelecem o processo, os prazos e os efeitos da denúncia, à semelhança, aliás, com o que ocorre com os contratos[120].

O tratado internacional envolvido no caso mencionado não versa sobre direitos humanos e, ainda assim, o julgado teve o condão de surtir efeito como precedente para casos posteriores sobre direitos humanos. É lembrar que o entendimento prevalente no Supremo Tribunal Federal, acompanhado por parte dos doutrinadores, não fazia distinção entre tratados de direitos humanos e outros tratados, além de equiparar o tratado internacional à lei nacional, o que não é admissível[121].

Tal entendimento está superado, conforme julgamento do Recurso Extraordinário n. 466.343/SP (Min. Cezar Peluso), findo em 3.12.2008, quando se

---

deste último, de que um tratado não é revogado por uma lei interna posterior, está o acórdão do STF na Apelação Cível n. 7.872, de 1943, com base no voto de Filadelfo de Azevedo. [...]" (MELLO, Celso D. de Albuquerque. *Curso de direito internacional público*, p. 130). "A jurisprudência do Supremo Tribunal Federal desde seus primórdios e por longo tempo afirmou a primazia do Direito Internacional sobre o Direito interno. Valladão alinhavou ampla lista de precedentes. Philadelpho Azevedo, em 1945, chegou a publicar comentário patenteando a prevalência dos tratados sobre o Direito interno infraconstitucional, consoante pensamento unânime do Pretório Excelso" (RODAS, João Grandino. *Op. cit.*, p. 52).

(120) DALLARI, Pedro Bohomoletz de Abreu. Normas internacionais de direitos humanos e a jurisdição nacional. In: FIGUEIREDO, Lucia (coord.). *Revista Especial do Tribunal Regional Federal 3ª Região*. Escola de Magistrados. Seminário Incorporação dos tratados internacionais de proteção dos direitos humanos no direito brasileiro. São Paulo: Imprensa Oficial do Estado — Imesp, 1997. p. 33.

(121) "O tratado não se confunde com a lei — é um ponto pacífico na doutrina e na jurisprudência. Têm eles processos de elaboração diversos e, para a conclusão do primeiro, indispensável se torna a vontade concordante de, pelo menos, um outro Estado. A lei emana de fonte interna, dos Poderes Legislativo e Executivo — lei no sentido restrito —, destinando-se a aplicação interna, embora possa incidir sobre fatos ocorridos externamente. O tratado é a exteriorização da vontade concordante de dois ou mais Estados. Se, a princípio, se destinava a regular, apenas, as relações interestatais, hoje, sua finalidade específica, muitas vezes, é, justamente, regular as relações individuais no âmbito interno de cada Estado cocontratante, isto é, estabelecer uma legislação uniforme a respeito de determinado assunto, ainda que só em relação aos dois cocontratantes, se não se tratar de ato multilateral" (FRAGA, Mirtô. *O conflito entre tratado internacional e norma de direito interno*: estudo analítico da situação do tratado na ordem jurídica brasileira. Rio de Janeiro: Forense, 1998. p. 49).

discutiu a questão da prisão do depositário infiel, proibida por tratados de direitos humanos. É o segundo marco histórico sobre a questão dos tratados internacionais no Supremo Tribunal Federal, embora com cisão de entendimentos entre os Ministros: de um lado, aqueles que reconhecem a superioridade dos tratados internacionais de direitos humanos perante a legislação ordinária, mas abaixo da Constituição, seguindo o voto do Min. Gilmar Mendes; de outro lado, aqueles que os reconhecem no mesmo patamar da Constituição, seguindo o voto do Min. Celso de Mello. A maioria, por diferença de apenas um voto, está naquele primeiro grupo, conforme registrado no HC n. 92.566-9/SP[122] (julgado em conjunto com o recurso extraordinário supramencionado).

O entendimento majoritário já havia sido manifestado pelo Min. Sepúlveda Pertence no julgamento do Recurso Ordinário em *Habeas Corpus* n. 79.785-7/RJ[123]. Na seara do Direito Tributário, conforme art. 98[124], do Código Tributário Nacional, tal entendimento está positivado no ordenamento jurídico interno desde 1966. Em âmbito constitucional, esse entendimento não chegou a ser positivado, embora, como informa João Grandino Rodas, tenha havido esse intento quando da "discussão do Anteprojeto da Constituição de 1934 da regra que, à moda da Constituição Espanhola de 1931, erigia as normas internacionais a uma hierarquia superior às leis federais ordinárias"[125].

No Direito Comparado, há os seguintes exemplos nesse sentido: França (art. 55), Itália (art. 10, § 1º), EUA (art. 6º, II), Grécia (art. 28, § 1º), Paraguai (arts. 137 e 141), Equador (art. 163), El Salvador (art. 144, n. 2)[126], Alemanha (art. 25), Guatemala (art. 46)[127].

Diante do retrocesso do entendimento prevalente no julgamento do RE n. 80.004/SE, o adotado no julgamento do RE n. 466.343/SP, distinguindo-se

---

[122] Entendimento esse também manifestado nos seguintes julgamentos: HC n. 87.585/TO, Relator originário Min. Ilmar Galvão e sucessor Min. Marco Aurélio, RE n. 349.703/RS, Relator Min. Carlos Britto (julgados em conjunto com o RE n. 466.343/SP), entre outros que advieram posteriormente, a exemplo do HC n. 90.172/SP.
[123] Relator Min. Sepúlveda Pertence, julgado em 29.3.2000, tribunal pleno. Cita-se parte final de seu voto: "[...] parificar às leis ordinárias os tratados a que alude o art. 5º, § 2º, da Constituição, seria esvaziar de muito do seu sentido útil a inovação, que, malgrado os termos equívocos do seu enunciado, traduziu uma abertura significativa ao movimento de internacionalização dos direitos humanos. Ainda sem certezas suficientemente amadurecidas, tendo assim — aproximando-me, creio, da linha desenvolvida no Brasil por Cançado Trindade (e. q., *Memorial*, cit., p. 43) e pela ilustrada Flávia Piovesan (A Constituição Brasileira de 1988 e os Tratados Internacionais de Proteção dos Direitos Humanos, em E. Boucault e N. Araújo (órgão), Os Direitos Humanos e o Direito Interno) — a aceitar a outorga de força supralegal às convenções de direitos humanos, de modo a dar aplicação direta às suas normas — até, se necessário, contra a lei ordinária — sempre que, sem ferir a Constituição, a complementem, especificando ou ampliando os direitos e garantias dela constantes" (Disponível em: <www.stf.jus.br/jurisprudência/inteiroteor> Acesso em: 11.11.2008).
[124] "Art. 98. Os tratados e as convenções internacionais revogam ou modificam a legislação tributária interna, e serão observados pela que lhes sobrevenha."
[125] RODAS, João Grandino. *Op. cit.*, p. 51.
[126] MAZZUOLI, Valério de Oliveira. *Direitos humanos, Constituição e os tratados internacionais:* estudo analítico da situação e aplicação do tratado na ordem jurídica brasileira. São Paulo: Juarez de Oliveira, 2002. p. 131-136.
[127] TRINDADE, Antônio Augusto Cançado. *Tratado de direito internacional dos direitos humanos*. Porto Alegre: Sergio Antonio Fabris, 2003. v. 2, p. 509-513.

devidamente os tratados internacionais de direitos humanos dos demais tratados e da legislação infraconstitucional, revela um significativo avanço[128].

Marcelo Lamy, ao analisar a logicidade dos precedentes em sua tese de doutorado, especificamente quanto ao que denomina de "técnica de superação", assevera: "Pode ocorrer, ainda, que abandone a linha de pensamento do precedente, o que implicará, se confirmada, em revogar (*overrule*) ao precedente e em estabelecer-se **novo** *leading case*" (destaque do autor)[129]. Foi o que ocorreu, revogando-se o precedente no sentido de que os tratados internacionais de direitos humanos equiparavam-se às leis ordinárias.

Todavia, o entendimento prevalente, segundo o qual os tratados internacionais de direitos humanos, embora supralegais, estão abaixo da Constituição, não condiz com o tratamento que se deve ofertar a tais instrumentos segundo a ordem constitucional. Nas lições de Celso D. Albuquerque Mello:

> No D. Constitucional de diferentes estados os denominados direitos fundamentais têm uma enumeração exemplificativa que permite o aparecimento de novos direitos denominados de "atípicos" (Jorge Bacelar Gouveia), ou [...] "direitos fundamentais sem assento constitucional" (J. J. Gomes Castilho), ou direitos fundamentais em "sentido natural" e não em "sentido formal" (Jorge Miranda). Tais direitos são aqueles que não estão "constitucionalmente registrados através de sua especificação"[130].

No Brasil, o comando do art. 5º, § 2º, não se refere apenas a direitos e garantias expressos no texto constitucional. De acordo com a primeira parte do dispositivo, a condição para que outros direitos e garantias sejam recepcionados é a decorrência do regime e dos princípios adotados pela Constituição. Já aqui, mediante uma

---

(128) "Devendo-se aplicar-se a lei, todos os cultores do direito colaboram para a sua inteligência, e os resultados a que chegam podem ser vários e diversos. Não se pode afirmar *a priori* como absolutamente certa uma dada interpretação, embora consiga num dado momento o aplauso mais ou menos incontrastado da doutrina e da magistratura. A interpretação pode sempre mudar quando se reconheça errônea ou incompleta. Como toda a obra científica, a interpretação progride, afina-se" (FERRARA, Francesco. *Interpretação e aplicação das leis.* 3. ed. Trad. Manuel A. Domingues de Andrade. Coimbra: Armênio Amado, 1978. p. 130-131).
(129) LAMY, Marcelo. *Efeitos amplificados das decisões judiciais no controle concreto de constitucionalidade:* uma teoria dos precedentes constitucionais. Tese de Doutorado. São Paulo: PUC/SP, 2008. p.254. Sem prejuízo de possível entendimento no sentido da técnica da distinção nos termos trazidos pelo autor, e não da técnica da superação como aqui preferida.
(130) MELLO, Celso D. de Albuquerque. *Curso de direito internacional público*, p. 837. Também para Carlos Alberto Simões de Tomaz: "As Constituições das últimas décadas do século passado começaram a ampliar o elenco dos direitos fundamentais antes reduzido ao formalmente expresso no texto, para admitir como integrantes do sistema constitucional aqueles provenientes de normas de direito internacional. A expansão deste fenômeno tem sido conhecida como a internacionalização do direito constitucional. De fato, não faltam nas Constituições modernas referências a normas de direito internacional como os tratados e os princípios" (TOMAZ, Carlos Alberto Simões. O décimo segundo camelo de Luhmann e o § 3º do art. 5º da Constituição brasileira acrescido pela Emenda Constitucional n. 45: inconstitucionalidade a partir de uma visão extradogmática do direito tendo como paradigma a alopoiese jurídica. In: Teoria da Constituição. *6ª Revista Brasileira de Direito Constitucional*, São Paulo, ESDC, jun./dez. 2005. p. 185).

interpretação teleológica, sistemática e axiológica do texto constitucional, considerando os princípios fundamentais estruturantes expressos no Título I, entre eles, a dignidade da pessoa humana (art. 1º, II) e a prevalência dos direitos humanos (art. 4º, II), nem necessitaria da parte final do dispositivo para, diante da realidade do sistema internacional de direitos humanos no qual o Brasil está inserido, concluir que as normas dos tratados internacionais de direitos humanos decorrem dos princípios adotados pela Constituição.

Contudo, o teor do § 2º do art. 5º vai além com sua parte final ao mencionar os direitos decorrentes dos tratados internacionais em que o Brasil seja parte. Tratados esses que, após o seu solene processo de formação, veiculam direitos e garantias fundamentais com o mesmo propósito da Constituição. Nas lições de Maria Garcia:

> Os tratados dizem respeito à norma usualmente designada pela fórmula *pacta sunt servanda*, e por ela, diz Kelsen, os sujeitos da comunidade jurídica internacional são autorizados a regular sua conduta recíproca, ou seja, a conduta dos seus órgãos e súditos, em relação aos órgãos e súditos dos outros — o que envolve deveres e direitos aos indivíduos, embora isto ocorra "por intermédio da ordem jurídica estadual (da qual apenas o 'Estado' é a expressão personificadora)". Daí que, insculpidos determinados direitos ou garantias individuais num tratado internacional, esse texto passa a incorporar-se ao sistema jurídico estatal, observada a respectiva Constituição — de tal sorte que, pela dicção do § 2º do art. 5º, tais direitos e garantias vêm integrar o elenco constante do texto constitucional, podendo ser exigidos ou exercidos, independentemente de norma expressa. Esses direitos e garantias têm existência assegurada, portanto, no universo constitucional, caracterizados pelo regime adotado pela Constituição ou pelos tratados internacionais firmados. Vêm eles todos consagrados no § 2º do art. 5º, norma agasalhadora, ampla e projetiva, do sistema constitucional[131].

---

(131) GARCIA, Maria. *Desobediência civil:* direito fundamental. São Paulo: Revista dos Tribunais, 1994. p. 210-212. Também para Antônio Augusto Cançado Trindade: "A especificidade e o caráter especial dos tratados de proteção internacional dos direitos humanos encontram-se, com efeito, reconhecidos e sancionados pela Constituição Brasileira de l988: [...] no caso dos tratados de proteção internacional dos direitos humanos em que o Brasil é Parte os direitos fundamentais neles garantidos passam, consoante os arts. 5º (2) e 5º (1) da Constituição Brasileira de 1988, a integrar o elenco dos direitos constitucionalmente consagrados e direta e imediatamente exigíveis no plano do ordenamento jurídico interno" (TRINDADE, Antônio Augusto Cançado. *Tratado de direito internacional dos direitos humanos.* Porto Alegre: Sergio Antonio Fabris, 1999. v. II, p. 407). Veja que Carlos Mário da Silva Velloso, após trazer sua classificação do art. 5º, § 2º, manifesta-se nos seguintes termos: "Se é certo que, na visualização dos direitos e garantias, é preciso distinguir, mediante o estudo da teoria geral dos direitos fundamentais, os direitos fundamentais materiais dos direitos fundamentais formais, conforme deixei expresso em voto que proferi na Ação Direta de Inconstitucionalidade n. 1.497/DF e em trabalho doutrinário que escrevi [...] não é menos certo, entretanto, que, diante de direito fundamental material, que diz respeito à liberdade, inscrito em Tratado firmado pelo Brasil, como, por exemplo, o que está expresso na Convenção de São José da Costa Rica, art. 7º, item 7, que limitou a prisão por dívida à hipótese de

Entre as normas advindas dos tratados de direitos humanos e as normas constitucionais, há identidade de matéria[132]. Ambas as normas limitam o poder estatal com previsão de direitos para os indivíduos e atribuições para os poderes do Estado, em especial a de adequação da legislação inferior.

Essa atribuição possibilita mais uma leitura em defesa da hierarquia constitucional dos tratados internacionais de direitos humanos, a partir das lições de Hans kelsen. Resguardado o posicionamento do autor acerca da primazia do Direito Internacional perante o direito nacional, ressalta-se o seguinte:

> Se começarmos levando em conta apenas a ordem jurídica estadual, a Constituição representa o escalão de Direito positivo mais elevado. A Constituição é aqui entendida num sentido material, quer dizer: com esta palavra significa-se a norma positiva ou as normas positivas através das quais é regulada a produção das normas jurídicas gerais[133].

Não há dúvidas quanto ao entendimento de Constituição material para Hans Kelsen. Nas leituras de Regina Maria Macedo Nery Ferrari: "Destarte, seguindo o pensamento Kelseniano, Constituição, em sentido material, significa a norma que regula a produção de outras normas, representando, pois, o mais alto nível do direito positivo"[134].

Se os tratados internacionais de direitos humanos trazem a obrigação de adequação do ordenamento jurídico interno, nesse sentido também regulam a

---

inadimplemento de obrigação alimentícia, força é reconhecer que se tem, em tal caso, direito fundamental com *status* constitucional. É dizer, o art. 7º, item 7, do citado Pacto de São José da Costa Rica, é direito fundamental em pé de igualdade com os direitos fundamentais expressos na Constituição (Constituição, art. 5º, § 2º). Nesse caso, de tratar-se de direito e garantia decorrentes de Tratado firmado pelo Brasil, a incorporação desse direito e garantia, ao direito interno, dá-se com *status* constitucional, assim com primazia sobre o direito comum" (VELLOSO, Carlos Mário da Silva. Tratados internacionais na jurisprudência do Supremo Tribunal Federal. In: AMARAL, Antonio Carlos Rodrigues do (coord.). *Tratados internacionais na ordem jurídica brasileira*. Prefácio de José Francisco Rezek. São Paulo: Aduaneiras, 2005. p. 20-21). Não é outro o entendimento de Flávia Piovesan e Valério de Oliveira Mazzuoli, entre outros autores.

(132) Para Manoel Gonçalves Ferreira Filho: "Regras materialmente constitucionais são, em suma, as que, por seu conteúdo, se referem diretamente à forma do Estado [...], forma de governo [...], ao modo de aquisição [...] e exercício do poder (p. ex., atribuições de seus órgãos), estruturação dos órgãos de poder [...], aos limites de sua ação (p. ex., os traçados pelos direitos fundamentais do homem)" (sem destaque no original) (*Curso de direito constitucional*. 31. ed. São Paulo: Saraiva, 2005. p. 11-12).

(133) KELSEN, Hans. *Teoria pura do direito*. Trad. João Baptista Machado. São Paulo: Martins Fontes, 2000. p. 247. Também em outra obra Kelsen ressalta que: "A estrutura hierárquica da ordem jurídica de um Estado é, grosso modo, a seguinte: pressupondo-se a norma fundamental, a Constituição é o nível mais alto dentro do Direito Nacional. A Constituição é aqui compreendida não num sentido formal, mas material" (*Teoria geral do direito e do Estado*. Trad. Luís Carlos Borges. São Paulo: Martins Fontes. 2005. p. 182). Kelsen, antes de expor esse entendimento, discorreu sobre a particularidade do Direito de "regular a sua própria criação", o que pode ocorrer "de forma a que uma norma apenas determine o processo por que a outra é produzida. Mas também é possível que seja determinado — em certa medida — o conteúdo da norma a produzir" (*Teoria pura do direito*. Trad. João Baptista Machado. São Paulo: Martins Fontes, 2000. p. 246).

(134) FERRARI, Regina Maria Macedo Nery. *Efeitos da declaração de inconstitucionalidade*. 5. ed. São Paulo: Revista dos Tribunais, 2004. p. 57.

produção de outras normas, pois, de certa forma, esses instrumentos estabelecem o conteúdo da norma ao informar a matéria e o sentido. Também quanto à forma, estabelecem aquela prevista na Constituição de cada Estado, não deixando, portanto, de tratar do aspecto formal.

Assim, se os tratados de direitos humanos determinam como as normas internas, referentes a determinadas matérias, devem ser elaboradas, aqueles são superiores e essa superioridade equivale à superioridade constitucional. Mesmo porque, há impossibilidade de resultados práticos quando diante de eventual contrariedade material dos tratados com a Constituição, como visualizado pelos defensores da hierarquia supralegal, mas infraconstitucional. As normas decorrentes dos tratados se harmonizam com a ordem constitucional primando pela prevalência da norma que traz mais proteção, esteja na Constituição ou nos tratados. Em harmonia, ambos os instrumentos — tratados e Constituição — estão no mesmo patamar e determinam à legislação inferior estar em conformidade com seus comandos.

Tal entendimento intensifica-se quando sob a perspectiva das consequências para a inobservância dos comandos dos tratados e da Constituição. Diante da supremacia da Constituição, desrespeitar suas normas é mais grave que desrespeitar as normas da legislação comum. No caso dos tratados de direitos humanos, o desrespeito as suas normas se revela com mais intensidade diante da repercussão internacional e possíveis responsabilizações do Estado. Daí também a necessidade de um controle em âmbito interno, como o que ficará reclamado ao término deste estudo.

A hierarquia constitucional dos tratados internacionais de direitos humanos já é realidade no direito de outros Estados, conforme informado pelo Min. Celso de Mello[135]. Também Antônio Augusto Cançado Trindade faz menção a Estados que conferem um tratamento especial aos tratados internacionais de direitos humanos, sendo possível defender a hierarquia constitucional desses instrumentos ainda quando não explicitada[136]. Há Constituições que não deixam dúvidas, como a

---

(135) "Assim, a Constituição do **Reino dos Países Baixos**, promulgada em 1983, permite, expressamente, que qualquer cláusula de tratado internacional que se revele incompatível com a **Carta Política do Estado holandês** seja, não obstante o vício de inconstitucionalidade, suscetível de incorporação ao direito interno daquele País, desde que o tratado venha a ser aprovado pelo voto de dois terços dos membros integrantes das Câmaras que compõem os Estados-gerais (art. 91, n. 3). O mesmo ocorre com a recente **Constituição do Peru** (1993), que admite a incorporação de tratados inconstitucionais, desde que esse ato de direito internacional público seja 'aprovado pelo mesmo procedimento que rege a reforma da Constituição [...]' (art. 57). A **Constituição argentina** de 1853, por sua vez, com as inovações introduzidas pela reforma de 1994, atribuiu hierarquia constitucional a determinados tratados internacionais que versem o tema dos direitos humanos (art. 75, n. 22). Vê-se, portanto, que já se esboça, no plano do direito constitucional comparado, uma significativa tendência contemporânea que busca conferir verdadeira equiparação normativa aos tratados internacionais de direitos humanos em face das próprias Constituições políticas dos Estados, atribuindo, a tais convenções internacionais, força e autoridade de norma constitucional" (sem destaques no original) (parte do voto proferido no HC n. 87.585/TO).

(136) "Constituição **Portuguesa** de 1976, que estabelece que os direitos fundamentais nela consagrados 'não excluem quaisquer outros constantes das leis e das regras aplicáveis de direito internacional', e acrescenta: 'Os

Constituição da Venezuela de 1999, que concede hierarquia constitucional aos tratados internacionais de direitos humanos e determina a aplicação da norma mais benéfica em caso de conflito (art. 23), e, ainda, a Constituição da Argentina, que concede hierarquia constitucional a uma série de tratados de direitos humanos, inclusive à Declaração Americana e à Declaração Universal (art. 75(22)).

Portanto, no Brasil, considerar a hierarquia constitucional para os tratados de direitos humanos no Brasil é aplicar devidamente o comando do § 2º do art. 5º, além de seguir a tendência global. Para tanto, não há óbice na rigidez da Constituição de 1988, como se passa a expor.

3.5. Rigidez constitucional e os tratados internacionais de direitos humanos

Oswaldo Aranha Bandeira de Mello deixa assente a superioridade das Constituições rígidas[137]. Quanto ao objetivo da rigidez constitucional, é o de melhor proteger os direitos constitucionais, primordialmente, os direitos fundamentais. Direitos esses com a mesma natureza daqueles constantes nos tratados internacionais de direitos humanos. Ambos os instrumentos — Constituição e tratados de direitos humanos — veiculam direitos primordiais para uma existência digna e informam a atuação estatal, inclusive no que tange à tarefa de legislar. Portanto, a rigidez constitucional não obsta o reconhecimento da hierarquia constitucional dos tratados de direitos humanos.

O argumento contrário ao reconhecimento da hierarquia constitucional dos tratados de direitos humanos é no sentido de que se estaria possibilitando a alteração da Constituição mediante processo mais simples em comparação ao processo de

---

preceitos constitucionais e legais relativos aos direitos fundamentais devem ser interpretados e integrados em harmonia com a Declaração Universal dos Direitos do Homem' (arts. 16.1 e 2). [...] Constituição da **Nicarágua**, de 1987, que, pelo disposto em seu artigo 46, integra, para fins de proteção, na enumeração constitucional de direitos, os direitos consagrados na Declaração Universal dos Direitos Humanos, na Declaração Americana dos Direitos e Deveres do Homem, nos dois Pactos de Direitos Humanos das Nações Unidas (de Direitos Econômicos, Sociais e Culturais, e de Direitos Civis e Políticos), e na Convenção Americana sobre Direitos Humanos. Na Constituição do **Chile** em decorrência do plebiscito convocado para 30 de julho de 1989; pela nova reforma constitucional, de 1989, agregou-se ao final do art. 5º (II) da Constituição Chilena a seguinte disposição: 'É dever dos órgãos do Estado respeitar e promover tais direitos, garantidos por esta Constituição, assim como pelos tratados internacionais ratificados pelo Chile e que se encontrem vigentes'. [...] Constituição da **Colômbia** de 1991, cujo art. 93 determina que os tratados de direitos humanos ratificados pela Colômbia 'prevalecem na ordem interna', e que os direitos humanos constitucionalmente consagrados serão interpretados de conformidade com os tratados de direitos humanos ratificados pela Colômbia" (sem destaques no original) (TRINDADE, Antônio Augusto Cançado. *Tratado de direito internacional dos direitos humanos*, p. 511-512).

(137) "Não pode haver dúvida sobre a superioridade das Constituições rígidas, diante das Constituições flexíveis, sejam estas últimas escritas em um corpo único, ou costumeiras, e em algumas leis esparsas. Pois, segundo aquele sistema, todos os poderes têm a sua órbita determinada, as balizas prefixadas, os direitos dos indivíduos declarados, sendo mais difícil, neste caso, o arbítrio. Pelo outro, o parlamento pode tudo fazer, visto não haver entrave à sua ação e os indivíduos bem como os outros poderes ficarem inteiramente à sua mercê" (MELLO, Oswaldo Aranha Bandeira de. *A teoria das Constituições rígidas*. 2. ed. São Paulo: José Bushatsky, 1980. p. 59).

elaboração de emendas constitucionais. Em outras palavras, é pretender proteger a Constituição dos tratados internacionais de direitos humanos, quando, ela mesma, os recebe. É preciso atentar para a justificação de um texto rígido, conforme assevera Canotilho:

> A opção por um "texto rígido", no sentido assinalado, é hoje justificado pela necessidade de se garantir a identidade da Constituição sem impedir o desenvolvimento constitucional. Rigidez é sinônimo de garantia contra mudanças constantes, frequentes e imprevistas ao sabor das maiorias legislativas transitórias. A rigidez não é um entrave ao desenvolvimento constitucional, pois a Constituição deve poder ser revista sempre que a sua capacidade reflexiva para captar a realidade constitucional se mostre insuficiente[138].

Além de os tratados internacionais de direitos humanos não alterarem a Constituição, o processo complexo e formal pelo qual são elaborados protege os direitos de alterações por parte do legislador, e, ainda, não aceitam nenhuma alteração que represente retrocesso. Identificam-se, portanto, com o objetivo da rigidez da Constituição de 1988 e até mesmo com a petrificação dos direitos fundamentais.

Também vale destacar as lições de Ivo Dantas ao tratar da reforma do texto constitucional e fazer duas observações, sendo a primeira a seguinte:

> A primeira se refere ao fato de que nela se pode identificar aspectos de natureza orgânica ou formal, de acordo com o grau de rigidez consagrado. Assim, nas hipóteses de rigidez orgânica temos exigência de que o procedimento reformista se dê por meio de um órgão jurídico e politicamente distinto de legislativo ordinário, enquanto que a rigidez formal se contenta em ser realizada pelo próprio poder constituído (Congresso Nacional, por exemplo), apenas exigindo que se dê um caráter processual diferente àquele dedicado para a legislação comum, tal como ocorre no Brasil, através do art. 60 da Constituição Federal vigente[139].

Nesse contexto, os tratados de direitos humanos não são elaborados nem alterados pelo Congresso Nacional; este apenas autoriza a ratificação ou a modificação. Além da formalidade do processo de elaboração dos tratados de direitos humanos, são instrumentos que, após discussões especiais — muitas vezes entre especialistas com notório saber sobre o assunto —, emanam de órgãos específicos

---

(138) CANOTILHO, José Joaquim Gomes. *Direito constitucional e teoria da Constituição*, p. 215.
(139) DANTAS, Ivo. *Teoria do Estado*: direito constitucional I. Belo Horizonte: Del Rey, 1989. p. 162. No mesmo sentido Celso Bastos: "A reforma constitucional (ou seja, de uma Constituição rígida) pode implementar-se segundo dois sistemas diversos: ou ela é feita por órgãos especiais, diferentes dos legislativos ordinários, ou é produto da atividade de órgãos legislativos ordinários, mas agravada com procedimentos mais dificultosos" (BASTOS, Celso Ribeiro. *Curso de direito constitucional*. 22. ed. São Paulo: Saraiva, 2001. p. 52).

e contam com o reconhecimento por parte de muitos outros Estados, denotando um consenso internacional. É, portanto, mais um aspecto a ser ressaltado para refutar o entendimento no sentido de que não há formalidade suficiente na elaboração dos tratados de direitos humanos para serem considerados hierarquicamente constitucionais.

Em resumo, possível apontar os seguintes aspectos dos tratados de direitos humanos que demonstram não haver qualquer ofensa à rigidez constitucional: a) a identidade de matéria e de objetivos com os direitos constitucionalmente reconhecidos; b) a especificidade dos organismos encarregados de sua elaboração, com manifesto consenso internacional; e c) a formalidade do processo de elaboração e alteração.

Diante dessas peculiaridades, possível afirmar, com autorização do § 2º do art. 5º, que os tratados internacionais de direitos humanos são materialmente constitucionais, e, ainda, seu processo de formação é mais formal em comparação ao das próprias emendas constitucionais. Um direito previsto num tratado de direitos humanos está mais protegido que na Constituição, já que nem mesmo o Poder Constituinte Reformador pode, por si só, alterá-lo.

Importa deixar claro que tais instrumentos não pretendem modificar a Constituição Federal, ao contrário, reforçam e ampliam o rol dos direitos constitucionalmente previstos. Todavia, a ECn. 45, de dezembro de 2004, acrescentou o § 3º no art. 5º, cujo teor exige maior formalidade para aprovação dos tratados internacionais de direitos humanos, o que requer algumas considerações como seguem.

3.6. Tratados internacionais de direitos humanos e o art. 5º, § 3º da CF/88: a questão formal dos tratados ratificados anteriormente

O § 3º do art. 5º, da Constituição de 1988, possui a seguinte redação: "Os tratados e convenções internacionais sobre direitos humanos que forem aprovados, em cada Casa do Congresso Nacional, em dois turnos, por três quintos dos votos dos respectivos membros, serão equivalentes às emendas constitucionais".

Embora já evidenciada a hierarquia constitucional dos tratados de direitos humanos anteriores ao advento do referido comando constitucional, preciso ratificar tal posicionamento. Isso porque, como se percebe na redação do mencionado dispositivo, não houve referência aos tratados anteriormente ratificados, o que poderia ter ocorrido, a exemplo das Constituições da Argentina, da Nicarágua e da Venezuela que fazem menção aos tratados já ratificados. Nesse sentido a proposta de Flávia Piovesan em parecer aprovado pelo Conselho Nacional de Defesa dos Direitos da Pessoa Humana, em março de 2004[140].

---

(140) "Em face de todos argumentos já expostos, sustenta-se que a hierarquia constitucional já se extrai de interpretação conferida ao próprio art. 5º, § 2º, da Constituição de 1988. Vale dizer, seria mais adequado que

Nada obstante, é preciso ressaltar uma vez mais que os tratados internacionais de direitos humanos incorporados no ordenamento jurídico interno são materialmente constitucionais, informadores da legislação ordinária, e ainda, foram elaborados por um processo mais solene em comparação ao processo de elaboração de uma emenda constitucional.

Também, o novo comando constitucional não pode surtir o efeito negativo no sentido de que os tratados anteriores não possuem hierarquia constitucional, mas apenas aqueles que forem, a partir de então, elaborados de acordo com os novos ditames. Ao contrário, há possibilidade de considerar o comando do § 3º do art. 5º como norma interpretativa do teor do § 2º do mesmo artigo, como assevera Celso Lafer[141]. Nessa direção, o teor do novo dispositivo vem a esclarecer a dúvida interpretativa no sentido de que, pelo teor anteriormente já expresso, os tratados de direitos humanos estão no mesmo patamar das normas inscritas no texto constitucional.

Ainda que não seja esse o entendimento prevalente, o novo comando constitucional, não dispondo contrariamente e silenciando quanto ao passado, apenas pode surtir efeitos para o futuro[142]. Não há que exigir, para reconhecimento da hierarquia constitucional desses instrumentos, a observância de regras que não existiam quando foram elaborados. Mesmo no plano infraconstitucional, são respeitadas as normas vigentes no momento da elaboração da lei. Não por outra razão, a inconstitucionalidade formal, por incompatibilidade com nova norma constitucional, é sempre desconsiderada. Jorge Miranda, ao tratar da subsistência do Direito ordinário não contrário à Constituição, leciona:

> A subsistência de quaisquer normas ordinárias anteriores à nova Constituição depende de um único requisito: que não sejam desconformes com ela. [...] Por isso, o único juízo a estabelecer é o juízo da conformidade

---

a redação do aludido § 3º do art. 5º endossasse a hierarquia formalmente constitucional de todos os tratados internacionais de proteção dos direitos humanos ratificados, afirmando — tal como o fez o texto argentino — que os tratados internacionais de proteção de direitos humanos ratificados pelo Estado brasileiro têm hierarquia constitucional" (*Direitos humanos e o direito constitucional internacional*, 2006. p. 71).

(141) "O novo § 3º do art. 5º pode ser considerado como uma lei interpretativa destinada a encerrar as controvérsias jurisprudenciais e doutrinárias suscitadas pelo § 2º do art. 5º. De acordo com a opinião doutrinária tradicional, uma lei interpretativa nada mais faz do que declarar o que preexiste, ao clarificar a lei existente" (LAFER, Celso. *A internacionalização dos direitos humanos:* Constituição, racismo e relações internacionais. Barueri: Manole, 2005. p. 16).

(142) Para Francesco Ferrara "É interpretativa toda a lei que, ou por declaração expressa ou pela sua intenção de outro modo exteriorizada, se propõe determinar o sentido de uma lei precedente, para esta ser aplicada em conformidade. Observe-se que tal escopo da lei interpretativa é essencial, porque nem toda decisão legal de uma controvérsia preexistente, nem toda a dilucidação de outra lei há de considerar-se como interpretação autêntica, bem podendo suceder que o legislador tenha querido somente afastar dúvidas para o futuro, sem pretender que a nova lei se considere como conteúdo duma lei passada. [...] Não estamos em face duma interpretação autêntica, quando se regula só para o futuro ou se completa qualquer lacuna duma lei precedente" (FERRARA, Francesco. *Interpretação e aplicação das leis*. 3. ed. Trad. Manuel A. Domingues de Andrade. Coimbra: Armênio Amado, 1978. p. 132).

(ou da correspondência) material com a nova Constituição, a Constituição atual. Não é qualquer outro: nem qualquer juízo sobre a formação dessas normas de acordo com as novas normas de competência e de forma (as quais só valem para o futuro), nem, muito menos, qualquer juízo sobre o seu conteúdo ou sobre a sua formação de acordo com as antigas normas constitucionais[143].

Nessa direção, vale mencionar a quantidade de Decretos-leis em vigor[144], embora tal espécie normativa não tenha mais previsão constitucional. Outro caso é do Código Tributário Nacional que, elaborado nos moldes de lei ordinária, foi recepcionado como lei complementar. Não é possível exigir observância de formalidade para atos regularmente acabados anteriormente às novas regras.

A delonga por parte do Poder Legislativo para tornar realidade a redação do § 3º do art. 5º também deve ser apontada. Não que assunto de tamanha relevância tenha de ser deliberado às pressas. Mas, no que tange à aprovação do dispositivo em comento, parte integrante da Emenda Constitucional n. 45, perdurou de março de 1992 a dezembro de 2004, ou seja, por mais de 10 anos![145] Alguns tratados internacionais foram aprovados durante esse período e já poderiam observar o novo regramento, se existente. Mas veja que, como informa Flávia Piovesan, apenas faltou o segundo turno de discussão, já que foram aprovados com o *quorum* até superior ao exigido atualmente[146].

---

(143) MIRANDA, Jorge. *Teoria do Estado e da Constituição*. Rio de Janeiro: Forense, 2003. p. 463. Nesse sentido também Luís Roberto Barroso: "Diferentemente se passa quando a incompatibilidade se dá entre a Constituição vigente e norma a ela anterior. Aí, sendo a incompatibilidade de natureza material, não poderá a norma subsistir. [...] Não assim, porém, quando a incompatibilidade superveniente tenha natureza formal. Nessa última hipótese, tem-se admitido, sem maior controvérsia, a subsistência válida da norma que haja sido produzida em adequação com o processo vigente no momento de sua elaboração. Incidirá, assim, a regra, *tempus regit actum*" (BARROSO, Luís Roberto. *Interpretação e aplicação da Constituição*. 2. ed. São Paulo: Saraiva, 1998. p. 80).

(144) Observe, a título de demonstração, que o índice do *Vade Mecum* da Saraiva de 2008 (6. ed.) nos traz um total de 112 Decretos-Leis, dentre eles, vale apontar os seguintes: n. 2.848/40 (Código Penal), n. 3.688/41 (Lei das Contravenções Penais), n. 3.689/41 (Código de Processo Penal), n. 3.914/41 (Lei de Introdução ao Código Penal e à Lei das Contravenções Penais), n. 3.931/41 (Lei de Introdução ao Código de Processo Penal), n. 4.657/42 (Lei de Introdução ao Código Civil), n. 911/69 (Alienação Fiduciária), n. 1.001/69 (Código Penal Militar), n. 1.002/69 (Código de Processo Penal Militar). Não é demais lembrar que, na década de 1940, estávamos sob a égide da Constituição outorgada de 1937, e todos esses decretos foram editados com base no art. 180 daquela Carta, que transferia a função legiferante para o Presidente da República. Quanto aos demais decretos, basta apontar que o primeiro citado foi editado por militares com base em atos institucionais.

(145) Veja que proposta com esse assunto não é novidade. Como noticia Antônio Paulo Cachapuz de Medeiros, há projetos desde 1960 (*O poder de celebrar tratados*: competência dos poderes constituídos para a celebração de tratados, à luz do direito internacional, do direito comparado e do direito constitucional brasileiro. Porto Alegre: Sergio Antonio Fabris, 1995, final do Capítulo 7). Também quando da Revisão Constitucional de 1993 houve proposta que chegou a ser apreciada no sentido de alargar o comando do art. 4º a fim de dar maior eficácia no plano interno aos tratados internacionais, como lembra Pedro Bohomoletz de Abreu Dallari em artigo publicado na Revista Especial do TRF 3ª Região a propósito do seminário realizado pela Escola de Magistrados acerca dos tratados internacionais de proteção dos direitos humanos no Direito Brasileiro (1997. p. 37).

(146) "Observe-se que os tratados de proteção dos direitos humanos ratificados anteriormente à Emenda Constitucional n. 45/04 contaram com ampla maioria na Câmara dos Deputados e no Senado Federal,

Para melhor evidenciar a situação mal vinda em decorrência de tratamento diferenciado a instrumentos da mesma natureza, veja a seguinte realidade: O Brasil é parte da Convenção Interamericana para Eliminação de Todas as Formas de Discriminação Contra as Pessoas Portadoras de Deficiência, assinada em 7.6.1999, aprovada pelo Poder Legislativo, conforme Decreto Legislativo n.198, de 13 de junho de 2001, e ratificada em 15 de agosto de 2001, com Decreto de promulgação n. 3.956, de 8 de outubro de 2001. Convenção essa que observou as regras existentes no momento de sua elaboração. Ocorre que, em 1º.8.2008, o Brasil ratificou, no âmbito da ONU, a Convenção sobre os Direitos das Pessoas com Deficiência e seu Protocolo Facultativo, assinados em 30.3.2007, aprovados pelo Poder Legislativo, conforme Decreto Legislativo n. 186, de 9 de julho de 2008, com Decreto de promulgação n. 6.949, de 25 de agosto de 2009. Mas, dessa vez, obedeceu-se aos requisitos do § 3º do art. 5º.

Diante da identidade de matéria e de finalidade entre ambos os tratados, ficam alguns questionamentos, tais como: qual a distinção perante o ordenamento jurídico interno? É aceitável diferenciá-los apenas tendo como critério a forma pela qual foram elaborados?

É inaceitável reconhecer hierarquia constitucional para o tratado advindo da ONU e não reconhecer essa mesma hierarquia para aquele oriundo da OEA e elaborado segundo as regras vigentes no momento de sua elaboração, quando inexistia o § 3º no art. 5º. Ambos os tratados são hierarquicamente constitucionais por determinação do Poder Constituinte Originário, via interpretação do § 2º do art. 5º. Portanto, eventual alegação de carência de força constitucional porque não atendeu aos atuais requisitos exigidos pelo Poder Constituinte Derivado não deve ser considerada. Não se pode afirmar o que o constituinte não afirmou, ou seja, não dispôs que os tratados anteriores não possuem hierarquia constitucional.

O que se percebe é a alegação no sentido de que, se para ter hierarquia constitucional é necessário observar os novos trâmites, logo, os tratados que não observaram tais trâmites não têm hierarquia constitucional, ou foram recepcionados com hierarquia infraconstitucional. Ora, trata-se de uma dedução contrária à ordem constitucional e até mesmo à lógica. Isso porque, se fosse o caso, a lógica seria direcionar aos tratados que não venham a observar tal regramento e não aos que não observaram. É pretender que a norma surta efeitos para o passado sem a devida determinação para tanto.

Também não é o caso de recepção dos tratados anteriores pelo § 3º do art. 5º. Isso porque, considerando que o fenômeno da recepção ocorre na relação entre

---

excedendo, inclusive, o *quorum* dos três quintos dos membros em cada Casa. Todavia, não foram aprovados por dois turnos de votação, mas em um único turno de votação em cada Casa, uma vez que o procedimento de dois turnos não era tampouco previsto" (*Direitos humanos e o direito constitucional internacional*, p. 72). Por outro lado, há notícia de artigos da Constituição que, embora constantes no texto constitucional, não foram nem discutidos nem votados quando da própria Constituinte de 1987. Também há notícia de emendas constitucionais aprovadas sem observação de todos os trâmites previstos na Constituição.

norma constitucional e norma infraconstitucional, tal afirmativa seria o mesmo que reconhecer a hierarquia infraconstitucional de tais tratados até a "recepção" com hierarquia constitucional, o que estaria mais para uma constitucionalização. Mas, como os tratados de direitos humanos incorporados no ordenamento jurídico interno já possuem hierarquia constitucional por força do § 2º do art. 5º, até seria aceitável afirmar que foram recepcionados como formalmente constitucionais, como se aprovados nos moldes do novo regramento. Todavia, como já exposto, tais instrumentos já possuem formalidade suficiente, até maior que as emendas constitucionais.

Necessário mencionar também que, entre os tratados de direitos humanos anteriores ao advento do § 3º do art. 5º, estão ainda os anteriores ao advento da própria Constituição de 1988. Nesse sentido o entendimento do Min. Celso de Mello, seguido por outros ministros no RE n. 466.343/SP, segundo o qual há três situações distintas:

> 1) tratados internacionais de direitos humanos celebrados pelo Brasil (ou aos quais ele aderiu), e regularmente incorporados à ordem interna, em momento anterior ao da promulgação da Constituição de 1988 (tais convenções internacionais revestir-se-iam de índole constitucional, porque formalmente recebidos, nessa condição, pelo § 2º do art. 5º da Constituição);
>
> 2) tratados internacionais de direitos humanos que venham a ser celebrados por nosso País (ou aos quais ele venha a aderir) em data posterior à da promulgação da EC n. 45/04 (essas Convenções internacio-nais, para se impregnarem de natureza constitucional, deverão observar o *iter* procedimental estabelecido pelo § 3º do art. 5º da Constituição); e
>
> 3) aqueles celebrados pelo Brasil (ou aos quais nosso País aderiu) entre a promulgação da CF/88 e a superveniência da EC n. 45/04 (referidos tratados assumem caráter materialmente constitucional, porque essa qualificada hierarquia jurídica lhes é transmitida por efeito de sua inclusão no bloco de constitucionalidade, que é "a somatória daquilo que se adiciona à Constituição escrita, em função dos valores e princípios nela consagrados"). RE 466343/SP, rel. Min. Cezar Peluso, 12.3.2008[147].

Neste estudo, o entendimento é no sentido de que todos os tratados internacionais de direitos humanos incorporados no ordenamento jurídico pátrio são materialmente constitucionais e passaram por um processo de elaboração mais complexo em comparação ao que passam as emendas constitucionais, além de não admitirem alterações que representem retrocesso. Nessa direção não há distinção material nem formal entre os tratados de direitos humanos incorporados no ordenamento interno anteriormente ao § 3º do art. 5º, tenha isso ocorrido

---

(147) Disponível em: <www.stf.jus.br> Acesso em: 16.6.2009.

antes ou após a promulgação da Constituição Federal de 1988. O comando do § 2º do art. 5º não se referiu apenas aos tratados que fossem ratificados posteriormente ao seu advento e, certamente, não desprezou aqueles já ratificados. É lembrar, nesse contexto, do entendimento segundo o qual a ratificação de tratados internacionais tem o condão de vincular o próprio poder constituinte[148].

Outra questão atinente ao § 3º do art. 5º é quanto à faculdade ou vinculação do Legislativo para aprovar o tratado nos termos daquele regramento, o que será abordado no próximo capítulo. Não sem antes trazer algumas considerações acerca da denúncia dos tratados de direitos humanos, como seguem.

3.7. Considerações sobre a denúncia: necessária participação do Poder Legislativo e petrificação dos direitos decorrentes dos tratados internacionais

A denúncia é a forma mediante a qual se extinguem os efeitos de um tratado internacional. É a oportunidade que a parte contratante no tratado tem de se desobrigar com o que antes se comprometeu. Para Francisco Rezek: "A exemplo da ratificação e da adesão, a denúncia é um ato unilateral, de efeito jurídico inverso ao que produzem aquelas duas figuras: pela denúncia, manifesta o Estado sua vontade de deixar de ser parte no acordo internacional"[149]. A denúncia deve ser posta em instrumento e exibida às partes interessadas.

---

(148) Veja com Nelson Saldanha: "A intensificação da vida internacional, fundamentada sobre um dos mais emocionantes processos culturais da atualidade — a aglutinação cultural do mundo —, oferece à ação do poder constituinte de hoje um aumento de alcance ao qual não obstante corresponde uma série de dificuldades positivas. Com efeito, a vida constitucional se achando cada vez mais mergulhada na dimensão internacional das nações, dá-se o que se pode chamar, com Mirkine-Guétzévitch, a 'internacionalização do poder constituinte'. Por certo que uma ligação jurídica da vida nacional com a internacional constitui uma aventura singular e singularmente tentadora para a história cultural do direito; mas esta contingência, com ser um alargamento das possibilidades, apresenta uma limitação ao poder constituinte: o qual já terá de, ao atuar, levar em conta uma porção de conveniências jurídico-internacionais: respeito a tratados e pactos, a princípios do direito das gentes etc." (SALDANHA, Nelson. *O poder constituinte*. São Paulo: Revista dos Tribunais, 1986. p. 91). Também para Canotilho: "[...] Desde logo, se o poder constituinte se destina a criar uma constituição concebida como organização e limitação do poder, não se vê como essa 'vontade de constituição' pode deixar de condicionar a vontade do criador. Por outro lado, este criador, este sujeito constituinte, este povo ou nação, é estruturado e obedece a padrões e modelos de conduta espirituais, culturais, éticos e sociais radicados na consciência jurídica da comunidade e, nesta medida, considerados como 'vontade do povo'. Além disto, as experiências humanas vão revelando a indisponibilidade de observância de certos princípios de justiça que, independentemente da sua configuração (como princípios suprapositivos ou como princípios supralegais, mas intrajurídicos), são compreendidos como limites da liberdade e omnipotência do poder constituinte. Acresce que um sistema jurídico interno (nacional, estadual) não pode hoje estar *out* da comunidade internacional. Encontra-se vinculado a princípios de direito internacional (princípio da independência, princípio da autodeterminação, princípio da observância de direitos humanos)" (*Direito constitucional e teoria da Constituição*. 4. ed. Coimbra: Almedina, 2000. p. 81). Nesse sentido, recentemente, a obra sobre a internacionalização do poder constituinte de Luís Cláudio Coni (Porto Alegre: Sergio Antonio Fabris, 2006. p. 80-81).
(149) *Direito internacional público*: curso elementar. 10. ed. São Paulo: Saraiva, 2005. p. 107.

No Brasil, há o entendimento no sentido da efetivação da denúncia sem a concordância do Poder Legislativo, o que, inclusive, já ocorreu e está sendo questionado no Supremo Tribunal Federal (ADI n. 1.625/DF). Se a participação do Poder Legislativo é indispensável na formação do tratado internacional, é também indispensável no seu desfazimento, ou seja, no ato da denúncia[150]. Algumas Constituições estrangeiras dispõem expressamente nesse sentido, como é o caso da Constituição Espanhola de 1978[151], e, ainda, da Constituição Argentina, que requer prévia aprovação da terça parte dos membros das Câmaras para denúncia aos tratados de direitos humanos anteriormente arrolados no mesmo dispositivo (art. 75, inc. 22).

No Brasil, vale mencionar que o Decreto Legislativo n. 186/08, o qual aprova o texto da Convenção sobre os Direitos das Pessoas com Deficiência e de seu Protocolo Facultativo, traz a seguinte redação:

> Art. 1º [...] Parágrafo único: Ficam sujeitos à aprovação do Congresso Nacional quaisquer atos que alterem a referida Convenção e seu Protocolo Facultativo, bem como quaisquer outros ajustes complementares que, nos termos do inciso I do *caput* do art. 49 da Constituição Federal, acarretem encargos ou compromissos gravosos ao patrimônio nacional.

Embora não conste expressamente sobre a denúncia, não há como deixar de reconhecer que, se para alterar o tratado há necessidade de aprovação do Legislativo, por maiores razões, para denunciar, a aprovação se faz necessária.

Acerca dos direitos que foram constitucionalizados via tratados internacionais de direitos humanos, surge a seguinte questão: Podem tratados de direitos humanos ser denunciados? A resposta, de acordo com a previsão nos próprios tratados internacionais, é positiva. Se num determinado momento um Estado decidiu

---

(150) Nas lições de Maria Garcia: "Se a participação do Legislativo vem exigida na celebração do ato, se o tratado ou convenção somente ingressam no ordenamento jurídico via espécie legislativa específica, qual a razão de dispensar a sua manifestação na denúncia do tratado? Na desconstituição de um ato não devem comparecer as mesmas partes? Parece que sim e nada leva a entender o contrário na fala constitucional de celebração, com o acréscimo atual da possibilidade de 'resolver definitivamente' sobre o assunto, nas hipóteses previstas. [...] Em definitivo, portanto, a denúncia de tratado internacional deverá necessariamente passar pelo crivo do Poder Legislativo — o único efetivo detentor da soberania popular e, por consequência, legítimo representante da cidadania de cada um, manifestando-se como pessoa da ordem jurídica estatal, em nível internacional, embora 'homem em singular', ao dizer de Kelsen. Em decorrência, a reiterada atitude do Poder Executivo de dispensar a manifestação do Legislativo na denúncia de tratado representa intolerável ato unilateral atentador do princípio da separação dos Poderes naquilo que envolve a vinculação dos Poderes que unitária e não isoladamente representam o Estado, a sociedade, o cidadão, mas, sobretudo, inconciliável com a declaração constitucional do Estado Democrático de Direito" (GARCIA, Maria. Denúncia. Necessidade da participação do poder legislativo. O princípio constitucional da tripartição dos poderes. Cadernos de Direito Constitucional e Ciência Política, *Revista de Direito Constitucional e Internacional*, São Paulo: Revista dos Tribunais/Instituto Brasileiro de Direito Constitucional, ano 5, n. 21, out./dez. 1997, , p. 96-97).

(151) "Um dos exemplos mais comumente lembrados em nossos dias de Constituições da atualidade que, reconhecendo a importância dos tratados de direitos humanos, os singularizam e a eles estendem cuidado especial, é o da Constituição Espanhola de 1978, que submete a eventual denúncia de tratados sobre direitos e deveres fundamentais ao requisito da prévia autorização ou aprovação do Poder Legislativo (arts. 96 (2) e 94 (1) (c))." [...] (TRINDADE, Antônio Augusto Cançado. *Tratado de direito internacional dos direitos humanos*. Porto Alegre: Sergio Antonio Fabris, 2003. v. 2, p. 509).

livremente fazer parte de um tratado internacional, posteriormente podem surgir razões justificáveis para deixar de ser parte. Restando a questão em aberto o que se entenderia por razões justificáveis para se operar a denúncia. Diante da Constituição Argentina, há o seguinte entendimento:

> La mayoría de la Convención Constituyente acordo que solo se podrá denunciar un tratado internacional de derechos humanos en el caso en que, en el ámbito internacional, este fuera sustituido por otro que recepte más ampliamente los derechos fundamentales de las personas, en virtud de la progresividad típica de este tipo de derechos. Dicha interpretación, a nuestro juicio correcta, se basa también en el art. 53 de la Convención de Viena sobre el Derecho de los Tratados, en especial cuando dice que la norma imperativa de derecho internacional general "no admite acuerdo en contrario y que solo puede ser modificada por una norma ulterior de derecho internacional general que tenga el mismo carácter"[152].

Também deve ser assim para o caso brasileiro. A denúncia, ainda que efetivada, ao menos internamente, não afasta os direitos que foram constitucionalizados. Mesmo que se considere o Estado desobrigado internacionalmente, continuará obrigado internamente com os direitos subsistentes, já que petrificados desde a incorporação no ordenamento interno. Nas lições de Maria Garcia:

> Sendo direitos e/ou garantias vindos com o tratado ou convenção e incluídos no elenco constitucional de direitos e garantias por força do § 2º, art. 5º, devem permanecer na ordem constitucional. Nessa conformidade, mesmo denunciado o tratado, esses direitos e/ou garantias, integrados no patrimônio de seus destinatários (como integrados se encontravam os direitos e garantias expressos na Constituição no advento do tratado), encontram-se disponíveis para seu exercício pelos seus titulares. É uma decorrência incontornável do ditame constitucional. O exame da denúncia dos tratados pelo Poder Legislativo — necessário, como exposto, viria trazer a apreciação circunstancial da sua justificativa e oportunidade. Ainda aqui, no entanto, descaberia ao Congresso Nacional adentrar o mérito, para excluir qualquer direito ou garantia integrados à Constituição pelo tratado ou convenção, conforme a dicção do § 2º, art. 5º — e, portanto, patrimônio intocável, por essa forma, dos seus titulares[153].

---

(152) CAFIERO, Juan Pablo; FAUR, Marta Ruth; LLAMOSAS, Esteban Miguel; LEÓN, Juan Méndez Rodolfo Ponce de; VALLEJOS, Cristina Maria. *Jerarquía constitucional de los tratados internacionales*: fundamentos, tratados de derechos humanos, operatividad, tratados de integración, acciones positivas, derecho a la vida, derecho de réplica. Diretores Juan Carlos Veja; Marisa Adriana Graham. Buenos Aires: Depalma, 1996. p. 52.
(153) GARCIA, Maria. A Constituição e os tratados — a integração constitucional dos direitos humanos. *Revista de Direito Constitucional e Internacional*, Cadernos de Direito Constitucional e Ciência Política, São Paulo: Revista dos Tribunais, ano 9, out./dez. 2001, n. 37, p. 44.

Assim, a única alteração possível seria para melhor proteger tais direitos. Ao contrário disso, negar eficácia aos direitos decorrentes de tratado de direitos humanos incorporados no ordenamento interno, ainda que denunciado, é agir em sentido oposto ao da evolução dos direitos humanos que não devem sofrer retrocesso.

Em suma, neste capítulo se demonstrou: a distinção entre os tratados de direitos humanos e os demais tratados; o processo formal e complexo da elaboração de tais instrumentos; a incorporação com a hierarquia constitucional no ordenamento jurídico interno; a denúncia, com a participação do Poder Legislativo, como a única forma de o Estado desobrigar-se do que fora tratado, mas sem o condão de retirar do ordenamento jurídico interno os direitos incorporados, porque já petrificados. É esse o cenário necessário para tratar da posição desses tratados no controle da constitucionalidade das leis, assunto do próximo capítulo.

CAPÍTULO 4

A Posição dos Tratados Internacionais de Direitos Humanos no Controle da Constitucionalidade das Leis no Brasil

> *Acreditamos que, com o intenso envolvimento dos operadores do Direito, os instrumentos internacionais constituem poderoso mecanismo para promover o efetivo fortalecimento do sistema de proteção dos direitos humanos no Brasil. Para concluir, diria que, hoje, mais do que nunca, nós, operadores do Direito, estamos à frente de um importante desafio: reinventar e recriar nosso exercício profissional a partir de novos valores e de um novo paradigma — a prevalência dos direitos humanos.*
>
> (Flávia Piovesan)[154]

Diante do posicionamento adotado no capítulo anterior quanto à hierarquia constitucional dos tratados internacionais de direitos humanos, o intento neste capítulo é demonstrar a posição desses instrumentos no controle da constitucionalidade. Isso porque os tratados de direitos humanos, quando incorporados no ordenamento jurídico interno com hierarquia constitucional, devem ser considerados na concepção de supremacia constitucional, pressuposto para o controle da constitucionalidade.

---

(154) PIOVESAN, Flávia. Conclusões do Seminário Incorporação dos tratados internacionais de proteção dos direitos humanos no direito brasileiro. In: FIGUEIREDO, Lucia (coord.). *Revista Especial do Tribunal Regional Federal 3ª Região*, Escola de Magistrados, São Paulo: Imprensa Oficial do Estado — Imesp, 1997.

4.1. Inconstitucionalidade como ofensa à supremacia constitucional e o controle da constitucionalidade a garantir a própria Constituição: os tratados internacionais de direitos humanos sob essa perspectiva

A supremacia de certas leis vem de longa data[155]. A Magna Carta de 1215 apresentou-se como lei suprema que, confirmada por várias sucessões, chega a ser reconhecida como a primeira Constituição. Também na França, no século XIV, restou nítida a distinção entre as leis do reino e outras leis[156]. No rumo da história, surgiram outros documentos normativos de reconhecida supremacia; alguns do século XVIII foram responsáveis pelo processo de consolidação do princípio da supremacia constitucional, como a Declaração de Independência dos Estados Unidos da América de 1776 e a Declaração Francesa dos Direitos do Homem e do Cidadão de 1789.

O movimento do constitucionalismo[157] no século XVIII, objetivando limitar o poder estatal e também a liberdade dos concidadãos em face da possibilidade de o seu exercício exacerbar e ofender direitos alheios, trouxe a necessidade de que a organização político-jurídica dos Estados e a declaração de direitos fundamentais fossem veiculadas em diplomas legais hierarquicamente superiores, preferencialmente, em um único documento escrito. Como de fato ocorreu com o advento das primeiras Constituições: a norte-americana de 1789 e a francesa de 1791. Eclode, assim, o reconhecimento universal da supremacia das normas constitucionais, principalmente aquelas atinentes aos direitos fundamentais[158].

A Constituição dos Estados Unidos da América recebeu suas primeiras emendas para fazer constar em seu texto uma declaração de direitos fundamentais. Uma dessas emendas (n. IX) explicita que a interpretação daquela Constituição não deve

---

(155) No magistério de Manoel Gonçalves Ferreira Filho: "Data da Antiguidade a percepção de que, entre as leis, algumas há que organizam o próprio poder. São leis que fixam os seus órgãos, estabelecem as suas atribuições, numa palavra, definem a sua Constituição. Na célebre obra de Aristóteles, A política, está clara essa distinção entre leis constitucionais e leis outras, comuns ou ordinárias" (FERREIRA FILHO, Manoel Gonçalves. *Curso de direito constitucional*. 31. ed. São Paulo: Saraiva, 2005. p. 3).

(156) Conforme Oswaldo Aranha Bandeira de Mello: "Durante a menoridade de Luiz XIV, o parlamento de Paris afirmou, vivamente, a existência de leis fundamentais, ou leis do reino, e tornou o aresto conhecido pelo nome de Aresto de União ou Declaração da Câmara de S. Luís, o qual, realmente, é uma constituição" (*A teoria das Constituições rígidas*. São Paulo: Bushatsky, 1980. p. 38).

(157) Para Canotilho: "Constitucionalismo é a teoria (ou ideologia) que ergue o princípio do governo limitado indispensável à garantia dos direitos em dimensão estruturante da organização político-social de uma comunidade. Nesse sentido, o constitucionalismo moderno representará uma técnica específica de limitação do poder com fins garantísticos" (*Direito constitucional e teoria da Constituição*, p. 51).

(158) Para Sahid Maluf: "A importância das Constituições escritas está principalmente no capítulo que lhes é essencial: o da declaração e garantia dos direitos fundamentais do homem. [...]" (MALUF, Sahid. *Teoria geral do Estado*, p. 197). Vale ressaltar, como lembrado por Alexandre de Moraes, que: "A noção de direitos fundamentais é mais antiga que o surgimento da ideia de constitucionalismo, que tão somente consagrou a necessidade de inscupir um rol mínimo de direitos humanos em um documento escrito, derivado diretamente da soberana vontade popular" (MORAES, Alexandre de. *Direitos humanos fundamentais*: teoria geral. Comentários aos arts. 1º a 5º da Constituição da República Federativa do Brasil. Doutrina e jurisprudência. 8. ed. São Paulo: Atlas, 2007. p. 1).

anular ou restringir outros direitos conservados pelo povo, vale dizer, uma cláusula constitucional aberta a receber outros direitos.

O marco da sedimentação do princípio da supremacia constitucional está na Constituição dos Estados Unidos. Alexandre Hamilton, em "*The Federalist* n. 78, de 28 de maio de 1788", tratou da supremacia constitucional, como lembrado por Ricardo Arnaldo Malheiros Fiúza:

> A interpretação das leis é o campo de ação próprio e peculiar dos tribunais. Uma Constituição é, de fato, e assim deve ser considerada pelos juízes, como uma lei fundamental. Portanto, cabe a eles discernir seu significado bem como o significado de qualquer norma específica partida do órgão legislativo. Se chegar a acontecer uma discrepância irreconciliável entre as duas, a que tiver maior prevalência e validade deve, é claro, ser preferida. Ou, em outras palavras, a Constituição deve prevalecer sobre a lei, isto é, a intenção do povo deve prevalecer sobre a intenção dos seus agentes[159].

Na prática, o princípio da supremacia constitucional ficou demonstrado no célebre julgado do caso Marbury vs Madison, em 1803. Com isso, a supremacia da Constituição tornou-se ponto pacífico na doutrina e na jurisprudência, restando aos Estados preservá-la mediante um controle da constitucionalidade, o que foi aceito pela maioria dos Estados, embora cada qual com suas peculiaridades. Conforme Manoel Gonçalves Ferreira Filho: "A supremacia da Constituição sobre os demais atos normativos é um princípio fundamental em nosso sistema jurídico. É dele que decorre o controle de constitucionalidade das leis"[160].

O princípio da supremacia constitucional requer que as normas inferiores estejam em consonância com a ordem constitucional, que não se restringe aos comandos expressos no texto constitucional. Veja que, nos EUA, já em 1803, para a decisão do caso supramencionado, o juiz Marshall não se restringiu ao texto propriamente dito[161] e, assim, defendeu a supremacia daquela Constituição.

---

(159) O texto original citado pelo autor: "The interpretation of the laws is the proper and peculiar province of the judges as a fundamental Law. It therefore belongs to them to ascertain its meaning as well as the meaning of any particular act proceeding from the legislative body. If there two, that which has the superior obligation and validity ought of course to be preferred; or in other words, the constitution ought to be preferred to the statute, the intention of the people to the intention of their agents" (FIÚZA, Ricardo Arnaldo Malheiros. *Direito constitucional comparado*. 4. ed. Belo Horizonte: Del Rey, 2004. p. 286).

(160) FERREIRA FILHO, Manoel Gonçalves. *Do processo legislativo*, p. 200.

(161) "El caso Marbury vs. Madison se reconoció la competencia de los jueces para examinar la constitucionalidad de las leyes federales — competencia no explícitamente reconocida por la Constitución. El juez Marshall recurre en dicha sentencia a determinados principios racionales derivados de la propia naturaleza del régimen constitucional utilizán dolos como criterios de decisión. Es necesario tener en cuenta que Marshall confirma las conclusiones extraídas de dichos principios con argumentos basados en el texto constitucional. Pero lo importante es subrayar que Marshall reconoce la posibilidad de recurrir a criterios de decisión no explícitamente formulados en el texto, sino descubriles por medio de la razón. Lo cual aparece como una concepción de la interpretación congruente con una interpretación de tipo político-racional de la Constitución" (ARAUJO, José Antonio Estévez. *La Constitución como proceso y la desobediencia civil*. Colección Estructuras y Procesos, Serie Derecho, Madrid: Trotta, 1994. p. 49).

O que ofende a Constituição é a inconstitucionalidade. Defender a supremacia constitucional é, portanto, garantir a própria Constituição. A inconstitucionalidade nesse sentido é vista sob a perspectiva da garantia, como entende Jorge Miranda[162].

Para a inconstitucionalidade, que coloca em risco a própria Constituição, há uma concepção ampla e uma concepção restrita. Em sentido amplo, designa a contrariedade de qualquer ação ou omissão, inclusive aqueles advindos de particulares, com os comandos constitucionais. Já num sentido restrito, excluem-se as ações e omissões dos particulares para designar apenas aqueles atos advindos do poder público que contrariem as normas constitucionais. Da acepção restrita é possível estreitar ainda mais para designar apenas a contrariedade de leis com a Lei Maior. Conforme Elival da Silva Ramos:

> A inconstitucionalidade dos atos legislativos, entretanto, deve sempre merecer tratamento específico, posto que apresenta regime jurídico próprio, tanto no que concerne ao vício e à sanção de inconstitucionalidade quanto no que toca aos instrumentos estabelecidos para o seu controle, devendo ser apartada de "certas modalidades de contradição"[163].

A opção para este estudo é por essa acepção mais restrita de inconstitucionalidade, sem prejuízo de, ainda que indiretamente, tratar da inconstitucionalidade por omissão[164]. Inclui-se, portanto, na acepção restrita de inconstitucionalidade, a contrariedade resultante da ausência de lei[165] quando necessária para concretização de direitos fundamentais.

---

[162] "Na perspectiva da garantia, para lá da descrição da inconstitucionalidade como invalidade, procura-se a garantia da Constituição na relação concreta, procura-se a eficácia da norma constitucional. [...] Como uma norma jurídica válida deve ser garantida e a sanção é reclamada pela imperatividade, a inconstitucionalidade na perspectiva da garantia e figurando-se como invalidade testemunha a própria validade das normas garantidas. A garantia da Constituição revela-nos o Direito constitucional: vamos ver que justamente o actual estágio do Direito Constitucional leva consigo uma fase de busca de garantia da Constituição, em confronto com uma fase anterior em que se descobre na própria Constituição a garantia. [...]" (MIRANDA, J. *Contributo para uma teoria da inconstitucionalidade.* Coimbra: Coimbra, 1996. p. 14-16).

[163] RAMOS, Elival da Silva. *A inconstitucionalidade das leis:* vício e sanção. São Paulo: Saraiva, 1994. p. 61.

[164] "Quando se fala em violação dos direitos fundamentais pelo legislador pensa-se em atos positivos de legiferação, não se colocando o problema da lesão através de comportamento omissivo. Mas, como grande parte das 'ações constitucionais' e dos movimentos sociais demonstram, o problema da violação de direitos prende-se também com a 'falta de prestações' e com a inércia normativa dos órgãos de direção política. Quer dizer: a problemática dos direitos fundamentais não se sintetiza hoje na fórmula: 'a lei apenas no âmbito dos direitos fundamentais', exige um complemento; 'a lei como exigência de realização concreta dos direitos fundamentais'" (CANOTILHO, José Joaquim Gomes. *Constituição dirigente e vinculação do legislador* — contributo para a compreensão das normas constitucionais programáticas. Coimbra: Coimbra, 1994. p. 363-364).

[165] Sobre omissão inconstitucional, Flávia Piovesan, ao delimitar o seu objeto de estudo na obra intitulada *Proteção judicial contra omissões legislativas:* ação direta de inconstitucionalidade por omissão e mandado de injunção, assevera: "Este tema alcança relevância peculiar em face do perfil do texto constitucional de 1988, que apresenta um universo extremamente amplo de normas de eficácia limitada e de aplicabilidade mediata ou indireta que dependem, necessariamente, de providências normativas ulteriores para a produção dos efeitos colimados pelo legislador constituinte" (São Paulo: Revista dos Tribunais, 1995. p. 15).

Repelir a inconstitucionalidade é um dos desafios no atual estágio do constitucionalismo. Atual estágio porque em constante movimentação. Não por outra razão a utilização de termos como "neoconstitucionalismo" e "direito constitucional contemporâneo"[166]. José Roberto Dromi refere-se ao "constitucionalismo del 'por-venir'", o qual "debe compenetrarse, estar influído hasta identificarse con la verdad, la solidaridad, el consenso, la continuidad, la participación, la integración y la universalización"[167]. Quanto ao "constitucionalismo universalista", o autor assim se manifesta:

> En razón de los requerimientos de la adaptación de las Constituciones, en vísperas del siglo XXI, y desafiados por una nueva axiologia política, que há puesto el acento en la seguridad, en la solidaridad, en la eticidad, en la realización plena del hombre, las Constituciones deben ser auténticamente universalistas. Universalistas en la concepción, en la protección, en la tutela del ambiente, de los derechos humanos, en la protección de los derechos de la dignidad de la vida, y también en el castigo a toda forma de discriminación, que haga de los hombres un modelo deshumanización. [...] De alguna forma, constituyen estas pautas las notas que caracterizan la concepción universalista de las Constituciones del tiempo por venir. No pueden ser Constituciones para comunidades locales, cerradas, Constituciones para algunos, sino para todos los habitantes del mundo que quieran habitar cualquier suelo, bajo cualquier signo patrio[168].

Sugestões são apresentadas por Canotilho, para um constitucionalismo global, com os seguintes princípios ou regras, ou, ainda, na visão do autor, "de forma sintética", os seguintes "traços caracterizadores deste novo paradigma emergente":

> (1) alicerçamento do sistema jurídico-político internacional não apenas no clássico paradigma das relações horizontais entre Estados (paradigma hobbesiano/westfalliano, na tradição ocidental), mas no novo paradigma centrado nas relações entre Estado/povo (as populações dos próprios Estados); (2) emergência de um *jus cogens* internacional materialmente informado por valores, princípios e regras universais progressivamente plasmados em declarações e documentos internacionais; (3) tendencial elevação da dignidade humana a pressuposto inelimínável de todos os constitucionalismos[169].

---

(166) Uadi Lammêgo Bulos, ao tratar da evolução do constitucionalismo, ressalta que: "Quando falamos em constitucionalismo, deparamo-nos com uma plêiade de fenômenos políticos cujo desenvolvimento pode ser estudado em seis etapas bem delimitadas: 1ª etapa — constitucionalismo primitivo; 2ª etapa — constitucionalismo antigo; 3ª etapa — constitucionalismo medieval; 4ª etapa — constitucionalismo moderno; 5ª etapa — constitucionalismo contemporâneo; e 6ª etapa — constitucionalismo do porvir" (*Curso de direito constitucional*, p. 12).
(167) DROMI, José Roberto. La reforma constitucional: el constitucionalismo del "por-venir". La reforma de la Constitución. In: ENTERRIA, Eduardo Garcia; AREVALO, Manuel Clavero (dirs.). *El derecho publico de finales de siglo*: una perspectiva iberoamericana. Madrid: Civitas, 1997. p. 114.
(168) *Op. cit.*, p. 115-116.
(169) CANOTILHO, José Joaquim Gomes. *Direito constitucional e teoria da Constituição*, p. 1.318.

Luiz Flávio Gomes e Rodolfo Luis Vigo são autores da obra intitulada *Do Estado de Direito constitucional e transnacional:* riscos e precauções (navegando pelas ondas evolutivas do Estado, do direito e da Justiça), na qual expõem que:

> Uma coisa é o Estado de Direito constitucional regido pela Constituição de cada país, modelo de Estado de Direito esse que é criado e aplicado pelos legisladores e juízes respectivos. Outra bem distinta consiste em enfocar esse mesmo Estado de Direito sob a ótica internacional (ou regional, ou comunitária ou, em síntese, transnacional). Não são dois modelos excludentes, ao contrário, são complementares. No caso brasileiro, aliás, complementares e sucessivos (porque somente agora, no princípio do século XXI, é que se começa a prestar atenção no aspecto internacional do Estado de Direito constitucional)[170].

Na seara dos direitos fundamentais, diante desse "Estado de Direito Constitucional e Transnacional", um dos meios aptos a garantir a Constituição é considerar a internacionalização dos direitos humanos[171]. Reconhecer o inter-relacionamento do Direito Constitucional com o Direito Internacional dos Direitos Humanos implica uma nova concepção de supremacia constitucional que, atualmente, não está apenas nas disposições do texto constitucional, mas abarca também as disposições constantes dos tratados internacionais de direitos humanos incorporados no ordenamento jurídico interno[172].

Portanto, a ofensa aos comandos internacionais de direitos humanos, tal como a ofensa às disposições do texto constitucional, gera o fenômeno da inconstitucionalidade[173]. Evidenciar o impacto que tais instrumentos internacionais causam

---

(170) GOMES, Luiz Flávio; VIGO, Rodolfo Luis. Do Estado de direito constitucional e transnacional: riscos e precauções (navegando pelas ondas evolutivas do Estado, do direito e da justiça). Trad. Yellbin Morote García. In: GOMES, Luiz Flávio; BIANCHINI, Alice (dirs.). *Coleção de direito e ciências afins*. São Paulo: Premier Máxima, 2008. v. III, p. 45-46.

(171) "El Estado constitucional se identifico con la aceptación de los derechos fundamentales clásicos por los destinatarios y los detentadores del poder. La victoria al nivel mundial culmino en la Declaración Universal de los Derechos del Hombre por las Naciones Unidas (1948)." (LOEWENSTEIN, Karl. *Teoría de la Constitución*. Trad. Alfredo Gallego Anabitarte. Barcelona: Ariel, 1986. p. 395). Marcelo Figueiredo assevera que, após a Segunda Guerra Mundial, o direito constitucional incorporou ou absorveu algumas características ou processos, e menciona, entre outros, o seguinte: "A difusão internacional da ideologia dos direitos do homem através da Declaração Universal dos Direitos do Homem de 1948 e da Convenção Europeia dos Direitos do Homem de 1950, que coloca em primeiro plano o indivíduo em face do Estado e modifica profundamente as perspectivas de organização do poder" (O controle de constitucionalidade: algumas notas e preocupações. In: TAVARES, André Ramos; ROTHENBURG, Walter Claudius (orgs.). *Aspectos atuais do controle de constitucionalidade no Brasil*. Rio de Janeiro: Forense, 2003. p. 176).

(172) "A internacionalização dos direitos humanos vai ocasionar o que Ganshof Van der Mersch descreve: 'o direito internacional se apoderou de uma parte do direito constitucional que cessou de ser monopólio do direito interno. O sentimento de solidariedade humana determinou instituições internacionais a promoverem um regime uniforme de garantia dos direitos fundamentais'" (MELLO, Celso D. de Albuquerque. *Curso de direito internacional público*, p. 870).

(173) Para Jorge Miranda: "Inconstitucionalidade envolve um juízo de valor a partir de critérios constitucionais, sejam estes quais forem. Se os critérios constitucionais englobarem — como é desejável que englobem —

no ordenamento jurídico interno é buscar maior segurança para esse entendimento, como se passa a expor.

4.2. Impacto dos tratados internacionais de direitos humanos no ordenamento jurídico interno com primazia da norma mais favorável para o caso de conflito de normas

Os tratados internacionais de direitos humanos reforçam, complementam ou ampliam o rol dos direitos constitucionalmente reconhecidos, bem por isso, quando observados, também garantem a Constituição. Flávia Piovesan, ao tratar do impacto causado pelos tratados internacionais no ordenamento jurídico interno, nos traz três hipóteses:

> O direito enunciado no tratado internacional poderá: a) coincidir com o direito assegurado pela Constituição (neste caso a Constituição reproduz preceitos dos Direitos Internacionais dos Direitos Humanos); b) integrar, complementar e ampliar o universo de direitos constitucionalmente previstos; ou c) contrariar preceitos de direito interno[174].

Quando um direito é previsto na Constituição e também num tratado internacional, trata-se de um significativo reforço, não de mera reprodução. Isso porque o direito decorrente do tratado é internacionalmente reconhecido e protegido mediante meios próprios do sistema internacional. É lembrar que o titular de um direito previsto tanto na Constituição quanto num tratado internacional tem a sua disposição, além das garantias constitucionalmente previstas, outras oriundas do sistema internacional, que conta, inclusive, com uma operante jurisdição internacional, embora subsidiária.

Há muitos direitos previstos constitucionalmente e também em tratados internacionais[175]. Tais reproduções reforçam o entendimento segundo o qual os

---

valores de justiça, liberdade, solidariedade, dignidade da pessoa humana, também a inconstitucionalidade terá de ser aferida à face desses valores" (*Teoria do Estado e da Constituição*, p. 479). Cita-se ainda Ingo Wolfgang Sarlet ao tratar dos "contornos de um conceito material de direitos fundamentais na Constituição": "... o conceito materialmente aberto de direitos fundamentais consagrado pelo art. 5º, § 2º, da nossa Constituição é de uma amplitude ímpar, encerrando expressamente, ao mesmo tempo, a possibilidade de identificação e construção jurisprudencial de direitos materialmente fundamentais não escritos (no sentido de não expressamente positivados), bem como de direitos fundamentais constantes em outras partes do texto constitucional e nos tratados internacionais. Tal constatação é, por outro lado, de suma relevância para viabilizar a delimitação de certos critérios que possam servir de parâmetro na atividade 'reveladora' destes direitos" (*A eficácia dos direitos fundamentais*. 7. ed. Porto Alegre: Livraria do Advogado, 2007. p. 101).
(174) PIOVESAN, Flávia. *Direitos humanos e o direito constitucional internacional*, p. 91-92.
(175) Vejam os exemplos apontados por Flávia Piovesan: "O disposto no art. 5º, III, da Constituição, que, ao prever que 'ninguém será submetido a tortura nem a tratamento cruel, desumano ou degradante', é reprodução literal do art. V da Declaração Universal de 1948, do art. 7º do Pacto Internacional dos Direitos Civis e Políticos e ainda do art. 5º (2) da Convenção Americana. [...] Por sua vez, o princípio da inocência presumida, ineditamente previsto pela Constituição de 1988 em seu art. 5º, LVII, também é resultado de inspiração no

direitos previstos nos tratados de direitos humanos são materialmente constitucionais. Entendimento esse que se estende ao segundo impacto: "integrar, complementar e ampliar o universo de direitos constitucionalmente previstos". Assim, além das reproduções, há direitos internacionais que complementam, e, ainda, que ampliam o rol dos direitos constitucionais[176].

No que tange à complementação, é o caso, a título de ilustração, dos direitos previstos na Convenção n. 158 da OIT. Tais direitos complementam os direitos constitucionais, especificamente quanto ao disposto no art. 7º, I. Tal afirmação não significa equiparar a Convenção à lei complementar, pois é superior a esta, conforme entendimento no próprio Supremo Tribunal Federal ao tratar da condição hierárquica dos tratados de direitos humanos. Bem por isso, não deve prevalecer o entendimento contrário à Convenção sob o argumento de que não se trata de lei complementar como reclamada pela Constituição. Contudo, em 1996, o Presidente da República denunciou a mencionada Convenção, restando, então, reconhecer a subsistência dos direitos ali previstos, como já se expôs.

Outro caso de complementação é o da proteção à vida desde a concepção, como dispõe a Convenção Americana sobre Direitos Humanos, de 1969 (Pacto de San José da Costa Rica) em seu art. 4º[177]. Redação esta não encontrada na Constituição, embora as propostas existentes para tanto.

Há também o Protocolo à mencionada Convenção sobre Abolição da Pena de Morte, de 1990, ratificado pelo Brasil com reserva para aplicar a pena de morte

---

Direito Internacional dos Direitos Humanos, nos termos do art. XI da Declaração Universal, do art. 14 (3) do Pacto Internacional dos Direitos Civis e Políticos e do art. 8º (2) da Convenção Americana. Cabe ainda menção ao inciso LXXVIII do art. 5º da Constituição de 1988, introduzido pela Emenda Constitucional n. 45, de dezembro de 2004, que, ao assegurar a todos, no âmbito judicial e administrativo, o direito à razoável duração do processo, é reflexo do art. 7º (5) da Convenção Americana de Direitos Humanos" (*Direitos humanos e o direito constitucional internacional*, p. 92).

(176) "A partir dos instrumentos internacionais ratificados pelo Estado brasileiro, é possível elencar inúmeros direitos que, embora não previstos no âmbito nacional, se encontram enunciados nesses tratados e, assim, passam a incorporar-se ao direito brasileiro A título de ilustração, cabe mencionar os seguintes direitos: a) direito de toda pessoa a um nível de vida adequado para si próprio e sua família, inclusive à alimentação, vestimenta e moradia, nos termos do art. 11 do Pacto Internacional dos Direitos Econômicos, Sociais e Culturais; [...] c) direito das minorias étnicas, religiosas ou linguísticas a ter sua própria vida cultural, professar e praticar sua própria religião e usar sua própria língua, nos termos do art. 27 do Pacto Internacional dos Direitos Civis e Políticos e do art. 30 da Convenção sobre os Direitos da Criança; d) direito de não ser submetido a experiências médicas ou científicas sem consentimento do próprio indivíduo, de acordo com o art. 7º, 2ª parte, do Pacto dos Direitos Civis e Políticos; [...] h) possibilidade de adoção pelos Estados de medidas temporárias e especiais que objetivem acelerar a igualdade de fato entre homens e mulheres, nos termos do art. 4º da Convenção sobre a Eliminação de todas as formas de Discriminação contra as Mulheres; [...] j) direito ao duplo grau de jurisdição como garantia mínima, nos termos dos arts. 8º, h, e 25 (1) da Convenção Americana; [...] m) proibição da extradição ou expulsão de pessoa a outro Estado quando houver fundadas razões de que poderá ser submetida a tortura ou a outro tratamento cruel, desumano ou degradante, nos termos do art. 3º da Convenção contra a Tortura e do art. 22, VIII, da Convenção Americana" (PIOVESAN, Flávia. *Direitos humanos e o direito constitucional internacional*, p. 93-4).

(177) Art. 4º "Direito à vida. 1. Toda pessoa tem o direito de que se respeite sua vida. Esse direito deve ser protegido pela lei e, em geral, desde o momento da concepção. Ninguém pode ser privado da vida arbitrariamente."

de acordo com o que dispõe o art. 2º do Protocolo. Referido dispositivo possibilita tal pena, desde que de acordo com o Direito Internacional, por delitos sumamente graves de caráter militar. Portanto, foi além do que dispõe a Constituição (art. 5º, XLVII, *a*[178]), complementando-a.

No que tange ao terceiro impacto — contrariar preceitos de direito interno[179] —, vale mencionar dois casos: 1) prisão civil do depositário infiel, permitida pela Constituição (art. 5º, LXVII[180]) e proibida pelo Pacto sobre Direitos Civis e Políticos (art. 11[181]) e, ainda, pela Convenção Americana sobre Direitos Humanos (art. 7º.7[182]); 2) prisão perpétua, proibida pela Constituição (art. 5º, XLVII, *b*[183]) e possibilitada pelo Estatuto de Roma (art. 77, I, *b*[184]).

No campo dos direitos humanos, não há duelo entre norma interna e norma internacional, como se percebe com as correntes monista e dualista. Tais correntes sugiram em momento histórico em que não se considerava o Direito Internacional dos Direitos Humanos, ao menos não com a ênfase de hoje.

Considerando a hierarquia constitucional dos tratados de direitos humanos, é possível valer-se dos princípios de interpretação da Constituição par resolver o impasse (ou aparente impasse), assim como se revolve os casos de aparentes contradições entre normas constitucionais. Um desses princípios é o da unidade constitucional[185].

Nada obstante, deve-se aplicar, sobretudo, o princípio da primazia da norma mais favorável[186], claramente previsto no art. 23 da Constituição da Venezuela. Na

---

(178) Art. 5º [...] XLVII — "não haverá penas: a) de morte, salvo em caso de guerra declarada, nos termos do art. 84, XIX".

(179) Valério de Oliveira Mazzuoli aponta textos constitucionais de alguns Estados, a exemplo da Holanda e da Áustria, primando pelo direito decorrente do tratado no caso de conflito, desde que observadas algumas exigências. (*Op. cit.*, p. 131-136). Os exemplos citados vêm ao encontro do disposto no art. 11 da Convenção de Havana sobre tratados, de 1929, no sentido de que os tratados continuam a produzir efeitos ainda quando modificam as Constituições.

(180) Art. 5º [...] LXVII — "não haverá prisão civil por dívida, salvo a do responsável pelo inadimplemento voluntário e inescusável de obrigação alimentícia e a do depositário infiel".

(181) Art. 11 "Ninguém poderá ser preso apenas por não poder cumprir com uma obrigação contratual".

(182) Art. 7º [...] 7. "Ninguém deve ser detido por dívidas. Este princípio não limita os mandados de autoridade judiciária competente expedidos em virtude de inadimplemento de obrigação alimentar".

(183) Art. 5º [...] XLVII — "não haverá penas: [...] b) de caráter perpétuo".

(184) Art. 77. "Penas aplicáveis. 1. Sem prejuízo do disposto no art. 110, o Tribunal pode impor à pessoa condenada por um dos crimes previstos no art. 5º do presente Estatuto uma das seguintes penas: [..] b) Pena de prisão perpétua, se o elevado grau de ilicitude do fato e as condições pessoais do condenado o justificarem".

(185) Para Canotilho: ... com ele se quer significar que a constituição deve ser interpretada de forma a evitar contradições (antinomias, antagonismos) entre as suas normas. Como "ponto de orientação", "guia de discussão" e "fator hermenêutico de decisão", o princípio da unidade obriga o intérprete a considerar a constituição na sua globalidade e a procurar harmonizar os espaços de tensão existentes entre as normas constitucionais a concretizar [...] (*Direito constitucional e teoria da Constituição*. 4. ed. Coimbra: Almedina, 2000. p. 1.186-1.187).

(186) Para Antônio Cançado Trindade: "No presente domínio de proteção, o direito internacional e o direito interno, longe de operarem de modo estanque ou compartimentalizado, se mostram em constante interação, de modo a assegurar a proteção eficaz do ser humano. Como decorre de disposições expressas dos próprios tratados de direitos humanos, e da abertura do direito constitucional contemporâneo aos direitos internacionalmente

Argentina, diante do disposto na Constituição daquele Estado acerca dos tratados de direitos humanos, Juan Pablo Cafiero assim se manifesta:

> Supremacía constitucional o *pro hominis*. Desde la perspectiva del derecho internacional de los derechos humanos, y tal como expresa el dictamen de la mayoría de la Comisión de Integración y Tratados Internacionales, tratándose de derechos fundamentales debe aplicarse al caso concreto la norma más favorable al ser humano, es dicer, la aplicación del principio *pro hominis*. [...] Con la reforma constitucional de 1994, los tratados internacionales de derechos humanos enumerados en el inc. 22 del art. 75, tienen jerarquía constitucional y, por tanto, rango superior al resto de los tratados [...] Las normas sobre derechos humanos contenidas en estos tratados y en la propia Constitución tienen la misma jerarquía; por tanto, deberá aplicarse el principio *pro hominis* y el principio por el cual las normas con jerarquía constitucional no se contradicen ni neutralian entre sí[187].

Nas palavras de Carlos Fernández Sessarego é buscar por uma *tutela integral y unitária de la persona*[188]. Assim deve ser no Brasil, mesmo porque, o princípio da primazia da norma mais favorável está positivado no ordenamento jurídico pátrio, como se deduz do princípio fundamental da prevalência dos direitos humanos a reger as relações internacionais (art. 4º, inc. II), acrescido do comando do § 2º do art. 5º, que não exclui outros direitos decorrentes de tratados internacionais de que o Brasil seja parte. Para Pedro Dallari:

> A prevalência dos direitos humanos enquanto princípio norteador das relações exteriores do Brasil e fundamento colimado pelo País para a regência da ordem internacional não implica tão somente o engajamento no processo de edificação de sistemas de normas vinculadas ao Direito Internacional Público. Impõe-se buscar a plena integração das regras de tais sistemas à ordem jurídica interna de cada Estado, o que ressalta a importância do já mencionado § 2º do art. 5º da Constituição brasileira de 1988, que dá plena vigência aos direitos e garantias decorrentes "dos

---

consagrados, não mais cabe insistir na primazia das normas do direito internacional ou do direito interno, como na doutrina clássica, porquanto o primado é sempre da norma — de origem internacional ou interna — que melhor proteja os direitos humanos; o Direito Internacional dos Direitos Humanos efetivamente consagra o critério da primazia da norma mais favorável às vítimas" (*Tratado de direito internacional dos direitos humanos*, p. 41-42).

(187) CAFIERO, Juan Pablo; FAUR, Marta Ruth; LLAMOSAS, Esteban Miguel; LEÓN, Juan Méndez Rodolfo Ponce de; VALLEJOS, Cristina Maria. *Jerarquía constitucional de los tratados internacionales:* fundamentos, tratados de derechos humanos, operatividad, tratados de integración, acciones positivas, derecho a la vida, derecho de réplica. Diretores Juan Carlos Veja; Marisa Adriana Graham. Buenos Aires: Depalma, 1996. p. 40-41.

(188) SESSAREGO, Carlos Fernández. Protección a la persona humana. In: Autoria coletiva. *Daño y protección a la persona humana*. Buenos Aires: La Rocca, 1993. p. 38.

tratados internacionais em que a República Federativa do Brasil seja parte"[189].

Na normativa internacional muitos tratados internacionais trazem o comando da primazia da norma mais favorável, como os apontados por Antônio Augusto Cançado Trindade[190]. Assim, a não aplicação do princípio da primazia da norma mais favorável contraria preceitos internacionais e constitucionais, ofende a proibição do retrocesso em matéria de direitos humanos e, assim, ofende também o princípio da segurança jurídica em âmbitos interno e internacional.

Diante disso, vale trazer um posicionamento para o caso considerado o mais problemático de conflito, o da prisão perpétua prevista no Estatuto de Roma. Opta-se pela sua não imposição, já que há norma mais benéfica prevista internamente e fortalecida com a teoria das finalidades da pena, como assevera Dimitri Dimoulis nos seguintes termos:

> De nossa parte, consideramos que a opção de responder à violência sistematicamente exercida contra os direitos humanos com a violência inerente às sanções penais é totalmente equivocada. Isso tem se tornado consciência comum da maioria dos estudiosos do direito penal que questionam os discursos repressivos e mostram-se preocupados com as consequencias socialmente perversas da lógica punitiva. A sanção penal, além de prejudicar as camadas sociais desfavorecidas, alimenta o círculo vicioso da violência social, tornando-se um instrumento de dominação que não pode nem deseja tutelar efetivamente os bens jurídicos da maioria da população. Dessas constatações de falência do modelo penal decorrem os apelos de superação da lógica da punição e retribuição que se multiplicam no Brasil nos últimos anos. Foi observado que a maioria dos partidários da justiça penal internacional não realiza uma reflexão teórica sobre as finalidades da pena[191].

Há uma peculiaridade na resolução desse caso de conflito. É que defender a primazia da norma mais benéfica pode encontrar óbice no sentido de que o destinatário da norma mais benéfica é a vítima e não o agressor, no caso, o condenado pelo Tribunal Penal Internacional. Sob essa perspectiva e considerando que o Estatuto

---

(189) DALLARI, Pedro. *Constituição e relações exteriores*. São Paulo: Saraiva, 1994. p. 162. Tercio Sampaio Ferraz Jr. leciona no seguinte sentido: "Há, porém, normas internacionais que têm por objeto a conduta do ser humano diretamente e que tornam os cidadãos de um Estado verdadeiros sujeitos de direito internacional, inclusive lhes concedendo o acesso direto aos tribunais internacionais. Isso, obviamente, repercute na hierarquia das fontes legais, pois podem essas fontes, eventualmente, contrariar ditames constitucionais de um Estado e, não obstante, sobre eles prevalecer. [...]" (FERRAZ JR., Tercio Sampaio. *Introdução ao estudo do direito:* técnica, decisão, dominação. 4. ed. São Paulo: Atlas, 2003. p. 240).
(190) *Tratado de direito internacional dos direitos humanos*, p. 543-544.
(191) DIMOULIS, Dimitri. O art. 5º, § 4º, da CF: dois retrocessos políticos e um fracasso normativo. In: TAVARES, André Ramos; LENZA, Pedro; ALARCÓN, Pietro de Jesús Lora (coords.). *Reforma do judiciário analisada e comentada*. São Paulo: Método, 2005. p. 111.

de Roma trata de crimes com maior gravidade que afetam a comunidade internacional, possível encontrar defesa para a imposição da prisão perpétua.

Perante esse entendimento, Dimitri Dimoulis se opõe à utilização do critério quantitativo no lugar do critério qualitativo como deve ser. O autor, referindo também ao entendimento no sentido da improbabilidade real da efetivação da prisão perpétua, traz o seguinte:

> A possibilidade real de que ocorra extradição e condenação à prisão perpétua pelo TPI de um brasileiro é altamente improvável do ponto de vista estatístico e pode ser considerada por muitos moralmente aceitável, se essa pessoa tiver cometido crimes contra a humanidade. Ora, em matéria de direitos fundamentais, não devemos assumir uma perspectiva quantitativa e sim qualitativa. O caso estatístico e moralmente desprezível não perde sua importância na perspectiva de tutela de todas as minorias contra o poder estatal. O direito fundamental de uma pessoa não vale menos que o direito de um milhão de pessoas e o Estado nunca deveria violar direitos fundamentais sob o pretexto de proteger a maioria. Caso contrário, deveríamos também admitir a tortura e a pena de morte para "proteger a sociedade"![192].

Portanto, as finalidades da pena e a referida perspectiva qualitativa dos direitos fundamentais justificam a prevalência do direito fundamental interno de não imposição da prisão perpétua. É, no mais, seguir as lições de Cesare Beccaria[193].

Com isso, percebe-se que a ordem jurídica apresenta solução para os casos de eventuais conflitos, demonstrando que as normas internacionais de direitos humanos se harmonizam no ordenamento jurídico interno, reforçando e ampliando os direitos constitucionalmente reconhecidos. Por consequência, as normas oriundas dos tratados internacionais de direitos humanos não podem ser desprezadas na interpretação da Constituição, como se passa a expor.

4.3. Tratados internacionais de direitos humanos e interpretação dos direitos fundamentais em âmbito interno

Interpretar as normas constitucionais difere de interpretar outras normas jurídicas. É esse, por exemplo, o entendimento dos seguintes autores: Carlos Maximiliano[194], Themístocles Brandão Cavalcanti[195], Paulo Bonavides[196], José

---

[192] *Op. cit.*, p. 117.
[193] BECCARIA, Cesare. *Dos delitos e das penas.* Trad. Torrieri Guimarães. São Paulo: Hemus, s.d.
[194] MAXIMILIANO, Carlos. *Hermenêutica e aplicação do direito.* 19. ed. Rio de Janeiro: Forense, 2003. p. 248.
[195] CAVALCANTI, Themístocles Brandão. *Do controle da constitucionalidade.* Rio de Janeiro: Forense, 1966. p. 37.
[196] BONAVIDES, Paulo. *Curso de direito constitucional.* 13. ed. São Paulo: Malheiros, 2003. p. 458.

Horácio Meirelles Teixeira[197], Luís Roberto Barroso[198] e Celso Bastos[199]. Este último autor aponta as seguintes peculiaridades das normas constitucionais justificantes de uma Hermenêutica Constitucional: posicionamento singular; inicialidade fundante; caráter aberto e sua atualização; linguagem; opções políticas na Constituição.

A Hermenêutica Constitucional, por considerar as particularidades das normas constitucionais, propicia um caminho mais seguro para uma adequada interpretação a fim de buscar o real significado e o alcance da norma constitucional, principalmente diante das novas necessidades que comprovam a insuficiência de alguns métodos na interpretação jurídica.

Por outro viés, é evidenciar, como fez Glauco Barreira Magalhães Filho[200], a nova valoração do Direito Constitucional no evoluir da história, primordialmente no que tange aos direitos fundamentais. Isso porque, enquanto no Positivismo houve o fortalecimento do Estado Liberal, a sedimentação do Estado de Direito — do Estado Legalista, com a elaboração dos códigos como forma de positivação do Direito —, no pós-positivismo evoluiu-se para novo Estado de Direito, o Estado Constitucional. No Estado de Direito do Liberalismo, imperou o princípio da legalidade, e os princípios de direitos fundamentais eram concebidos como "meras declarações"; já no atual Estado de Direito, impera o princípio da constitucionalidade com a normatividade dos princípios e os direitos fundamentais como limitadores não apenas da atividade administrativa, mas também da atividade legiferante. Nesse Estado, para a interpretação, o método lógico-formal de aplicação do Direito (mera subsunção de fatos à norma) já não corresponde às necessidades. Assim, novos métodos de interpretação da Constituição são necessários, embora, como assevera Willis Santiago Guerra Filho[201], os métodos clássicos de interpretação não devam ser desprezados.

---

(197) TEIXEIRA, José Horácio Meirelles. *Curso de direito constitucional*. Organizado por Maria Garcia. Rio de Janeiro: Forense Universitária, 1991. p. 265.
(198) BARROSO, Luís Roberto. *Interpretação e aplicação da Constituição*. 5. ed. São Paulo: Saraiva, 2003. p. 151.
(199) BASTOS, Celso. *Hermenêutica e interpretação constitucional*. 3. ed. São Paulo: Celso Bastos, 2002. p. 105.
(200) MAGALHÃES FILHO, Glauco Barreira. *Hermenêutica e unidade axiológica da Constituição*. 3. ed. Belo Horizonte: Mandamentos, 2004. p. 57-59. Ainda segundo o autor: "Os cânones tradicionais de hermenêutica foram concebidos para a interpretação de normas com estrutura de regras e, principalmente, para as normas de Direito Privado. Como, no entanto, o Direito tem recebido uma elevada ênfase social e a atenção dos juristas tem recaído, de modo especial, sobre a Constituição, cujas normas são estruturadas sob a forma de princípios, tornou-se necessário uma nova metodologia. As normas jurídicas podem ter estruturas de regras ou de princípios. Em geral, as normas infraconstitucionais têm estrutura de regras e as normas constitucionais têm estrutura de princípios" (*Op. cit.*, p. 61).
(201) "A intelecção do texto constitucional também se dá, em primeiro momento, recorrendo aos tradicionais métodos filológico, sistemático, teleológico etc. Apenas haverá de ir além, empregar outros recursos argumentativos, quando com o emprego do instrumental clássico da hermenêutica jurídica não se obtenha como resultado da operação exegética uma 'interpretação conforme à Constituição' [...]" (GUERRA FILHO, Willis Santiago. *Processo constitucional e direitos fundamentais*. São Paulo: RCS, 2005. p. 73-74).

Quanto ao objetivo da interpretação da Constituição, além da aplicação da norma constitucional ao caso concreto, outro objetivo deve ser evidenciado. É o delimitar o sentido e o alcance da norma constitucional que servirá de parâmetro para o controle da constitucionalidade. Nesse sentido, Celso Bastos elucida a distinção entre interpretação da Constituição e interpretação constitucional[202]. Para Luís Roberto Barroso, é a distinção entre interpretação direta e interpretação indireta[203]. Essa interpretação constitucional (ou indireta) tem precedência na famosa decisão do juiz Marshall de 1803, quando deixou assente que o juiz, antes de aplicar a lei aos casos concretos, deve verificar se ela está em conformidade com a Constituição.

No que tange aos intérpretes constitucionais, não são apenas os conhecidos intérpretes oficiais, ou seja, aqueles no exercício das funções do Estado. Conforme Peter Häberle, há mesmo pluralidade de intérpretes constitucionais:

> No processo de interpretação constitucional estão potencialmente vinculados todos os órgãos estatais, todas as potências públicas, todos os cidadãos e grupos, não sendo possível estabelecer-se um elemento cerrado ou fixado com *numerus clausus* de intérpretes da Constituição. [...] O conceito de interpretação reclama um esclarecimento que pode ser assim formulado: quem vive a norma acaba por interpretá-la ou pelo menos por cointerpretá-la[204].

Diante de tais considerações, é preciso reconhecer mais uma particularidade da Constituição a ser considerada pelo intérprete: a interação entre o sistema interno e o sistema internacional de proteção dos direitos humanos, este último integrado por tratados internacionais de direitos humanos. Isso porque, atualmente, interpretar a Constituição no que tange aos direitos fundamentais não se restringe ao seu texto, mas abarca também os tratados internacionais de direitos humanos. No Supremo Tribunal Federal, ainda sem reconhecimento da hierarquia constitucional dos tratados de direitos humanos por parte da totalidade de seus Ministros, há

---

(202) "... cumpre deixar claro que há uma diferença entre a interpretação da Constituição, que é a interpretação da própria Lei Maior em relação aos seus princípios e regras tendo em vista a harmonização do sistema constitucional [...] e a interpretação constitucional que diz respeito a inteligência das normas infraconstitucionais quando postas sob confronto com a Carta Magna" (BASTOS, Celso. *Hermenêutica e interpretação constitucional*, p. 267).

(203) "Será direta quando determinada pretensão se fundar em um dispositivo constitucional. Por exemplo: alguém vai a juízo em defesa de sua liberdade de expressão (CF, art. 5º, IX) ou na defesa do seu direito de privacidade (CF, art. 5º, X). E será indireta sempre que uma pretensão se basear em uma norma infraconstitucional. É que, nesse caso, a Constituição figurará como parâmetro de validade da norma a ser aplicada, além de pautar a determinação de seu significado, que deverá ser fixado em conformidade com ela" (BARROSO, Luís Roberto. *Curso de direito constitucional contemporâneo: os conceitos fundamentais e a construção do novo modelo*. São Paulo: Saraiva, 2009).

(204) HÄBERLE, Peter. *Hermenêutica constitucional. A sociedade aberta dos intérpretes da Constituição: contribuição para a interpretação pluralista e "procedimental" da Constituição*. Trad. Gilmar Ferreira Mendes. Porto Alegre: Sergio Antonio Fabris, 1997. p. 13.

julgados nesse sentido. Além do julgamento do RE n. 466.343/SP e demais que advieram acerca da prisão do depositário infiel, outros casos existem. Veja alguns exemplos[205]:

> EMENTA: I. Medida provisória: a questão do controle jurisdicional dos pressupostos de relevância e urgência e a da prática das reedições sucessivas, agravada pela inserção nas reedições da medida provisória não convertida, de normas estranhas ao seu conteúdo original: reserva pelo relator de reexame do entendimento jurisprudencial a respeito. II. Repouso semanal remunerado preferentemente aos domingos (CF, art. 7º, XV): histórico legislativo e inteligência: arguição plausível de consequente inconstitucionalidade do art. 6º da M. Prov. n. 1.539-35/97, o qual — independentemente de acordo ou convenção coletiva — faculta o funcionamento aos domingos do comércio varejista: medida cautelar deferida. A Constituição não faz absoluta a opção pelo repouso aos domingos, que só impôs "preferentemente"; a relatividade daí decorrente não pode, contudo, esvaziar a norma constitucional de preferência, em relação à qual as exceções — sujeitas à razoabilidade e objetividade dos seus critérios — não podem converter-se em regra, a arbítrio unicamente de empregador. *A Convenção n. 126 da OIT reforça a arguição de inconstitucionalidade: ainda quando não se queira comprometer o Tribunal com a tese da hierarquia constitucional dos tratados sobre direitos fundamentais ratificados antes da Constituição, o mínimo a conferir--lhe é o valor de poderoso reforço à interpretação do texto constitucional que sirva melhor à sua efetividade: não é de presumir, em Constituição tão ciosa da proteção dos direitos fundamentais quanto a nossa, a ruptura com as convenções internacionais que se inspiram na mesma preocupação.* (sem grifo no original)[206]

> EMENTA: A *garantia constitucional da plenitude de defesa: Uma das projeções concretizadoras da cláusula do* Due Process Of Law. *Caráter global e abrangente da função defensiva: Defesa técnica e autodefesa (Direito de audiência e Direito de presença). Pacto Internacional Sobre Direitos Civis e Políticos — ONU (art. 14, n. 3, "D") e Convenção Americana de Direitos Humanos — OEA (art. 8º, § 2º, "D" e "F").* Dever do Estado de assegurar, ao réu preso, o exercício dessa prerrogativa essencial, especialmente a de comparecer à audiência de inquirição das testemunhas, ainda mais quando arroladas pelo Ministério Público. Razões de conveniência administrativa ou governamental não podem legitimar o desrespeito nem comprometer a eficácia e a observância dessa franquia constitucional. Doutrina. Precedentes. Medida Cautelar Deferida. (sem grifo no original)[207]

Considerar os tratados de direitos humanos na interpretação dos direitos fundamentais encontra sustentação no modelo aberto da Constituição de 1988 e

---

(205) Na atual jurisprudência do STF, há diversos casos. No controle concentrado, cita-se a ADPF n. 130 sobre a lei de imprensa, em especial o voto do Min. Celso de Mello. Já no controle difuso, cita-se o RE n. 511.961 acerca da obrigatoriedade de diploma para jornalistas, inclusive considerando, não apenas o tratado internacional (no caso, a Convenção Americana), mas também entendimento da Corte Interamericana.
(206) ADI-MC n. 1675/DF. Relator Min. Sepúlveda Pertence. Julgamento: 24.9.1997. Órgão Julgador: Tribunal Pleno. Publicação: DJ 19.9.2003. p. 14.
(207) HC n. 93503 MC/SP. Relator: Min. Celso de Mello, publ. 14.2.2008, Informativo do STF n. 494 de 1º a 15 de fevereiro de 2008.

na função instrumental do princípio da dignidade humana[208]. Se o princípio da dignidade humana é fundamento da proteção dos direitos humanos em âmbitos interno e internacional, necessário que, na tarefa interpretativa dos direitos constitucionalmente previstos, se considere a ampliação do objeto de interpretação para abarcar aqueles direitos oriundos dos tratados internacionais de direitos humanos. O objetivo é, na prática, buscar a melhor proteção.

Vale lembrar que o texto constitucional promulgado em 1988 já não é o mesmo, haja vista inúmeras alterações por emendas constitucionais. Mas, para além do texto, há alterações informais advindas de interpretação. Atualmente, há ainda as súmulas vinculantes. Como leciona Celso D. de Albuquerque Mello:

> A Constituição não é um texto estático, mas dinâmico. Quadri é quem melhor a caracteriza: "... que por Constituição não há necessidade de se entender somente a escrita. A ideia de Constituição se relaciona a um critério de efetividade, equivale à 'prática' constitucional"[...][209].

Com isso é possível afirmar a existência de muitas normas constitucionais além do texto, mesmo porque a norma propriamente dita não se identifica fielmente à letra fria da lei nem à época em que foi elaborada, mas é o produto da interpretação, é aquela construída a partir da letra da lei. Portanto, dentro de certos limites, o intérprete constrói a real norma constitucional[210].

Se a Constituição requer atualização, e são bem-vindas as alterações para tanto, inclusive via interpretação, também são bem-vindos os tratados internacionais de direitos humanos na interpretação da Constituição, pois reforçam, complementam, ou mesmo ampliam o rol dos direitos constitucionais.

---

(208) Para Sarlet: "Neste passo, impõe-se seja ressaltada a função instrumental integradora e hermenêutica do princípio, na medida em que serve de parâmetro para aplicação, interpretação e integração não apenas de direitos fundamentais e das demais normas constitucionais, mas de todo o ordenamento jurídico. [...]" (*Dignidade da pessoa humana e direitos fundamentais*, p. 82).

(209) MELLO, Celso D. de Albuquerque. *Curso de direito internacional público*, p. 237. Para Jorge Miranda: "A interpretação jurídica deve ser não só objetivista como evolutiva, por razões que cremos evidentes: pela necessidade de congregar as normas interpretadas com as restantes normas jurídicas (as que estão em vigor, e não as que estavam em vigor ao tempo da sua publicação), pela necessidade de atender aos destinatários (os destinatários atuais, e não os do tempo da entrada em vigor das normas), pela necessidade de reconhecer um papel ativo ao intérprete, ele próprio situado no ordenamento em transformação. E também a interpretação constitucional deve ser, e é efetivamente, evolutiva — pois qualquer Constituição é organismo vivo, sempre em movimento como a própria vida, e está sujeita à dinâmica da realidade que jamais pode ser captada através de fórmulas fixas" (*Teoria do Estado e da Constituição*, p. 394-395).

(210) Meirelles Teixeira, ao tratar da expressão "construção constitucional" de origem norte-americana, leciona: "Mas a nosso ver, não há motivo para essa distinção entre 'construção' e 'interpretação' constitucional (e muitos juristas norte-americanos são desta opinião), porque, na verdade, toda autêntica, verdadeira interpretação, é construção, pois o intérprete não pode ater-se exclusivamente ao texto, à letra da lei, isolando-a das suas outras partes do ordenamento jurídico, e dos princípios e valores superiores da Justiça e da Moral, da ordem natural das coisas, das contingências históricas, da evolução e das necessidades sociais, da vida, enfim" (*Curso de direito constitucional*, p. 271).

Portanto, a interpretação da Constituição não deve ser desvencilhada dos direitos humanos constantes dos instrumentos internacionais. Tanto a Constituição quanto os tratados de direitos humanos são superiores às demais normas, que devem ser interpretadas em conformidade com tais comandos[211]. Isso nada mais é do que colocar os tratados internacionais de direitos humanos na posição de parâmetros para o controle da constitucionalidade, como se passa a demonstrar de forma mais direcionada.

4.4. Tratados internacionais de direitos humanos no controle da constitucionalidade: objetos ou parâmetros?

No Brasil, por muitos anos, os tratados internacionais de direitos humanos foram considerados equivalentes à legislação ordinária. Com a recente mudança de entendimento no Supremo Tribunal Federal e o crescente número de doutrinadores defensores da hierarquia constitucional para esses instrumentos, é o momento para uma nova leitura acerca do posicionamento desses instrumentos no controle da constitucionalidade.

Parte-se do seguinte questionamento: Pode um tratado internacional ser objeto de controle da constitucionalidade?

Conforme lições de Celso D. de Albuquerque Mello, os tratados internacionais podem trazer inconstitucionalidade extrínseca (formal) ou intrínseca (material)[212]. É o que se passa a considerar para enfatizar a necessidade de um controle preventivo.

4.4.1. Inconstitucionalidade extrínseca (formal) dos tratados internacionais de direitos humanos e o art. 5º, § 3º, da CF/88

O tratado internacional, para ser ratificado, ou seja, confirmado em definitivo a fim de surtir efeitos jurídicos, requer prévia aprovação do Poder Legislativo, sem a qual surgirá inconstitucionalidade extrínseca (formal) por afronta ao disposto na parte final do art. 84, VIII[213]. Ocorre que tal aprovação recebeu novo regramento

---

(211) "A lei pode até ser, na atividade interpretativa, o ponto de chegada, mas sempre que conflita com a Carta Magna ou com o Direito Internacional dos Direitos Humanos perde sua relevância e primazia, porque, nesse caso, devem ter incidência (prioritária) as normas e os princípios constitucionais ou internacionais" (GOMES, Luiz Flávio; VIGO, Rodolfo Luis. *Op. cit.*, p. 56).

(212) "A ratificação pode levantar, em relação à Constituição estatal, problemas de 'constitucionalidade extrínseca' e de 'constitucionalidade intrínseca'. O primeiro caso ocorre quando o tratado é ratificado pelo Poder Executivo sem a aprovação do Legislativo, como determina a Constituição. É a ratificação imperfeita (Rousseau). O segundo caso ocorre quando o tratado é ratificado pelo Executivo com a aprovação prévia do Legislativo, violando, porém, o tratado, preceito constitucional do Estado" (*Curso de direito internacional público*, p. 239).

(213) "Art. 84. Compete privativamente ao Presidente da República: [...] VIII — celebrar tratados, convenções e atos internacionais, sujeitos a referendo do Congresso Nacional."

constitucional, advindo do § 3º do art. 5º[214], cujo comando, por uma interpretação literal, faculta ao Poder Legislativo conferir ou não equivalência formal de emenda constitucional aos tratados de direitos humanos.

Neste estudo o entendimento é no sentido de que o Poder Legislativo, diante de um tratado internacional de direitos humanos, não pode deixar de observar o novo regramento, trata-se de uma limitação constitucional implícita. Assim, ou um tratado versa sobre direitos humanos e deve ser observado o novo regramento, ou não versa sobre tais direitos e, então, poderá ser aprovado daquela forma.

Todavia, a realidade mostra a não prevalência desse entendimento. Foi o caso, a título de exemplo, da aprovação do Protocolo Facultativo à Convenção da ONU Contra Tortura e outros Tratamentos ou Penas Cruéis, Desumanos ou Degradantes. Tal protocolo, de 2002, foi aprovado mediante o Decreto Legislativo n. 483, de 20.12.2006. Todavia, mesmo diante da vigência do § 3º do art. 5º, não foi observado tal regramento, advindo sua ratificação em 11.1.2007. Talvez porque a Convenção — seu texto-base — não tenha sido aprovada naqueles moldes[215], como não poderia mesmo ter sido, já que tais regras não existiam quando da sua elaboração. Da mesma forma, ocorreram as aprovações, em 2009, dos dois Protocolos ao Pacto sobre Direitos Civis e Políticos (Decreto Legislativo n. 311, de 16.6.2009).

Diante dessa realidade, poder-se-ia entender haver inconstitucionalidade nos mencionados Protocolos decorrente da inobservância do novo regramento. Todavia, tal entendimento seria contrário à proteção dos direitos humanos. Preferível entender que está sendo consolidado o entendimento segundo o qual é facultado ao Poder Legislativo observar ou não o novo regramento. Disso resulta afirmar não haver inconstitucionalidade nos casos mencionados, o que só ocorreria por inobservância do art. 84, VIII, ou seja, da não aprovação pelo Poder Legislativo.

No que tange à hierarquia desses instrumentos, aprovados sem observância dos ditames do § 3º do art. 5º (e eventuais outros instrumentos que sejam assim aprovados), por tudo já demonstrado no capítulo anterior, trata-se de hierarquia constitucional. A aprovação nos moldes anteriores não tem o condão de retirar a condição de normas materialmente constitucionais, nem negar o processo formal pelo qual foram elaborados, valendo lembrar, mais formal em comparação com o

---

(214) "Art. 5º... § 3º Os tratados e convenções internacionais sobre direitos humanos que forem aprovados, em cada Casa do Congresso Nacional, em dois turnos, por três quintos dos votos dos respectivos membros, serão equivalentes às emendas constitucionais."

(215) Em 2006, Flávia Piovesan assim se manifestou: "Não seria razoável sustentar que os tratados de direitos humanos já ratificados fossem recepcionados como lei federal, enquanto os demais adquirissem hierarquia constitucional exclusivamente em virtude de seu *quorum* de aprovação. A título de exemplo, destaque-se que o Brasil é parte da Convenção contra Tortura e outros Tratamentos ou Penas Cruéis, Desumanos ou Degradantes desde 1989, estando em vias de ratificar seu Protocolo Facultativo. Não haveria qualquer razoabilidade se a este último — um tratado complementar e subsidiário ao principal — fosse conferida hierarquia constitucional, e ao instrumento principal fosse conferida hierarquia meramente legal. Tal situação importaria em agudo anacronismo do sistema jurídico, afrontando, ainda, a teoria geral da recepção acolhida no direito brasileiro" (*Direitos humanos e o direito constitucional internacional*, p. 72-73).

processo de elaboração das emendas constitucionais. No mais, seria negar observância ao comando do § 2º do art. 5º.

Já quanto aos tratados de direitos humanos que forem aprovados em conformidade com o novo regramento do § 3º do art. 5º, haverá um reforço da hierarquia constitucional sob o aspecto formal. Isso porque, se anteriormente um tratado de direitos humanos já contava com um processo formal de elaboração, com observância do novo regramento, essa formalidade se intensifica, já que, além da sua aprovação em âmbito interno de forma mais dificultosa, contará com as outras exigências internacionais para sua regular existência.

A aprovação do tratado nos termos do disposto no § 3º do art. 5º, por si só, não incorpora o tratado no ordenamento jurídico interno, e, ainda, não faz com que se confunda o tratado de direitos humanos com emendas constitucionais, são normas oriundas de fontes diversas e com processos de formação diversos. Também, eventual incompatibilidade de uma emenda constitucional com as normas constitucionais originárias deve ser devidamente reconhecida pelos órgãos competentes, já se isso ocorrer com tratados de direitos humanos e for caso de incompatibilidade material, há outros meios para resolver o conflito. Oportuno lembrar as normas dos tratados de direitos humanos como limitadoras da própria atuação do Poder Constituinte.

De qualquer maneira, é preciso evidenciar a necessidade de um efetivo controle preventivo para se evitar a inconstitucionalidade nos tratados internacionais de direitos humanos, seja extrínseca ou intrínseca, como segue.

4.4.2. O controle preventivo como meio de impedir a formação da inconstitucionalidade nos tratados internacionais de direitos humanos em âmbito interno

Controle preventivo da constitucionalidade dos tratados internacionais de direitos humanos é o que ocorre antes da ratificação. Uma vez ratificado, o tratado internacional começa a surtir efeitos independentemente de eventuais imperfeições decorrentes de procedimentos internos ou de contrariedade material com a Constituição. É o que determinam as Convenções sobre Tratados[216]. É dizer que, embora

---

(216) "[...] a Convenção sobre Tratados, assinada em Havana em 1929, promulgada no Brasil pelo Decreto n. 18.596, de 22 de outubro de 1929, também diz em seu art. 10: 'Nenhum Estado pode se eximir das obrigações do tratado ou modificar suas estipulações, senão com o acordo pacificamente obtido dos demais contratantes'. Isto de não se cumprirem tratados internacionais é coisa séria. No art. 11, deste mesmo Tratado, assinado em Havana em 1929, e lei aqui no Brasil: 'Os tratados continuarão a produzir seus efeitos ainda quando se modifique a Constituição interna dos Estados contratantes'. A Convenção de Viena sobre Direito dos Tratados, que entrou em vigor em 1980, tem dispositivo expresso no seu art. 27: 'Uma parte não pode invocar as disposições de seu direito interno para justificar o descumprimento de um tratado'" (MALHEIROS, Antonio Carlos. A prisão civil e os tratados internacionais. In: FIGUEIREDO, Lucia (cood.). *Revista Especial do Tribunal Regional Federal 3ª Região. Escola de* Magistrados. Seminário Incorporação dos tratados internacionais de proteção dos direitos humanos no direito brasileiro. São Paulo: Imprensa Oficial do Estado — Imesp, 1997. p. 56).

eventual incompatibilidade com o direito interno, o tratado ratificado impõe responsabilização em caso de descumprimento. Portanto, necessário que o momento para tal aferição seja antes da ratificação.

São várias as oportunidades para o controle preventivo: quando da assinatura do tratado pelo Chefe do Poder Executivo; quando da apreciação por parte do Poder Legislativo; quando, ainda, mesmo com a aprovação do Poder Legislativo, o Chefe do Executivo poderá não ratificar o tratado. É preferível não aprovar um tratado a aprová-lo quando, muito provavelmente, não o cumprirá, o que pode gerar responsabilização do Estado.

Na Alemanha, como informa Gilmar Mendes, existe até mesmo um controle preventivo efetuado pelo Tribunal Constitucional:

> Da expressão literal do texto constitucional resulta que o controle abstrato de normas não constitui mecanismo de controle preventivo. O processo não poderia ser instaurado porque, em caso de processo legislativo inconcluso, faltaria uma norma de direito positivo. A jurisprudência do Tribunal Constitucional abre uma exceção, todavia, para as leis que aprovam tratados internacionais, permitindo a aferição de constitucionalidade desses atos antes de sua promulgação e publicação. Em favor dessa tese, enfatiza o Tribunal o perigo de que se desenvolvam obrigações internacionais que somente possam ser cumpridas em desobediência à Constituição[217].

Pedro Dallari traz exemplos de controle preventivo no modelo francês (art. 54)[218] e no modelo espanhol (art. 95)[219]. Para o Brasil, o autor defende um controle preventivo efetuado pelo Supremo Tribunal Federal. Para tanto, propõe os seguintes acréscimos no texto constitucional de 1988:

> Acrescente-se ao art. 102 (competências do Supremo Tribunal Federal) o seguinte inciso IV: "IV — apreciar a constitucionalidade de tratado internacional mediante prévio parecer à deliberação do Congresso Nacional".
>
> Acrescente-se ao art. 103 (legitimação para a propositura de ação direta de inconstitucionalidade e de ação declaratória de constitucionalidade) o

---

(217) MENDES, Gilmar. *Jurisdição constitucional:* o controle abstrato de normas no Brasil e na Alemanha. 5. ed. São Paulo: Saraiva, 2005. p. 131.

(218) Como informado pelo autor, é a seguinte a redação do referido art. 54: "Caso o Conselho Constitucional, convocado pelo Presidente da República, pelo primeiro-ministro, pelo presidente de uma ou outra Assembleia ou por sessenta deputados ou sessenta senadores, declare que um compromisso internacional comporta uma cláusula contrária à Constituição, a autorização de lhe ratificar ou de aprovar o engajamento internacional em causa somente pode ocorrer após a revisão da Constituição" (*A Constituição e tratados internacionais*, p. 145).

(219) É a seguinte a redação transcrita pelo autor: "...'1. A conclusão de um tratado internacional que contenha disposições contrárias à Constituição exigirá prévia revisão constitucional. O Governo ou uma das Câmaras pode recorrer ao Tribunal Constitucional para que ele declare se há ou não contradição'" (*A Constituição e tratados internacionais*, p. 145).

seguinte § 5º: "§ 5º A apreciação prévia da constitucionalidade de tratado internacional poderá ser requerida pelo Presidente da República ou por um décimo, no mínimo, dos membros da Câmara dos Deputados ou do Senado Federal e o parecer do Supremo Tribunal Federal terá efeito vinculante para condicionar a aprovação pelo Congresso Nacional de tratado declarado inconstitucional à promulgação precedente da emenda à Constituição exigível"[220].

Na proposta do autor, como nos modelos francês e espanhol, não há intenção de não ratificar o tratado porque contrário à Constituição, mas condicionar a aprovação do tratado a uma adequação do texto constitucional. O autor, após sustentar tal proposta, finda com a seguinte consideração:

> No momento em que — até mesmo pela sobrecarga decorrente do excesso de atribuições cuja imprescindibilidade é bastante discutível — há um movimento no sentido de se redesenhar o papel constitucional do Supremo Tribunal Federal, a responsabilidade direta pelo monitoramento da vinculação do Brasil à crescente estrutura normativa do Direito Internacional Público seria perfeitamente adequada à principal Corte do País, para a qual deve ser enfatizada justamente a função de guardiã da ordem constitucional[221].

Embora haja resistência quanto a um controle preventivo da constitucionalidade exercido pelo Poder Judiciário, é preciso perceber que esse meio de controle traria resultados positivos para o ordenamento jurídico e para o próprio Poder Judiciário. Nesse sentido, é possível se pensar ainda em um controle preventivo em âmbito internacional, como se passa a considerar.

4.4.3. Possível meio de impedir a formação da inconstitucionalidade extrínseca nos tratados internacionais de direitos humanos em âmbito internacional

Quanto ao momento de impedir o surgimento da inconstitucionalidade extrínseca (ou formal) no tratado de direitos humanos, ainda é possível entender que isso ocorra em âmbito internacional. Parte-se do pressuposto de que a exigência da aquiescência do Poder Legislativo para a ratificação dos tratados internacionais é de conhecimento internacional. Também, diante da soberania estatal, o que existe entre os campos interno e internacional é a cooperação, não a submissão.

Assim, é avocar, para as competências internacionais pertinentes, a aferição, no ato da ratificação, se este ato satisfaz os requisitos emanados da ordem constitucional daquele determinado Estado. Embora um Estado deva ratificar um tratado internacional quando observadas as exigências internas para tanto, não se

---

(220) DALLARI, Pedro B. de A. *Constituição e tratados internacionais*, p. 144.
(221) *Op. cit.*, p. 147.

pode desprezar eventual inobservância nesse sentido e as consequências que disso advêm. Daí ser bem-vinda aferição por parte das autoridades internacionais antes de aceitar a ratificação.

Não se pretende com isso transferir responsabilidade interna para âmbito internacional, principalmente diante dos ditames da Convenção de Viena sobre os Direitos dos Tratados[222]. A pretensão é, considerando o objetivo maior de proteção dos direitos humanos, a busca por outros meios para evitar que um tratado internacional não seja observado internamente devido a uma inconstitucionalidade formal que se presumiu inexistente. Embora a Convenção de Viena considere como representante do Estado para concluir tratado aquele que apresentar Plenos Poderes, cf. art. 7º(1) a, não se pode presumir que tal apresentação comprove efetivamente a inexistência de incompatibilidade de acordo com o direito interno.

Nesse particular, necessário ponderar a não aceitação de razões do direito interno como óbice para observância de um tratado internacional. Isso porque, no caso, não se trata de adequação do ordenamento jurídico interno quando necessária para observância do tratado, mas sim dos atos necessários à formação de tais instrumentos, segundo as normas do ordenamento jurídico interno.

É preciso priorizar o fato de que os direitos humanos se projetam primeiramente em âmbito local no sentido de que a proximidade aos casos de violação aos direitos torna o Estado potencialmente mais eficaz e, portanto, com a responsabilidade primária. Há, então, o reconhecimento da relevância da implementação e da promoção de tais direitos em âmbito interno[223].

Diante disso, os atos internos para implementar esses direitos, incluídos aqueles necessários para a incorporação dos tratados internacionais de direitos humanos no ordenamento jurídico interno, devem ter primazia no sentido de ser considerada a necessária observância aos principais ditames internos inerentes à legítima representação da soberania estatal, no caso brasileiro, é a observância do art. 84, VIII, que determina competir ao Presidente da República celebrar tratados internacionais com a aquiescência do Congresso Nacional.

---

(222) Segundo o art. 26 da Convenção de Viena: "Todo tratado em vigor obriga as partes e deve ser cumprido por elas de boa-fé." Mais precisamente o art. 27, 1: "Um Estado-parte de um tratado não pode invocar as disposições de seu direito interno para justificar o inadimplemento de um tratado." Já o item 3 dispõe: "As regras dos parágrafos precedentes não prejudicam o art. 46" (Sobre o qual se fará menção oportunamente).

(223) Nas palavras de Antônio Augusto Cançado Trindade:: "Alguns aspectos da interação entre o direito internacional e o direito interno na proteção dos direitos humanos são particularmente significativos. Em primeiro lugar, os próprios tratados de direitos humanos atribuem uma função capital à proteção por parte dos tribunais internos, como evidenciado pelas obrigações de fornecer recursos internos eficazes e de esgotá--los, que recaem, respectivamente, sobre os Estados demandados e os indivíduos reclamantes. Tendo a si confiada a proteção primária dos direitos humanos, os tribunais internos têm, em contrapartida, que reconhecer e interpretar as disposições pertinentes dos tratados de direitos humanos. Donde a prolatada subsidiariedade do processo legal internacional, a qual encontra sólido respaldo na prática internacional, na jurisprudência, nos tratados, assim como na doutrina" (*Tratado de direito internacional dos direitos humanos*. v. I, p. 517).

Adherbal Meira Mattos, ao tratar da nulidade dos tratados, baseia-se na Convenção de Viena ao distinguir nulidade absoluta (*ex tunc*) de nulidade relativa (*ex nunc*). Dentre as hipóteses de nulidade relativa, o autor aponta aquela do art. 46 da Convenção (*violação de disposições de Direito Interno sobre competência para concluir tratados*) para asseverar:

> Um Estado pode invocar, finalmente, nulidade relativa, em caso de violação de uma disposição de seu Direito Interno, se ela for manifesta (objetivamente evidente, para quem procedeu conforme a prática normal e de boa-fé) e se disser respeito a uma regra interna de importância fundamental (*v. g.*, sua Constituição). Há, aí, um equilíbrio entre as teses internacionalista e constitucionalista sobre a validez formal do DIP[224].

Assim, com um controle preventivo também em âmbito internacional, haverá um reforço no sentido de evitar que tratados internacionais de direitos humanos não sejam observados por motivo, seja de alegada nulidade em âmbito internacional, seja de alegada inconstitucionalidade em âmbito interno.

No caso de alegada inconstitucionalidade que venha a ser declarada num controle repressivo, é preciso questionar: quais os efeitos dessa declaração de inconstitucionalidade? Certamente não podem ser os mesmos advindos de uma declaração de inconstitucionalidade de lei interna. Isso porque, internacionalmente, o tratado continua a impor as obrigações dele advindas. É, por exemplo, afirmar que, ainda diante de uma declaração de inconstitucionalidade de um tratado internacional de direitos humanos, é possível acessar as Cortes internacionais, desde que satisfeitos os requisitos para tanto, os quais não emanam da ordem interna, mas da ordem internacional. Assim, se advier alguma responsabilização, o Estado não poderá se eximir sob alegação de que o tratado foi declarado inconstitucional internamente.

Em suma, considerando que eventual declaração de inconstitucionalidade de tratado internacional não gera efeito internacionalmente, necessário um controle preventivo da constitucionalidade, ou seja, antes da ratificação. Quando se tratar de inconstitucionalidade extrínseca, bem-vindo o controle efetuado tanto por parte das autoridades internas, quanto por parte das autoridades internacionais. Esse último caso se justifica com a relevância da proteção em âmbito interno.

Resta abordar a questão da inconstitucionalidade intrínseca dos tratados internacionais de direitos humanos, como segue.

---

(224) O autor aponta como outras hipóteses de nulidade relativa: o erro (art. 48), o dolo (art. 49) e a corrupção (art. 50). Já como hipóteses de nulidade absoluta são: a coação (arts. 51 e 52) e a de conflito do tratado com uma norma de *Jus Cogens* (art. 53). MATTOS, Adherbal Meira. *Direito internacional público*. 2. ed. Rio de Janeiro: Renovar, 2002. p. 126-127.

4.4.4. A inconstitucionalidade intrínseca dos tratados de direitos humanos e o desnecessário controle repressivo: a primazia da norma mais favorável

Quanto à inconstitucionalidade intrínseca, ou seja, por contrariedade material aos ditames constitucionais, é um conflito entre normas. Daí se avocar ao que já se considerou sobre a aplicação do princípio da prevalência da norma mais favorável.

Retoma-se aqui o exemplo da prisão do depositário infiel para melhor esclarecimento. Possibilitada a prisão segundo comando da Constituição Federal (art. 5º, LXVII), é vedada na Convenção Americana de Direitos Humanos (art. 7º, 7) e também no Pacto Internacional dos Direitos Civis e Políticos (art. 11). Foi esse o tema no julgamento do RE n. 466.343/SP.

No caso prevaleceu a norma mais benéfica, aquela decorrente dos tratados internacionais. Mas se percebe claramente que, quanto à questão hierárquica, o entendimento prevalente no sentido de que tais tratados possuem hierarquia de norma supralegal, mas infraconstitucional, estando, portanto, acima da legislação ordinária que disciplina a prisão civil, não tem, por si só, o condão de afastar o comando constitucional que permite a prisão do depositário infiel. O que ocorreu? Negaram aplicação a comando constitucional? Não. Pode-se afirmar que tal comando constitucional foi afastado pela aplicação do princípio da prevalência da norma mais benéfica[225]. Vale mencionar que após o julgamento em comento foi editada a súmula vinculante n. 25, com o seguinte teor: "É ilícita a prisão civil de depositário infiel, qualquer que seja a modalidade do depósito". Já o Superior Tribunal de Justiça, editou a Súmula n. 419, a saber: "Descabe a prisão civil do depositário judicial infiel". Diante disso, é possível concluir que o princípio da prevalência da norma mais benéfica tem o condão de "paralisar" os efeitos de comando constitucional menos benéfico.

Assim, com a prevalência da norma mais benéfica, não há falar em reconhecer inconstitucionalidade de norma de tratado internacional quando ele mesmo prevê a não aplicação em prol da aplicação de norma mais benéfica, seja oriunda de outros tratados, seja proveniente da legislação interna.

---

(225) Conforme Pádua Fernandes em sua tese de doutorado: "A intertextualidade dinâmica dos direitos humanos, consistente na conjugação dos princípios da prevalência da norma mais favorável, da complementaridade solidária e da interpretação evolutiva dos direitos humanos, tal como previstos no Direito internacional, desfaz o formalismo na escolha das fontes jurídicas com a adoção de um pluralismo jurídico, para garantir a maior efetividade desses direitos nos contextos de aplicação. Dessa forma, a depender da situação, pode ser aplicada ora uma norma de um sistema regional de direitos humanos, ora do sistema da ONU, ou do direito interno" (*A produção legal da ilegalidade:* os direitos humanos e a cultura jurídica brasileira. São Paulo: Faculdade de Direito da Universidade de São Paulo, 2005. p. 110). Antônio Augusto Cançado Trindade, ao tratar da compatibilização e prevenção de conflitos entre as jurisdições internacional e nacional, assevera: "Assim sendo, os esforços de coordenação dos múltiplos instrumentos de proteção só podem desenvolver-se, em nossos dias, em benefício — nunca em detrimento — das supostas vítimas, e ampliar — nunca restringir — as possibilidades ou meios de proteção concebidos, aperfeiçoados e consagrados ao longo dos anos" (*A proteção internacional dos direitos humanos:* fundamentos jurídicos e instrumentos básicos. São Paulo: Saraiva, 1991. p. 13).

Caso a norma mais benéfica esteja na Constituição, e, portanto, a norma internacional, de certa forma, contrarie tal disposição, a não observância desta última é legítima e aceitável internacionalmente, inclusive por determinações expressas em tratados internacionais; sendo, portanto, hipótese de afastar a aplicabili-dade da norma internacional, o que não gera responsabilização internacional do Estado.

É preciso distinguir a não aplicação de norma de tratado internacional de direitos humanos, porque menos favorável ao ser humano, da não aplicação por ser contrária à norma constitucional interna desconsiderando o compromisso internacional que pode responsabilizar o Estado por não cumprir o tratado, no caso, o compromisso de se aplicar a norma mais benéfica.

O mesmo raciocínio deve ser aplicado caso se entenda por considerar o tratado de direitos humanos como objeto de controle da constitucionalidade intrínseca. Nesse caso, seria aceitável uma declaração de inconstitucionalidade de norma do tratado por ser incompatível com norma constitucional mais protetiva. Contudo, como visto, não há essa necessidade.

Uma disposição de tratado de direitos humanos que contrarie a disposição da Constituição não requer reconhecimento de inconstitucionalidade e expurgação do ordenamento jurídico, mas apenas o seu afastamento, deixa-se de aplicar devido à existência de norma mais benéfica, conforme autorizado em âmbitos interno e internacional. Mesmo porque, entre normas hierarquicamente constitucionais, não há falar em controle, salvo o caso de emenda constitucional — ato exclusivamente interno — que, no Brasil, pode ser objeto de controle.

Certo é que, se no caso de conflito entre norma da Constituição e norma de tratado de direitos humanos deve prevalecer aquela mais favorável ao ser humano, tal norma, se decorrente do tratado, eleva-se à posição de parâmetro para o controle da constitucionalidade, já que possui a mesma força jurídica de uma norma do texto constitucional.

Ruma-se ao último capítulo deste estudo, deixando assente que: os tratados de direitos humanos, sob a perspectiva do controle da constitucionalidade, são mais um reforço para garantir a própria Constituição. Quando incorporados no ordenamento jurídico interno, o impacto é positivo e são considerados na interpretação dos direitos constitucionalmente previstos. Para o caso de conflito entre norma constitucional e norma internacional de direitos humanos, deve prevalecer a que for mais benéfica. Daí não haver necessidade de reconhecimento de inconstitucionalidade material do tratado. No mais, o controle da constitucionalidade de um tratado de direitos humanos deve ocorrer antes da ratificação, pois a partir desse ato o tratado começa a surtir efeitos internacionalmente.

CAPÍTULO 5

Os Tratados Internacionais de Direitos Humanos como Parâmetros para o Controle da Constitucionalidade: Um Avanço na Proteção dos Direitos Humanos em Âmbito Interno

> *Quem dá às Constituições realidade, não é, nem a inteligência, que as concebe, nem o pergaminho, que as estampa: é a magistratura, que as defende.*
> (Rui Barbosa)[226]

Embora já se possa entender, como demonstrado, que as normas decorrentes dos tratados de direitos humanos ocupam posição de parâmetros para o controle da constitucionalidade, com este último capítulo a análise da questão se mostra mais pontual, já que sob a perspectiva dos ensinamentos acerca do parâmetro para o controle da constitucionalidade e sobre o "bloco de constitucionalidade". O reforço à afirmativa segue com o tópico sobre a necessária adequação da legislação interna aos comandos dos tratados de direitos humanos, retomando agora, com novo olhar, o que se demonstrou no primeiro capítulo, a fim de justificar o reclame por um controle interno nesse sentido. Diante de tal cenário, surge a questão terminológica para justificar explicitamente a opção utilizada no título deste trabalho, como

---

(226) Fundação Casa de Rui Barbosa. *Rui Barbosa e a Constituição de 1891*. Rio de Janeiro: Forense Universitária, 1985. p. 11.

controle da constitucionalidade e não "controle da convencionalidade". Por fim, a demonstração de que o sistema de controle da constitucionalidade no Brasil já comporta tal realidade, o que requer uma releitura dos dispositivos constitucionais pertinentes ao controle considerando os tratados internacionais de direitos humanos na mesma posição das normas do texto constitucional, ou seja, na posição de parâmetros para o controle da constitucionalidade.

5.1. A questão do parâmetro para o controle da constitucionalidade: os tratados internacionais de direitos humanos sob essa perspectiva

O controle da constitucionalidade, como o próprio nome indica, tem na Constituição o parâmetro para tal aferição[227]. Nada obstante, a questão do parâmetro que se apresenta surge quando necessário explicitar que, por força da ordem constitucional posta, o parâmetro abarca também as normas oriundas dos tratados internacionais de direitos humanos.

Clèmerson Merlin Clève, ao tratar da fiscalização da constitucionalidade e suas formas de manifestação, nos traz:

> A fiscalização da constitucionalidade pode ser definida pelo *parâmetro* utilizado. Neste caso, o controle levará em conta, para a verificação da compatibilidade do direito infraconstitucional: (i) *toda a Constituição formal, incluindo aí os princípios e normas implícitos;* (ii) *apenas alguns dispositivos da Constituição formal;* ou (iii) *o bloco formado pela Constituição formal mais os princípios superiores definidos como direito supralegal (positivados ou não na Constituição)*. Em geral, os vários sistemas de fiscalização vinculam-se apenas à Constituição formal (normas expressas e implícitas das primeiras derivadas). É o caso do Brasil e dos Estados Unidos, por exemplo. Há Estados, porém, que adotam uma fiscalização limitada e por isso apenas o direito infraconstitucional colidente com algumas normas constitucionais expressamente definidas pode ser objeto de controle. Indique-se, a título de exemplo, a Bélgica [...] Outros países, entre os quais se situa a Alemanha, tomam como parâmetro da constitucionalidade não apenas as normas inscritas na sua Lei Fundamental, mas igualmente outras derivadas de um "direito supralegal" (residente na Constituição ou acima dela) reconhecido pela Corte Constitucional. (destaque no original)[228].

---

(227) Para Jorge Miranda: "Constitucionalidade e inconstitucionalidade designam conceitos de relação: a relação que se estabelece entre uma coisa — a Constituição — e outra coisa — um comportamento — que lhe está ou não conforme, que cabe ou não cabe no seu sentido, que tem nela ou não a sua base" (*Teoria do Estado e da Constituição*, p. 473).

(228) CLÈVE, Clèmerson Merlin. *A fiscalização abstrata da constitucionalidade no direito brasileiro.* 2. ed. São Paulo: Revista dos Tribunais, 2000. p. 71-72.

Como apontado pelo autor, o Brasil está entre aqueles que se vinculam à Constituição formal. Nesse sentido, já se expôs anteriormente que há normas na Constituição de 1988 consideradas constitucionais meramente por uma questão de forma. São normas que, embora destituídas de matéria constitucional, vigem e são eficazes constitucionalmente; portanto, são superiores às demais normas e são parâmetros para o controle da constitucionalidade pelo simples fato de estarem no texto da Constituição. Diante disso, vale questionar novamente: por que não reconhecer normas materialmente constitucionais que, embora não estejam formalmente no texto, foram por ele recebidas após um complexo e solene processo de formação que não ofende a rigidez constitucional, mesmo porque não altera o texto da Constituição? Fosse o caso de considerar apenas as normas materialmente constitucionais, os tratados de direitos humanos não seriam desconsiderados.

A aferição da constitucionalidade de ato normativo inferior (ou sua indevida ausência, ou, ainda, outros atos que não normativos) não deve estar restrita à Constituição Formal, mas incluir, por força de norma material e formalmente constitucional (art. 5º, § 2º), também as normas constitucionais oriundas dos tratados internacionais de direitos humanos.

Canotilho, ao tratar do Direito Internacional "geral ou comum", e diante do problema de a Constituição portuguesa não prever expressamente "um valor específico às normas de direito internacional geral, informa algumas soluções, sendo a primeira a seguinte: "(1) *valor constitucional* — as normas de direito internacional geral fariam parte integrante do direito constitucional português *e a sua violação desencadearia o fenômeno da inconstitucionalidade*; [...]." (sem destaque no original)[229].

Ocorre que, ainda sem considerar os tratados internacionais de direitos humanos, já há certa dificuldade em delimitar a Constituição-parâmetro, o que vale trazer à luz.

Para Jorge Miranda, é possível alegar inconstitucionalidade se demonstrada a norma constitucional ofendida (determinada norma e não a Constituição em sua globalidade), seja tal norma oriunda de disposições ou princípios constantes da Constituição ou, ainda, oriunda de normas constitucionais consuetudinárias, incluindo as "de origem jurisprudencial" que integram a Constituição[230].

Considerando a realidade brasileira, quanto às normas constitucionais de origem jurisprudencial, atualmente, é possível apontar as súmulas vinculantes emanadas do Supremo Tribunal Federal, pois vinculam os órgãos do Poder Judiciário e

---

(229) CANOTILHO, José Joaquim Gomes. *Direito constitucional e teoria da Constituição*, p. 796.
(230) "a) A Constituição, não genericamente, na sua globalidade, em bloco, em bruto, mas por referência a uma norma determinada [...]; b) a Constituição, através de qualquer dos tipos de normas em que se analisa — disposições e princípios; c) A Constituição também através de qualquer de suas normas consuetudinárias (inclusive, de origem jurisprudencial) que a integram; d) [...]" (*Teoria do Estado e da Constituição*, p. 474).

também da Administração Pública Direta e Indireta (art. 103-A[231] e art. 2º, Lei n. 11.417/06). Sobre as súmulas vinculantes, especificamente com relação aos juízes, Marcelo Lamy assevera:

> Tal obrigatoriedade modifica sobremaneira a competência, a esfera de atuação dos juízes. Por um lado dos juízes submetidos a mesma é retirado parcela de sua esfera de liberdade para julgar, pois ficam vinculados a determinado entendimento, a específica interpretação. Por outro, os juízes do Supremo Tribunal Federal agregam nova competência, a de fixar um *entendimento jurídico com efeitos normativos* [232]. (sem destaque no original)

Nesse sentido, também os efeitos vinculantes da declaração de constitucionalidade, da declaração de inconstitucionalidade, da interpretação conforme a Constituição e da declaração parcial de inconstitucionalidade sem redução de texto (Lei n. 9.868/99, art. 28, parágrafo único)[233]. A decisão do Supremo Tribunal Federal nesses casos se impõe e pode apresentar-se como mutação constitucional, ou seja, uma alteração informal na Constituição, sem alterar seu texto[234].

Assim, já há determinações constitucionais além do texto constitucional propriamente dito. São as determinações constitucionais com o sentido e o alcance apontados pelo Supremo Tribunal Federal[235].

No que tange ao apontamento de uma norma constitucional violada e não à globalidade da Constituição[236], a questão foi abordada por Lúcio Bittencourt. O

---

(231) Art. 103-A. "O Supremo Tribunal Federal poderá, de ofício ou por provocação, mediante decisão de dois terços dos seus membros, após reiteradas decisões sobre matéria constitucional, aprovar súmula que, a partir de sua publicação na imprensa oficial, terá efeito vinculante em relação aos demais órgãos do Poder Judiciário e à administração pública direta e indireta, nas esferas federal, estadual e municipal, bem como proceder à sua revisão ou cancelamento, na forma estabelecida em lei".
(232) LAMY, Marcelo. *Efeitos amplificados das decisões judiciais no controle concreto de constitucionalidade:* uma teoria dos precedentes constitucionais. Tese de Doutorado. São Paulo: PUC/SP, 2008. p. 257.
(233) Art. 28 [...] Parágrafo único. "A declaração de constitucionalidade ou de inconstitucionalidade, inclusive a interpretação conforme a Constituição e a declaração parcial de inconstitucionalidade sem redução de texto, têm eficácia contra todos e efeito vinculante em relação aos órgãos do Poder Judiciário e à Administração Pública federal, estadual e municipal".
(234) Para Luis Carlos Sáchica: "Se diría que los controles de inconstitucionalidad son una extensión en el presente de la voluntad del constituyente para mantener el espíritu ya la fuerza de su decisión política global sobre el régimen. En cierto modo, se puede afirmar también que esta jurisdicción participa en el poder constituyente, en cuanto fija el sentido, los alcances y afectos de la Constitución, en interpretaciones obligatorias, y en cuanto contribuye a su actualización mediante la jurisprudencia" (*Esquema para una teoría del poder constituyente*. 2. ed. Bogotá: Temis, 1985. p. 47).
(235) Para Mauro Cappelletti: "Os juízes estão constrangidos a ser criadores do direito, *law-makers*. Efetivamente, eles são chamados a interpretar e, por isso, inevitavelmente a esclarecer, integrar, plasmar e transformar, e não raro a criar ex-novo direito. Isto não significa, porém, que sejam legisladores" (*Juízes legisladores?* Trad. Carlos Alberto Álvaro de Oliveira. Porto Alegre: Sergio Antonio Fabris, 1993. p. 73-74).
(236) "Convencidos como estamos de que a inconstitucionalidade é uma relação entre uma norma ou um ato e uma norma constitucional determinada, temos de entender que são igualmente essenciais em qualquer caso, em qualquer contestação, em qualquer sentença, a norma ou o ato inconstitucional e a norma da Constituição" (MIRANDA, Jorge. *Contributo para uma teoria da inconstitucionalidade*. Coimbra: Coimbra, 1996. p. 246).

autor questiona se a incompatibilidade deve se verificar entre a lei impugnada e a letra expressa da Carta Política ou poderá também ser reconhecida quando o conflito se verificar com o espírito da Constituição[237]. Ao referir-se ao espírito da Constituição, embora mencione o posicionamento favorável de Francisco Campos manifestado em parecer durante a vigência da Constituição de 1946[238], leciona acerca da dificuldade, no Brasil, em identificar esse espírito da Constituição por se tratar de:

> [...] obra de grupos heterogêneos, com as mais diversas ideologias e inclinações, difícil será entender que toda a Constituição tenha se filiado, sem discrepância, a uma só corrente do pensamento político. Aqui e ali ressumbram preceitos que fogem e escapam ao sentido geral predominante. A Constituição é uma obra eclética, onde as transigências se sucedem, impedindo a cristalização de um sentido único, puro e unilateral[239].

O autor defende a necessidade de preceito expresso, embora se considere, mesmo que preponderantemente, o espírito do dispositivo invocado, lembrando ser essa orientação dos tribunais americanos aceitável também pela Justiça Argentina. Outros autores lecionam no sentido da necessidade de apontamento da norma constitucional infringida, é, por exemplo, o caso de Meirelles Teixeira[240]. Mas não há unanimidade quanto a isso.

---

(237) BITTENCOURT, C. A Lúcio. *O controle jurisdicional da constitucionalidade das leis.* Rio de Janeiro: Forense, 1949. p. 53.

(238) "Francisco Campos, parecer. In: *Revista Forense*, v. 114, p. 37: 'A Constituição de 1946, conseguintemente, optou, não apenas de maneira tácita, mas de modo expresso, ou manifesta e declaradamente, pela ordem individualista ou pela ordem das liberdades, a qual tem, como ponto de caráter dogmático ou pressuposto incondicional, o princípio de que a norma da sua organização não é o poder, a autoridade, ou qualquer outro elemento exterior ou estranho à sua própria ordem, mas, precisamente, a liberdade que, assegurada igualmente a todos os indivíduos, constitui a única força legítima de integração moral, política e econômica nas sociedades verdadeiramente livres. Optando por essa ordem, a Constituição teria optado, necessariamente, pela ordem econômica liberal. Ora, a ordem da economia liberal se define, precisamente, pelo postulado de que o equilíbrio econômico resulta do encontro, da composição ou do entendimento recíproco entre vontades livres em um comício em que, como nos comícios políticos, a presença do Estado só é admitida para garantir, de modo efetivo, as liberdades' [...] 'Ora, a intervenção do Estado na economia, no sentido de conferir ao Estado o poder de se substituir aos indivíduos na avaliação dos seus próprios interesses e na decisão quanto ao ponto de equilíbrio em que eles devem se compor, pressupõe uma ordem constitucional autoritária ou o princípio de que a força de integração social não é a liberdade, mas o poder. Tal intervenção é claramente excluída pela Constituição de 1946" (nota de rodapé n. 1, BITTENCOURT, 1949. p. 53-54).

(239) *Ibidem*, p. 54. Também para Meirelles Teixeira: "Nossa Constituição, como a generalidade das Constituições modernas, já o vimos, representa apenas um compromisso, um *status* de equilíbrio e de tensão entre vários grupos e correntes de opinião, de pensamento e de orientação opostas, que se digladiam no seio da Nação. Como pretender-se, portanto, nela vislumbrar um 'espírito constitucional' suficientemente definido, a ponto de poder caracterizar a inconstitucionalidade de leis ou atos governamentais? Admitir a arguição de inconstitucionalidade sob tal fundamento seria lançar a incerteza, o caos na ordem jurídica, subvertendo-a irremissível e perigosamente" (*Curso de direito constitucional*, p. 379).

(240) "Uma lei, ou ato governamental, diz-se inconstitucional quando não se conforma com algum dispositivo da Constituição, quando de qualquer maneira, com ele não se concilia; quando o desrespeita, na sua letra ou no seu espírito. O vício de inconstitucionalidade, portanto, pode-se conceituar como a desconformidade da lei ou do ato governamental com algum preceito da Constituição" [...] (TEIXEIRA, J. H. Meirelles. *Curso de direito constitucional*, p. 378).

Outra questão é quanto a comando constitucional implícito e a inconstitucionalidade indireta ou implícita. Embora diante de uma Constituição como a brasileira, analítica, que constitucionalizou até normas não materialmente constitucionais, há quem considere difícil extrair de seus ditames comandos implícitos[241]. Mas Manoel Gonçalves Ferreira Filho traz exemplos de alguns desses direitos[242]. Diante disso, oportuno mencionar entendimento acerca da violação de norma constitucional implícita.

André Ramos Tavares, ao tratar da inconstitucionalidade expressa (direta) e implícita (indireta), leciona:

> Ao se classificar a inconstitucionalidade direta, leva-se em conta a incompatibilidade da lei com norma expressa da Constituição. No caso de inconstitucionalidade indireta, haveria incompatibilidade entre a lei e uma norma constitucional implícita. A distinção é acatada por Alfredo Buzaid, para quem a inconstitucionalidade entre lei e Constituição "[...] é direta, quando viola o direito expresso; e indireta quando a lei é incompatível com o espírito ou sistema da Constituição. [...]". [...] Ronaldo Poletti averba: "Uma Constituição não é apenas a sua letra, o seu texto literal, mas também os princípios que a informam e que, sob certa forma, permanecem no seu corpo. É inconstitucional a lei violadora da Constituição, quer ela disponha contrariamente à letra, quer ela fira o espírito constitucional, presente nos princípios dedutíveis da expressão de seus dispositivos"[243].

Adiante o autor afirma, com referência em nota aos autores Pontes de Miranda, Marcelo Neves e Alejandro Ghigliani, que "a violação de regras constitucionais não explícitas também revela uma faceta da inconstitucionalidade das leis". Menciona ainda que:

> O próprio STF tem encampado essa teoria [...]. E chega mesmo o Supremo a falar em "valores suscetíveis de consideração" e em finalidade última do sistema constitucional, para fins de identificar incompatibilidades com a Constituição[244].

Clèmerson Merlin Clève também aborda a questão, mas assevera que o caso de inconstitucionalidade indireta ou implícita não se trata de violação do espírito da

---

(241) Nesse sentido, cita-se o entendimento de Fernanda Dias Menezes de Almeida em Os direitos fundamentais na Constituição de 1988. 20 anos da Constituição. *Revista do Advogado*, ano XXVIII, set. 2008, n. 99, p. 46.
(242) "Um, o direito ao segredo, ou sigilo. Não só este se depreende do direito à privacidade e à intimidade (art. 5º, X), mas é ele a base — não referida — de outros, como o do sigilo de fonte de informações (art. 5º, XIV). Outro, o direito à incolumidade física que aponta por detrás da proibição de tratamento desumano e da tortura (art. 5º, III)" (*Direitos humanos fundamentais*. 10. ed. São Paulo: Saraiva, 2008. p. 100).
(243) TAVARES, André Ramos. *Curso de direito constitucional*. 5. ed. São Paulo: Saraiva, 2007. p. 207-208.
(244) *Op. cit.*, p. 210-211. O autor cita ainda o voto dos Ministros Xavier de Albuquerque e Rodrigues Alckmin no RHC n. 53.801-RJ, de 1975.

Constituição, como sugere Buzaid. Para Clèmerson Clève, a norma violada deve ser precisamente indicada porque: "Ela certamente deriva de um ou mais dispositivos constitucionais expressos"[245].

Resguardadas eventuais dificuldades diante de comandos constitucionais implícitos, certo é que para o apontamento da norma violada é preciso interpretar a Constituição e, conforme Konrad Hesse, o resultado dessa interpretação, ainda que seja uma norma implícita, não pode contrariar as normas explícitas[246].

Pois bem, nesse sentido, a própria Constituição determina a não exclusão dos direitos e das garantias decorrentes dos tratados internacionais em que o Brasil seja parte (art. 5º, § 2º, p.f.). Trata-se de norma expressa e não implícita. Trata-se de uma norma explícita e remissiva a outras normas, também explícitas, oriundas dos tratados internacionais[247]. Assim, para o apontamento da norma constitucional infringida, devem ser consideradas as provenientes dos tratados internacionais de direitos humanos incorporados no ordenamento jurídico interno.

Essa afirmativa se reforça quando consideradas tais normas como integrantes do bloco de constitucionalidade[248]. Canotilho, ao tratar especificamente dos elementos normativos com que se pretende alargar tal bloco, aponta como único

---

(245) CLÈVE, Clèmerson Merlin. *A fiscalização abstrata da constitucionalidade no direito brasileiro*, p. 56-57.
(246) "La interpretación se halla vinculada a algo establecido. Por eso los límites de la interpretación se sitúan allí donde no existe algo establecido de forma vinculante por la Constitución, donde acaban las posibilidades de una comprensión lógica del texto de la norma o donde una determinada solución se encontrase en clara contradicción con el texto de la norma. A este respecto puede haber disposiciones vinculantes contenidas en el Derecho constitucional no escrito. Ahora bien, puesto que el Derecho no escrito no puede hallarse en contradicción con la constitutio scripta [...], esta última se convierte en límite infranqueable de la interpretación constitucional. La existencia de este límite es presupuesto de la función racionalizadora, estabilizadora y limitadora del poder que le corresponde a la Constitución [...]" (*Escritos de derecho constitucional*. Madrid: Centro de Estudios Constitucionales, 1983. p. 51-53. Colección "Estudios Constitucionales").
(247) Nesse sentido, nada obstante as já citadas propostas de classificações quanto ao § 2º do art. 5º — no 2º capítulo —, vale trazer nesse contexto o entendimento de Ingo Wolfgang Sarlet: "[...] já podemos sustentar a existência de **dois grandes grupos de direitos fundamentais**, notadamente **os direitos expressamente positivados (ou escritos), no sentido de expressamente positivados, e os direitos fundamentais não escritos**, aqui genericamente considerados aqueles que não foram objeto de previsão expressa pelo direito positivo (constitucional ou internacional). **No que concerne ao primeiro grupo, não existem maiores dificuldades para identificar a existência de duas categorias distintas, quais sejam, a dos direitos expressamente previstos no catálogo dos direitos fundamentais ou em outras partes do texto constitucional (direitos com *status* constitucional material e formal), bem como os direitos fundamentais sediados em tratados internacionais e que igualmente foram expressamente positivados** [...]" (sem destaque no original) (*A eficácia dos direitos fundamentais*, p. 102).
(248) "Assim, apontando já um aspecto positivo, afirma-se que com a adoção do procedimento previsto no art. 5º, § 3º, da CF, os tratados em matéria de direitos humanos passariam a integrar o bloco de constitucionalidade, que representa a reunião de diferentes diplomas normativos de cunho constitucional, que atuam, em seu conjunto, como parâmetro do controle de constitucionalidade [...] não se deve, contudo, perder de vista que independentemente dos tratados internacionais, pelo menos para quem já vinha sustentando a sua condição de materialmente fundamentais (à luz do já analisado § 2º), já seriam parte integrante do nosso bloco de constitucionalidade, que não abrange necessariamente apenas normas constitucionais embasadas em disposições expressas de textos com hierarquia constitucional" (SARLET, Ingo Wolfgang. *A eficácia dos direitos fundamentais*. 7. ed. Porto Alegre: Livraria do Advogado, 2007. p. 152).

problema aquele relativo aos direitos fundamentais não formalmente constitucionais — constantes de leis ordinárias ou de convenções internacionais (art. 16 da Const. Port.). Nas palavras do autor:

> [...] ou esses direitos são densificações possíveis e legítimas do âmbito normativo-constitucional de outras normas e, consequentemente, direitos positivo-constitucionalmente plasmados, e nesta hipótese, formam parte do bloco de constitucionalidade, ou são direitos autônomos não reentrantes nos esquemas normativo-constitucionais, e, nessa medida, entrarão no bloco da legalidade, mas não no da constitucionalidade[249].

Como já demonstrado, os direitos constantes de convenções internacionais não podem ser considerados "direitos autônomos não reentrantes nos esquemas normativo-constitucionais". Mesmo porque, o fato de o Supremo Tribunal Federal ter reconhecido, de forma bipartida entre seus Ministros, a hierarquia supralegal de um lado e de outro a hierarquia constitucional, em ambos os entendimentos resta evidente que tais direitos não fazem parte do bloco da legalidade. Portanto, diante das hipóteses de Canotilho, perfeitamente possível considerar que se tratam de "direitos positivo-constitucionalmente plasmados" e integrantes do bloco de constitucionalidade.

Quanto aos direitos não formalmente constitucionais constantes de leis ordinárias, embora não seja esse o foco aqui, oportuno considerar essa possibilidade[250] para ressaltar, ainda que sumariamente, as distinções entre as normas decorrentes de tratados de direitos humanos e outras normas materialmente constitucionais constantes da legislação ordinária. Perante essas últimas, as normas oriundas dos tratados internacionais de direitos humanos apresentam, entre outras, as seguintes particularidades:

> 1) são "densificações legítimas do âmbito normativo-constitucional" por autorização expressa da própria Constituição (art. 5º, § 2º, p.f.);
>
> 2) obrigam juridicamente aos Estados a adequar a legislação interna segundo seus comandos; e
>
> 3) possuem sistema próprio de monitoramento e controle para garantia dos direitos que veiculam.

Assim, tais normas integram o bloco de constitucionalidade e, diferentemente das normas materialmente constitucionais constantes da legislação, conferem validade às normas inferiores, e, ainda, contam com sistemática internacional para assegurar a proteção dos direitos previstos.

---

(249) CANOTILHO, José Joaquim Gomes. *Direito constitucional e teoria da Constituição*, p. 892.
(250) Nesse sentido, Ingo Wolfgang Sarlet, com referência ao art. 16 da Constituição portuguesa, aponta os direitos de personalidade constantes no Código Civil e também o direito aos alimentos (*Dignidade da pessoa humana e direitos fundamentais*, p. 109).

O entendimento segundo o qual as normas de direitos humanos decorrentes de tratados internacionais fazem parte do bloco de constitucionalidade foi manifestado pelo Min. Celso de Mello, no RE n. 466.343/SP[251]. Embora ainda não seja entendimento unânime, foi seguido por outros ministros, repetiu-se em outros julgados e assim se fortaleceu além da doutrina. Com isso, ainda que tal decisão seja desprovida de efeito vinculante, já se percebe seus efeitos amplificados[252]. Já quanto aos tratados de direitos humanos que venham a ser elaborados nos moldes do § 3º do art. 5º, não há dúvidas de que fazem parte do bloco de constitucionalidade[253].

Diante desse real cenário, o parâmetro de constitucionalidade não se restringe às normas constitucionais expressas no texto constitucional, mas, considerando o bloco de constitucionalidade, abarca também as normas constantes dos tratados internacionais de direitos humanos, o que encontra sustentação nos princípios da dignidade humana[254] e da prevalência dos direitos humanos.

Os Ministros do Supremo Tribunal Federal vêm agindo nesse sentido; cita-se, a título de exemplo, o julgado abaixo em que se considerou certa lei constitucional porque em conformidade com tratado internacional de direitos humanos e com os fundamentos da República Federativa do Brasil:

> Ementa: Ação Direta de Inconstitucionalidade: Associação Brasileira das Empresas de Transporte Rodoviário Intermunicipal, Interestadual e Interna-cional de Passageiros — Abrati. Constitucionalidade da Lei n. 8.899, de 29 de junho de 1994, que concede passe livre às pessoas portadoras de deficiência. Alegação de afronta aos princípios da ordem econômica, da isonomia, da livre iniciativa e do direito de propriedade, além de ausência de indicação de fonte de custeio (arts. 1º, inc. IV, 5º, inc. XXII, e

---

(251) Conforme mencionado no terceiro capítulo, para o Min. Celso de Mello: "Os tratados de direitos humanos celebrados pelo Brasil (ou aos quais nosso País aderiu) entre a promulgação da CF/88 e a superveniência da EC n. 45/04 (referidos tratados assumem caráter materialmente constitucional, porque essa qualificada hierarquia jurídica lhes é transmitida por efeito de sua inclusão no bloco de constitucionalidade, que é 'a somatória daquilo que se adiciona à Constituição escrita, em função dos valores e princípios nela consagrados')" (RE n. 466343/SP, rel. Min. Cezar Peluso, 12.3.2008. Disponível em: <www.stf.jus.br> Acesso em: 16.6.2009).
(252) Nesse sentido, LAMY, Marcelo: *Efeitos amplificados das decisões judiciais no controle concreto de constitucionalidade:* uma teoria dos precedentes constitucionais. Tese de Doutorado, PUC/SP, 2008.
(253) "Com o advento da EC n. 45/04 pode-se afirmar ter havido ampliação do 'bloco de constitucionalidade' na medida em que se passa a ter um novo parâmetro (norma formal e materialmente constitucional), qual seja, nos termos do art. 5º, § 3º, os tratados e convenções internacionais sobre direitos humanos que forem aprovados, em cada Casa do Congresso Nacional, em 2 turnos, por 3/5 dos votos dos respectivos membros, serão equivalentes às emendas constitucionais" (LENZA, Pedro. *Direito constitucional esquematizado*, p. 207).
(254) "Os mandados constitucionais endereçados ao legislador apresentam características essencialmente programáticas e dispõem sobre determinadas tarefas e fins a serem alcançados. Além disso, a exemplo dos princípios diretores, servem de parâmetro ao controle de constitucionalidade (por ação ou por omissão), prestam um relevante auxílio na interpretação das normas constitucionais e infraconstitucionais e exigem que todos os atos emanados do Poder Público, de natureza normativa ou não, sejam com eles compatíveis" (GARCIA, Emerson. Dignidade da pessoa humana: referenciais metodológicos e regime jurídico. In: A contemporaneidade dos direitos fundamentais. *Revista Brasileira de Direito Constitucional* — RBDC, São Paulo: ESDC, jul./dez. 2004. p. 393).

170 da Constituição da República): improcedência. 1. [...] 3. Em 30.3.2007, o Brasil assinou, na sede das Organizações das Nações Unidas, a Convenção sobre os Direitos das Pessoas com Deficiência, bem como seu Protocolo Facultativo, comprometendo-se a implementar medidas para dar efetividade ao que foi ajustado. 4. A Lei n. 8.899/94 é parte das políticas públicas para inserir os portadores de necessidades especiais na sociedade e objetiva a igualdade de oportunidades e a humanização das relações sociais, em cumprimento aos fundamentos da República de cidadania e dignidade da pessoa humana, o que se concretiza pela definição de meios para que eles sejam alcançados. 5. Ação Direta de Inconstitucionalidade julgada improcedente[255].

Vale observar que, embora sem menção ao tratado do sistema interamericano sobre a mesma matéria, a decisão demonstra a conformidade da lei nacional também com aquele tratado ratificado pelo Brasil anteriormente ao advento do § 3º do art. 5º, reafirmando com isso não haver distinção entre os tratados elaborados antes ou após o novo regramento[256].

No mais, como já mencionado, há Constituições com comandos expressos no sentido de uma interpretação em conformidade com os tratados de direitos humanos[257], resultando, para o intérprete constitucional, considerá-los como parâmetros no controle da constitucionalidade. Assim deve ser no Brasil, independentemente de o tratado ter sido elaborado com observância do § 3º do art. 5º, mesmo porque, com ou sem tal observância, obriga a adequação da legislação interna aos seus comandos, como se passa a ressaltar.

5.2. A obrigatoriedade de adequação da legislação interna aos comandos dos tratados internacionais de direitos humanos e a necessidade de controle interno nesse sentido

A adequação das normas internas aos comandos internacionais de direitos humanos foi enfatizada no primeiro capítulo como uma das obrigações decorrentes

---

(255) ADI n. 2649/DF. Relatora Ministra Cármen Lúcia. Julgamento: 8.5.2008. Órgão Julgador: Tribunal Pleno DJE 197, de 16.10.2008, publ. 17.10.2008 (Disponível em: <www.stf.jus.br/jurisprudencia> Acesso em: 18.11.2008).
(256) Vale lembrar que para o Min. Celso de Mello, conforme voto proferido no RE n. 466.343/SP, os tratados de direitos humanos celebrados pelo Brasil após o advento da EC n. 45, de 2004, para serem considerados constitucionais, devem observar o novo regramento do § 3º do art. 5º.
(257) Cita-se ainda José de Oliveira Baracho: "A jurisdição constitucional, decorrente dos Tribunais Constitucionais, tem um papel relevante no desenvolvimento das novas perspectivas dos direitos fundamentais e dos direitos humanos. Constituições como a da Espanha consagram o princípio da interpretação, por via de criação jurisprudencial, ao entender o princípio da interpretação de conformidade com os tratados sobre os direitos humanos, ratificados pela Espanha (art. 10.2: 'as normas relativas aos direitos fundamentais e as liberdades que a Constituição reconhece interpretam-se de conformidade com a Declaração de Direitos Humanos, tratados e acordos internacionais sobre as mesmas matérias ratificadas pela Espanha')" (BARACHO, José Alfredo de Oliveira. *Direito processual constitucional:* aspectos contemporâneos. Belo Horizonte: Fórum, 2008. p. 131).

dos tratados internacionais de direitos humanos, o que demonstra a superioridade desses tratados perante a legislação infraconstitucional. Nesse momento, tal obrigatoriedade mostra-se como pressuposto para a posição especial desses instrumentos no controle da constitucionalidade.

As obrigações decorrentes dos tratados de direitos humanos não se restringem à adequação do ordenamento interno, mas se revelam em todas as funções do Estado. Conforme Antônio Cançado Trindade:

> [...] Assim, a par das obrigações convencionais atinentes a cada um dos direitos protegidos, ao ratificarem os tratados de direitos humanos os Estados Partes contraem também obrigações *gerais* de maior importância, consignadas naqueles tratados. Uma delas é a de respeitar e *assegurar o respeito* dos direitos protegidos, o que requer medidas positivas por parte dos Estados. Outra obrigação geral é a de adequar o ordenamento jurídico interno à normativa internacional de proteção. [...] Estas obrigações gerais, a serem devidamente cumpridas, implicam naturalmente o concurso de todos os poderes do Estado, de todos os seus órgãos e agentes. [...] Ao Poder Executivo incumbe tomar todas as medidas — administrativas e outras — a seu alcance para dar fiel cumprimento àquelas obrigações. [...] Ao Poder Legislativo incumbe tomar todas as medidas dentro de seu âmbito de competência, seja para regulamentar os tratados de direitos humanos de modo a dar-lhes eficácia no plano do direito interno, seja para harmonizar este último com o disposto naqueles tratados. E ao Poder Judiciário incumbe aplicar efetivamente as normas de tais tratados no plano do direito interno, e assegurar que sejam respeitadas[258].

Vale mencionar que a EC n. 45, de dezembro de 2004, além de acrescentar o § 3º ao art. 5º, inovou também com o § 5º do art. 109[259], cujo objetivo é, mediante o deslocamento de competência para a Justiça Federal nos casos de grave violação

---

[258] TRINDADE, Antônio Augusto Cançado. *Tratado de direito internacional dos direitos humanos.* Porto Alegre: Sergio Antonio Fabris, 2003. v. II. p. 551-552. Também Carlos Miguel C. Aidar nos traz: "Ao ratificar um tratado, o Estado assume a obrigação de respeitar, fazer respeitar e garantir os direitos reconhecidos pelo texto a toda pessoa sujeita à sua jurisdição, assim como de adaptar sua legislação ao estabelecido no tratado. Assume ainda a obrigação de assegurar que suas autoridades não tomem medidas contrárias ao disposto no tratado e de colocar recursos jurídicos efetivos à disposição de toda pessoa que se sinta violada em seus direitos. A Constituição Federal acolhe os tratados internacionais em nosso ordenamento jurídico afirmando, no § 2º do art. 5º: [...]. A Constituição passa, assim, a atribuir aos tratados internacionais a natureza de norma constitucional" (Perspectiva didática dos tratados internacionais. In: AMARAL, Antonio Carlos Rodrigues do (coord.). *Tratados internacionais na ordem jurídica brasileira.* Prefácio de José Francisco Rezek. São Paulo: Aduaneiras, 2005. p. 82).

[259] "Art. 109. Aos juízes federais compete processar e julgar: [...] § 5º Nas hipóteses de grave violação de direitos humanos, o Procurador-Geral da República, com a finalidade de assegurar o cumprimento de obrigações decorrentes de tratados internacionais de direitos humanos dos quais o Brasil seja parte, poderá suscitar, perante o Superior Tribunal de Justiça, em qualquer fase do inquérito ou processo, incidente de deslocamento de competência para a Justiça Federal."

aos direitos humanos, assegurar o cumprimento das obrigações decorrentes de tais instrumentos.

Especificamente quanto às obrigações decorrentes dos tratados para o Poder Legislativo, Fernando do Couto Henriques Júnior assevera:

> Se o legislativo aprovou o texto do Tratado, assumiu a obrigação e a responsabilidade de se abster de votar leis contrárias ao seu conteúdo, em razão da aquiescência demonstrada. Impõe-se uma autolimitação, da mesma forma que o Estado se autolimita, no exercício de seu poder soberano, no momento em que ratifica o Tratado. Afinal, a aprovação de seu texto, pelo Legislativo, importa no afastar da incidência de regra interna que lhe seja contrária e prevenir o afastamento no futuro[260].

Ao Poder Legislativo incumbe não elaborar leis contrárias ao tratado, e, ainda, verificar se há necessidade de adequação da legislação em vigor[261]. Elaborar ou manter lei no ordenamento jurídico contrária a tratados internacionais é, além de desrespeitar comandos internacionais, ofender a própria Constituição.

O controle da constitucionalidade, inerente a todo Estado Democrático de Direito, não pode desconsiderar o inter-relacionamento existente entre as normas constitucionais e as normas internacionais de direitos humanos. É afirmar que a incorporação dos tratados internacionais de direitos humanos no ordenamento jurídico brasileiro, com hierarquia de norma constitucional, causa impacto também na jurisdição constitucional, cujo aspecto mais importante é, de acordo com Mauro Cappelletti, o controle da constitucionalidade[262].

Para efetuar o controle da constitucionalidade, é preciso considerar a responsabilidade primária dos Estados quanto à proteção dos direitos humanos. Isso porque, se essa responsabilidade está em âmbito interno, necessário que o Estado atue efetivamente nesse sentido, o que requer a conformidade da legislação interna — e

---

(260) HENRIQUES JÚNIOR, Fernando do Couto. Conflito entre norma interna e norma de tratado internacional. In: AMARAL, Antonio Carlos Rodrigues do (coord.). *Tratados internacionais na ordem jurídica brasileira*. Prefácio de José Francisco Rezek. São Paulo: Aduaneiras, 2005. p. 129.

(261) Veja as seguintes propostas para adequação da lei sobre tortura: "PL n. 4.129/01. Tramitando em Conjunto (Apensada à PL n. 3.012/97). Autor: Orlando Fantazzini — PT/SP. Data de apresentação: 20.2.2001. Ementa: Reformula a Lei n. 9.455, de 7 de abril de 1997, para adequá-la às Convenções contra a Tortura e outros Tratamentos ou Penas Cruéis, das Nações Unidas, de dezembro de 1984, e para Prevenir e Punir Tortura, da Organização dos Estados Americanos, de 1989. PL n. 4.107/98. Autor: Hélio Bicudo — PT/SP. Data de apresentação: 27.1.1998. Ementa: Reformula a Lei n. 9.455, de 7 de abril de 1997, para adequá-la às Convenções Contra a Tortura e Outros Tratamentos ou Penas Cruéis, das Nações Unidas, de dezembro de 1984, e para Prevenir e Punir Tortura, da Organização dos Estados Americanos, de 1989, e dá outras providências" (Disponível em: <www.camara.gov.br> Acesso em: 11.11.2008).

(262) "O tema do controle jurisdicional da constitucionalidade das leis não pode, certamente, identificar-se com a jurisdição ou justiça constitucional, a Verfassungsgerichtsbarkeit dos alemães. Ela, ao contrário, não representa senão um dos vários possíveis aspectos da assim chamada 'justiça constitucional', e, não obstante, um dos aspectos certamente mais importantes" (*O controle judicial de constitucionalidade das leis no direito comparado*. 2. ed. Porto Alegre: Sergio Antonio Fabris, 1999. p. 24).

outros atos — aos ditames internacionais aceitos livremente pelos Estados soberanos. Com isso se evita a utilização dos meios internacionais de controle, a exemplo da jurisdição internacional, que é subsidiária, mas operante no sentido de responsabilizar o Estado por descumprimento do tratado.

Assim, necessário aperfeiçoar o sistema de controle da constitucionalidade a fim de reconhecer, sem receios, que os tratados internacionais de direitos humanos impõem a adequação da legislação interna da mesma forma como as normas do texto constitucional. Portanto, a não observância de tal comando gera inconstitucionalidade, e o controle nesse sentido, além de ser uma forma de prevenir a responsabilização internacional, garante a própria Constituição.

5.3. Uma questão terminológica: controle da constitucionalidade ou "controle da convencionalidade"[263]?

Para tratar da questão proposta, necessário advertir que o tema dos tratados internacionais como parâmetros para o controle da constitucionalidade ainda não foi explorado no universo jurídico. Trata-se de um tema que requer maior atenção, principalmente por parte dos defensores da hierarquia constitucional para esses instrumentos. Com o advento do § 3º, do art. 5º, da Constituição de 1988, o qual confere a equiparação desses instrumentos às emendas constitucionais, a questão ganha maior relevância e requer melhores delineamentos pela doutrina e pela jurisprudência. Assim, a pretensão nesse momento é a de reafirmar o próprio título desta obra e a sua pertinência perante os aspectos processuais constitucionais circundantes, como se passa a expor.

A conformidade da legislação interna com os tratados de direitos humanos é verificada em âmbito internacional. No sistema interamericano, tanto a Comissão quanto a Corte podem manifestar-se acerca da compatibilidade da legislação nacional com as disposições internacionais[264]. Flávia Piovesan, ao tratar desse controle efetuado pela Corte Interamericana de Direitos Humanos, assevera:

---

(263) Para Luiz Flavio Gomes: "No Brasil quem defendeu, pela primeira vez, a teoria do controle de convencionalidade foi Valério Mazzuoli, em sua tese de doutoramento (sustentada na Universidade Federal do Rio Grande do Sul — Faculdade de Direito, em Porto Alegre, em 2008)" (GOMES, Luiz Flávio. Controle de convencionalidade: STF revolucionou nossa pirâmide jurídica. *Jus Navigandi*, Teresina, ano 13, n. 2.033, 24 jan. 2009. Disponível em: <http://jus2.uol.com.br/doutrina/texto.asp?id=12241> Acesso em: 20.5.2009).

(264) Conforme Augusto C. Trindade: "Com efeito, em seu décimo terceiro Parecer (de 1993), a Corte Interamericana de Direitos Humanos manteve que a Comissão Interamericana é competente (sob os arts. 41 e 42 da Convenção americana) para determinar se uma norma de direito interno de um Estado-Parte viola ou não as obrigações deste último sob a Convenção Americana sobre Direitos Humanos, mas não é competente para determinar se aquela norma contradiz ou não o próprio direito interno do Estado em questão. Posteriormente, em seu décimo quarto Parecer (de 1994), a Corte manteve ademais que a adoção e aplicação de uma lei nacional contrária às obrigações sob a Convenção constituem uma violação desta última, acarretando a responsabilidade internacional do Estado em questão; se um determinado ato, consoante a aplicação de tal lei, é um crime internacional — acrescentou a Corte —, gera ele a responsabilidade internacional não só do Estado, mas também dos funcionários ou agentes que executaram tal ato" (*Tratado de direito internacional dos direitos humanos*, v. I, p. 522).

A Corte ainda pode opinar sobre a compatibilidade de preceitos da legislação doméstica em face dos instrumentos internacionais, efetuando, assim, o "controle da convencionalidade das leis". Ressalte-se que a Corte não efetua uma interpretação estática dos direitos humanos enunciados na Convenção Americana, mas, tal como a Corte Europeia, realiza interpretação dinâmica e evolutiva, considerando o contexto temporal, o que permite a expansão de direitos[265].

Para o controle efetuado pelos órgãos internacionais, não tem relevância com qual hierarquia os tratados internacionais de direitos humanos foram incorporados no ordenamento jurídico interno, sendo o único ponto de partida a obrigação jurídica decorrente da ratificação.

Conforme se demonstra, tal controle — da compatibilidade da legislação interna com os tratados internacionais de direitos humanos — também deve ocorrer em âmbito interno.

Nesse sentido, Valério de Oliveira Mazzuoli, com referência à sua tese de doutorado[266], reafirma o expresso "controle da convencionalidade das leis" a indicar o controle da legislação infraconstitucional tendo como paradigma os tratados de direitos humanos, mas desde que equivalentes às emendas constitucionais nos termos do art. 5º, § 3º, da Constituição de 1988. Para o autor, os tratados não equivalentes às emendas, porque desprovidos de aprovação com maioria qualificada, seriam "paradigma apenas do controle difuso da convencionalidade". Quanto aos meios para o controle, o autor aponta aqueles já existentes para o controle da constitucionalidade.

Com a devida reverência ao autor, cuja doutrina é fonte inafastável para o assunto em tela, preferimos a expressão controle da constitucionalidade à "controle da convencionalidade", e, ainda, consideramos que todos os tratados de direitos humanos devem ser considerados como parâmetros para o controle da constitucionalidade, concentrado ou difuso, não apenas aqueles elaborados nos termos do art. 5º, § 3º.

Tal opção é para ressaltar a hierarquia constitucional dos tratados de direitos humanos, pois é possível entender que para um "controle da convencionalidade" há apenas a necessidade da superioridade dos tratados em face da legislação infraconstitucional, ou seja, basta a hierarquia supralegal.

Luiz Flávio Gomes e Rodolfo Luis Vigo, ao reafirmarem o posicionamento no sentido de que os tratados de direitos humanos incorporados no ordenamento

---

(265) PIOVESAN, Flávia. *Direitos humanos e justiça internacional*, p. 99-100.
(266) MAZZUOLI, Valério de Oliveira. O controle de convencionalidade das leis. In: *Tribuna do Direito*, fev. 2009. p. 8. Dados da tese referida pelo autor: MAZZUOLI, Valério de Oliveira. *Rumo às novas relações entre o direito internacional dos direitos humanos e o direito interno:* da exclusão à coexistência, da intransigência ao diálogo das fontes. Tese de Doutorado em Direito. Porto Alegre: UFR-GS, 2008. p. 201-241.

jurídico interno anteriormente à EC n. 45/04 possuem valor constitucional, apontam o seguinte ponto comum quando tais instrumentos são considerados acima da legislação comum (supraconstitucional, constitucional e supralegal):

> A produção do Direito, por exemplo, agora, para além dos limites formais, conta também com novos limites materiais, dados pelos direitos humanos fundamentais contemplados na Constituição e nos Tratados de Direitos Humanos. Rompendo com as concepções clássicas do positivismo legalista, impõe-se (de outro lado) concluir que nem toda lei vigente é válida. E quando ela é válida? Somente quando conta com dupla compatibilidade vertical, ou seja, compatibilidade com o Direito Internacional dos Direitos Humanos assim como com a Constituição. Conclusão: não basta haver consonância com apenas um deles (esse é o caso da prisão civil do depositário infiel: ela está na lei ordinária bem como na Constituição). Isso não é suficiente. A produção do texto ordinário deve agora observar dois outros ordenamentos jurídicos (dois outros filtros) superiores. Quando incompatível com qualquer um deles, não possui validade[267].

Os autores asseveram que a legislação ordinária deve estar em harmonia com a Constituição e com os tratados de direitos humanos, ou seja, "uma dupla compatibilidade". Nesse sentido, ocorreriam sempre ambos os controles, o da convencionalidade (tendo como parâmetros as normas dos tratados, o que, para tanto, independe da hierarquia constitucional, bastando a supralegal) e o da constitucionalidade (tendo como parâmetros as normas do texto constitucional).

A distinção entre o entendimento dos autores e o defendido aqui reside no apontamento de única compatibilidade vertical, com a Constituição. Não apenas a Constituição formal, mas considerando o bloco de constitucionalidade, onde estão os comandos dos tratados de direitos humanos. A inobservância de qualquer norma advinda desse bloco de constitucionalidade gera a inconstitucionalidade que deve ser refutada pelo sistema de controle da constitucionalidade já delimitado na própria Constituição.

Também é preciso evitar entendimento no sentido de um controle considerando apenas os tratados internacionais de direitos humanos como parâmetros, ou seja, sem considerar as normas do texto constitucional. Isso porque, tais tratados são parâmetros quando colocados ao lado das normas da Constituição Formal, pois estas são parâmetros por excelência.

Nessa direção, para o controle da constitucionalidade, deve ser considerado todo o bloco de constitucionalidade, para, ao final, apontar a norma violada, seja da Constituição formal, seja do tratado. À norma violada, chega-se após o percurso constitucional obrigatório.

---

(267) GOMES, Luiz Flávio; VIGO, Rodolfo Luis. *Op. cit.*, p. 63.

Para o fim de controle, há distinção entre uma norma infraconstitucional ser contrária a tratado de direitos humanos integrante do bloco de constitucionalidade e uma norma infraconstitucional ser contrária a tratado sem considerá-lo inserido no bloco, pois, quando as partes são consideradas isoladamente, podem ter acepção distinta. Nesse sentido, considerando a interação das normas de direitos humanos e normas do texto constitucional como um sistema, o sistema constitucional internacional em matéria de direitos humanos, cabíveis as seguintes lições de Márcio Pugliesi:

> Globalidade e equifinalidade são outras noções que se aplicam às abordagens sistêmicas. A primeira diz que o todo é diferente da soma das partes. Ou seja, define-se como globalidade o fato de qualquer sistema, uma vez constituído, revelar novas propriedades que as suas partes não apresentam. É fácil ver a distonia com o método cartesiano. A equifinalidade é a capacidade de os sistemas poderem, em virtude da sua organização e diversidade dos elementos, atingir o mesmo objetivo por vias diversas, revelando uma persistência nestes objetivos apesar de várias perturbações externas. Tais objetivos acabam por se impor ao comportamento do sistema [...] Estas duas características levam a desaconselhar as abordagens analíticas, que implicam a decomposição em partes para, a partir delas, reconstruir o todo. Ao contrário, aconselham a abordagem por simulação com modelos funcionantes que possam desprezar os pormenores elementares, mas simulem o funcionamento global e possam atingir os objetivos dos sistemas que modelizam[268].

Com isso se pretende demonstrar que, ao se considerar apenas os tratados internacionais como parâmetros, uma lei infraconstitucional pode ser compatível com seus ditames, mas incompatível com a Constituição. Já considerando o controle da constitucionalidade como exposto, o resultado pode ser a inconstitucionalidade, pois o tratado inserido na ordem constitucional recebe nova interpretação, como parte de um todo e não como parte isolada.

Veja, a título de exemplo, a eventualidade de surgir uma lei admitindo a prisão perpétua no Brasil. Essa lei estaria em acordo com o Estatuto de Roma. Todavia, considerando o Estatuto de Roma no bloco da constitucionalidade, a conclusão seria a constatação da inconstitucionalidade da referida lei. Isso porque, como já exposto, os comandos internacionais de direitos humanos e também os comandos constitucionais autorizariam a não aplicação da norma menos benéfica em prol da norma mais benéfica.

Embora já se possa considerar como demonstrado o cabimento da terminologia controle da constitucionalidade, ainda são possíveis algumas considerações sob as lições de Canotilho acerca das denominadas "normas interpostas e pressupostas". Ainda que o autor não se refira especificamente às normas de direitos humanos, assim assevera:

---

(268) PUGLIESI, Márcio. *Por uma teoria do direito:* aspectos microssistêmicos. São Paulo: RCS, 2005. p. 269.

> Existem casos de normas que, carecendo de forma constitucional, são reclamadas ou pressupostas pela constituição como específicas condições de validade de outros actos normativos, *inclusive* de atos normativos com valor legislativo. Para designar estas normas, a doutrina crismou-as, por sugestão da publicística italiana, de normas interpostas. Como exemplos típicos, mas sem caráter exaustivo, podem apontar-se os seguintes: (1) as leis de autorização (cf. arts. 112, 165/2 e 198/1/b), consideradas como parâmetro normativo-material de decretos-leis autorizados ou de decretos legislativos regionais autorizados (art. 227/1/b); [...] (4) as normas de direito internacional, se e na medida em que se considerem como tendo valor paramétrico relativamente ao direito legal ordinário (cf. art. 8º/2) [...][269].

Com relação ao item (4) acima transcrito, o autor se manifesta nos seguintes termos:

> A hipótese prevista em (4) oferece mais dificuldades, dado que a constituição em parte alguma afirma a superioridade do direito internacional sobre o direito legal ordinário (cf. *supra*). A elevação das normas de direito internacional a parâmetro normativo do direito interno é, sobretudo, uma posição doutrinária, embora metodicamente fundada em preceitos constitucionais (cf. sobretudo art. 8º). Aqui, por conseguinte, são dois os problemas: (i) demonstrar, em primeiro lugar, o valor paramétrico superior do direito internacional relativamente ao direito legal interno; (ii) em caso afirmativo, qualificar juridicamente a relação de desvalor paramétrico entre o direito internacional e o direito interno[270].

Pois bem, considerando essas lições para o caso brasileiro, é certo afirmar que, com relação ao primeiro problema levantado pelo autor, o Supremo Tribunal Federal já o superou desde o julgamento do RE n. 466.343/SP. Segundo o entendimento prevalente no referido julgado, os tratados internacionais de direitos humanos são (para a maioria dos Ministros naquele julgado) normas interpostas, já que superiores ao direito legal interno. A partir disso, resta em aberto o segundo problema e com suas várias vertentes, a exemplo da competência e dos instrumentos para um necessário controle em âmbito interno. Isso porque o caso envolvido no referido julgado chegou ao Supremo Tribunal Federal por ter questão constitucional e não apenas por envolver direitos decorrentes de tratados internacionais.

Em Portugal, como informa Canotilho, já está previsto um processo de verificação da contrariedade[271] de norma legislativa com Convenção Internacional,

---

(269) CANOTILHO, José Joaquim Gomes. *Direito constitucional e teoria da Constituição*, p. 892-893.
(270) *Op. cit.*, p. 893-894.
(271) Segundo o autor: "A LTC absteve-se de falar aqui em 'inconstitucionalidade' ou 'ilegalidade' [...] A relação de contrariedade não diz nem mais nem menos do que isto: um ato legislativo está em contradição com uma convenção internacional. Essa relação de contrariedade assume um desvalor jurídico-constitucional e é esse desvalor a causa justificativa da sua recusa de aplicação por parte do juiz *a quo*. Todavia, a LTC não qualifica aquilo que era preciso demonstrar: se a relação de contrariedade se reconduz a uma inconstitucionalidade (o que pressuporia a atribuição de valor constitucional às normas internacionais), se prefigura uma

o que se deve ao advento da Lei Orgânica n. 85/89 alterando a Lei n. 28/82, com destaque, pelo autor, aos "aditamentos da alínea l/i do art. 70 e do n. 2 do art. 71"[272]. Segundo o autor:

> A LTC eleva, deste modo, o Tribunal Constitucional a intérprete qualificado (cf. LTC, art. 70/1/i, 2ª parte, e 72/4) das questões jurídico-constitucionais (cf. CRP, art. 221) e jurídico-internacionais implicadas num processo concreto (cfr. sobretudo, LTC, art. 70/l/i, 2ª parte) e a "guardião do valor paramétrico do direito internacional convencional" nos casos onde a parametricidade deste direito em relação ao direito interno se revelou justificada através da interpretação/concretização de normas constitucionais e normas internacionais[273].

Jorge Miranda, ao tratar da fiscalização da constitucionalidade, traz três notas principais no sistema português, sendo a terceira:

> [...] a extensão, em certos termos, do regime de fiscalização de constitucionalidade à fiscalização de legalidade (por violação de leis de valor reforçado) e à fiscalização da conformidade de normas legislativas com normas de convenções internacionais[274].

Há, então, no sistema português, um controle possível de ser denominado como "controle da convencionalidade", pois considera a legislação comum como objeto e os tratados internacionais — de forma geral e não especificamente os tratados de direitos humanos — como parâmetros. Mas não se afirma por ali se tratar de inconstitucionalidade, preferiu-se falar em "contrariedade".

Para os tratados internacionais de direitos humanos, o "valor paramétrico superior" das suas normas é o valor constitucional. Daí a qualificação jurídica da "relação de desvalor paramétrico" entre tais normas e o direito interno ser a inconstitucionalidade. Portanto, o controle a ser efetuado é o da constitucionalidade mediante a sistemática já existente no Brasil, pois comporta os tratados internacionais de direitos humanos nessa posição, como se passa a evidenciar.

---

inconstitucionalidade indirecta (o que assentaria também na hierarquia superior do direito internacional) ou se é reconduzível a uma ilegalidade (o que radicaria na ideia de as convenções internacionais beneficiarem de um 'valor legislativo qualificado' — valor reforçado — em relação às normas legislativas internas)" (*Direito constitucional e teoria da Constituição*. 4. ed. Coimbra: Almedina, 2000. p. 1.013).

(272) "Segundo a primeira das disposições referidas, cabe recurso para o Tribunal Constitucional das decisões dos tribunais 'que recusem a aplicação de norma constante de ato legislativo com fundamento na sua contrariedade com uma convenção internacional ou a apliquem em desconformidade com o anteriormente decidido sobre a questão pelo Tribunal Constitucional'. De acordo com os arts. 71 e 72, o recurso previsto no art. 70/l/i, acabado de transcrever, 'é restrito às questões de natureza jurídico-constitucional e jurídico--internacional implicadas na decisão recorrida'" *Ibidem*, p. 1.011).

(273) *Ibidem*, p. 1.015.

(274) MIRANDA, Jorge. A originalidade e as principais características da Constituição portuguesa. In: RIBEIRO, Lauro Luiz Gomes; BERARDI, Luciana Andréa Accorsi (orgs.). *Estudos de direito constitucional*: homenagem à professora Maria Garcia. São Paulo: IOB-Thomson, 2007. p. 176.

5.4. Momentos, competências e instrumentos para o controle da constitucionalidade considerando os tratados internacionais como parâmetros

O objetivo com este último tópico é ressaltar que o sistema de controle da constitucionalidade existente no Brasil já dispõe de meios aptos para se considerar os tratados internacionais de direitos humanos na posição de parâmetros para o controle da constitucionalidade. É o que se passa a demonstrar mediante uma releitura das disposições pertinentes e incluir os tratados internacionais de direitos humanos no lugar que lhes cabe, o de parâmetros para o controle. Não sem antes reconhecer que, considerando a relevância da jurisdição constitucional para os direitos humanos, como leciona José Alfredo de Oliveira Baracho[275], certamente está aqui o impulso para estudos futuros atinentes ao Direito Processual Constitucional, pois há particularidades processuais que circundam o tema e já não comportam nesse findar do trabalho.

5.4.1. Controle preventivo

O melhor momento para o controle da constitucionalidade é durante o processo legislativo, ou seja, o controle preventivo. É quando se evita o surgimento de uma norma inconstitucional por ofensa às normas constitucionais, incluídas as provenientes dos tratados internacionais de direitos humanos. Após o surgimento da lei, impõe-se a presunção da sua constitucionalidade até que o contrário seja declarado por órgão competente[276] e com efeitos para todos. Daí a necessidade de um efetivo controle preventivo que, no Brasil, pode ser efetuado no Poder Legislativo, no Poder Judiciário e no Poder Executivo.

---

(275) "A noção de direitos humanos ou direitos fundamentais do homem assume grande importância na Constituição e no Direito Internacional, com destaque para as garantias jurisdicionais e de ordem processual desses direitos e sua repercussão na pluralidade das ordens jurídicas existentes. [...] A jurisdição constitucional tem grande papel na efetivação desses níveis de direito. [...] A correlação entre o Direito Internacional e o direito interno, com as regras de interpretação, integração e aplicação, ocupa lugar de relevo nas buscas jurídicas. [...] A relação entre direitos humanos, Direito Internacional e Direito Constitucional, constitui tema cada vez mais significativo para o constitucionalismo contemporâneo. Na América Latina, várias tendências têm surgido no que se refere ao conteúdo das próprias Constituições. Dentro dessa projeção, indagam-se, também, as componentes constitucionais dos direitos humanos. A eficácia constitucional dos direitos humanos, na ordem interna, está vinculada a questões práticas do acesso à justiça e de sua administração, bem como à eficácia real e a limitações socioeconômicas que impedem a sua realização. Ressalte-se também o significado da indissociabilidade entre os direitos humanos do Direito Constitucional Interno e os do Direito Internacional. Os direitos humanos são constitucionalmente reconhecidos, bem como sua exigibilidade jurídica" (BARACHO, José Alfredo de Oliveira. *Direito processual constitucional:* aspectos contemporâneos. 1. reimp. Belo Horizonte: Fórum, 2008. p. 135-137).
(276) Conforme Celso Bastos: "Enquanto as leis constitucionais somente perdem a sua validade pelo surgimento de nova lei, que as revogue, a lei inconstitucional arca com o ônus de um processo específico de invalidação, qual seja, o de ver sua invalidade declarada por outro órgão, diferente daquele que a produziu. Em outras palavras, perderá a lei viciada a sua eficácia, na conformidade de um processo previsto pela própria Constituição para anular as normas que a desrespeitem" (*Curso de direito constitucional*, p. 401).

No Poder Legislativo, o controle ocorre durante a discussão e votação do projeto de lei, em especial pelas Comissões de Constituição e Justiça, mas sem prejuízo de outras comissões, e até mesmo em plenário para identificação da inconstitucionalidade.

A inconstitucionalidade pode ser identificada pelo Poder Judiciário mediante a impetração de Mandado de Segurança por parte de parlamentar, quando diante de manifesta inconstitucionalidade num projeto de lei ou de emenda constitucional. Para tanto, o Supremo Tribunal Federal não reconhece outro legitimado ativo além do parlamentar. Reconhecer tal legitimidade também aos cidadãos, os representados, e não apenas aos parlamentares, os representantes, seria um passo significativo para o aprimoramento do controle preventivo.

Por último, ainda durante o processo legislativo, há possibilidade de oposição à inconstitucionalidade por parte do Presidente da República, mediante o veto jurídico, nos termos do art. 66, § 1º[277]. Há, todavia, a possibilidade de derrubada do veto nos termos do art. 66, § 4º[278]. Tais atos devem ser motivados e sobre eles deve haver algum controle a fim de evitar um veto por inconstitucionalidade quando não é o caso, e evitar também a derrubada do veto quando a inconstitucionalidade existe.

É dizer que a sistemática é a mesma já operante. O que muda é a ampliação dos parâmetros com a inclusão dos tratados internacionais de direitos humanos e, assim, evita-se o nascimento de uma lei eivada de inconstitucionalidade por ofensa a ordem constitucional. Para tanto, necessário que os responsáveis por esse controle não se restrinjam ao texto constitucional, é preciso considerar também todos os tratados de direitos humanos incorporados no ordenamento jurídico interno e interpretar suas normas juntamente com as normas da Constituição Formal.

É, com isso, aperfeiçoar o sistema de controle preventivo em prol dos direitos humanos. Assim, além da devida adequação da legislação interna com os tratados de direitos humanos, evitando-se eventual responsabilização do Estado, seria menos necessário o controle repressivo, difuso ou concentrado. Quanto a este último, estatística divulgada no *site* do STF[279] aponta que, entre outubro de 1988 e janeiro de 2008, foram ajuizadas 4.707 ADIns, sendo 640 julgadas procedentes; 161 julgadas procedentes em parte; 158 julgadas improcedentes e 1.665 não conhecidas. Em sede de cautelar, foram apresentadas 484 medidas, com 251 liminares deferidas; 74 deferidas em parte; 135 indeferidas e 24 prejudicadas. Com novos institutos criados pela EC n. 45/04, a exemplo da repercussão geral, esses números já diminuíram significativamente[280]. Mas um controle preventivo mais efetivo já

---

(277) "Art. 66. [...] § 1º Se o Presidente da República considerar o projeto, no todo ou em parte, inconstitucional ou contrário ao interesse público, vetá-lo-á total ou parcialmente, no prazo de quinze dias úteis, contados da data do recebimento, e comunicará, dentro de quarenta e oito horas, ao Presidente do Senado Federal os motivos do veto."
(278) "Art. 66. [...] § 4º O veto será apreciado em sessão conjunta, dentro de trinta dias a contar de seu recebimento, só podendo ser rejeitado pelo voto da maioria absoluta dos Deputados e Senadores, em escrutínio secreto."
(279) Disponível em: <www.stf.gov.br> Acesso em: 25.2.2008.
(280) Conforme informação do STF, de 20.4.2009, aquele Tribunal já recebia 40,09 % processos a menos em um ano.

traria esse — ou melhor — resultado sem a necessidade de restringir o acesso àquela Corte.

Como se apontará a seguir, caso a lei venha a existir com inconstitucionalidade, restará o controle repressivo, que ocorre de forma difusa ou concentrada. Mas o controle difuso não tem o condão de retirar a lei inconstitucional do ordenamento jurídico, pois seus efeitos surtem apenas entre as partes do processo. Já, quanto ao controle concentrado, nem todos detêm legitimidade ativa para as ações pertinentes, os efeitos da decisão poderão não retroagir e, como já mencionado, atualmente, ainda há necessidade de que a questão tenha repercussão geral. Isso tudo evidencia ainda mais a relevância do controle preventivo da constitucionalidade.

5.4.2. Controle repressivo

O controle repressivo no Brasil ocorre de forma difusa, por qualquer órgão do Poder Judiciário, ou de forma concentrada, pelo Supremo Tribunal Federal. Em ambos os casos, deve-se considerar as normas decorrentes dos tratados internacionais de direitos humanos ao lado das normas do texto constitucional, como se passa a expor.

5.4.2.1. Controle difuso

Se há competência para qualquer juízo — monocrático ou colegiado —, diante de qualquer processo, deixar de aplicar uma lei porque é inconstitucional, para aferição dessa inconstitucionalidade, é preciso considerar também os ditames internacionais de direitos humanos.

Os efeitos da decisão no controle difuso são *inter pars*, mas podem passar a *erga omnes*, se confirmada em definitivo pelo Supremo Tribunal Federal, oportunidade em que se comunicará tal decisão ao Senado Federal para o fim do disposto no art. 52, inc. X, da CF[281]. Ou, ainda, atualmente, se preenchidos os requisitos constitucionais, seja editada súmula vinculante[282] (embora não vincule o Poder Legislativo na sua função típica de legislar).

Todavia, como asseverado por Dyrceu Aguiar Dias Cintra Júnior, em seminário acerca dos tratados internacionais de direitos humanos:

---

(281) "Compete privativamente ao Senado Federal: [...] X — suspender a execução, no todo ou em parte, de lei declarada inconstitucional por decisão definitiva do Supremo Tribunal Federal."
(282) Art. 103-A. "O Supremo Tribunal Federal poderá, de ofício ou por provocação, mediante decisão de dois terços dos seus membros, após reiteradas decisões sobre matéria constitucional, aprovar súmula que, a partir de sua publicação na imprensa oficial, terá efeito vinculante em relação aos demais órgãos do Poder Judiciário e à administração pública direta e indireta, nas esferas federal, estadual e municipal, bem como proceder à sua revisão ou cancelamento, na forma estabelecida em lei". Artigo devidamente regulamentado pela Lei n. 11.417/06.

> Fato é que o Judiciário, aplicando as leis automaticamente, sem fazer uma espécie de reconhecimento da validade dessas leis em face do Direito e de seus princípios informadores, sobretudo no que se refere a garantias constitucionais, tem falhado muito [...][283].

Em 2005, José Ricardo Cunha divulgou estatística acerca da "justiciabilidade" dos direitos humanos pelos magistrados do Rio de Janeiro. Segue parte do resultado, quanto aos sistemas de proteção da ONU e da OEA:

> Indagados os juízes se possuem conhecimento a respeito do funcionamento dos Sistemas de Proteção da ONU e da OEA, obtiveram-se os percentuais demonstrados no Gráfico 5: 59% têm um conhecimento superficial, enquanto 20% não sabem como funcionam os Sistemas de Proteção. Considerando-se os percentuais mais altos, em que o primeiro corresponde a um conhecimento superficial e o segundo a um desconhecimento dos sistemas, temos que 79% dos magistrados não estão informados a respeito dos Sistemas Internacionais de Proteção dos Direitos Humanos. Tal desconhecimento constitui um obstáculo à plena efetivação dos direitos dessa natureza no cotidiano do Poder Judiciário, pois essa falta de informação se mostra intimamente ligada à não aplicação das normativas relativas aos direitos humanos. À pergunta referente a seu conhecimento acerca das decisões das cortes internacionais de proteção dos direitos humanos, 56% dos magistrados responderam que eventualmente possuem tais informações; 21% responderam que raramente as têm; 10% nunca obtiveram informações acerca de tais decisões; e apenas 13% responderam que frequentemente têm alguma informação (ver Gráfico 6). Não há dúvida de que esse percentual de apenas 13% para os juízes que frequentemente têm acesso a tais decisões é muito reduzido para uma profusão real de uma cultura dos direitos humanos[284].

Pádua Fernandes, ao referir-se à mencionada pesquisa e a alguns casos[285] que demonstram o desconhecimento do Direito Internacional, assevera:

---

(283) CINTRA JÚNIOR, Dyrceu Aguiar. O judiciário e os tratados internacionais sobre direitos humanos. In: FIGUEIREDO, Lucia (cood.). *Revista Especial do Tribunal Regional Federal 3ª Região*. Escola de Magistrados. Seminário Incorporação dos tratados internacionais de proteção dos direitos humanos no direito brasileiro. São Paulo: Imprensa Oficial do Estado — Imesp, 1997. p. 62. Ainda para o autor: "O Judiciário, de forma mais imediata, deve cobrar o respeito absoluto aos direitos fundamentais. Cumpre ao juiz brasileiro romper com a tradição de omissão quanto a isto. O Judiciário tem papel relevante nesse desafio [...]" (*Ibidem*, p. 66).
(284) "Para a coleta dos dados, realizada entre janeiro e maio de 2004, foram visitadas 225 das 244 varas cadastradas; e em cerca de 40% das varas o questionário não foi preenchido. Os principais motivos da perda das unidades informantes foram: (1) recusa não justificada do juiz; (2) recusa do juiz sob a alegação de que direitos humanos não fazem parte de seu trabalho; (3) não recebimento do pesquisador pelo juiz" (CUNHA, José Ricardo. Direitos humanos e justiciabilidade: pesquisa no Tribunal de Justiça do Rio de Janeiro. In: *Revista Internacional de Direitos Humanos* — SUR, n. 3, ano 2, 2005. p. 151-152).
(285) "Outro caso recente de fiscalização internacional da situação dos direitos humanos no Brasil, a Relatora sobre Desaparecimentos e Execuções Sumárias da Comissão de Direitos Humanos da ONU, Asma Jahangir, esteve em missão no Brasil entre 16 de setembro e 8 de outubro de 2003. Para grande constrangimento das

Como a ninguém é escusado desconhecer o Direito, e há visivelmente uma dimensão de dominação de classe na questão, pode-se inferir, portanto, que o problema não corresponderia propriamente a uma simples ignorância das normas internacionais, e sim à existência de uma cultura jurídica no Judiciário brasileiro elitista (pois deficiente no tocante aos direitos humanos) e isolacionista (pois avessa ao Direito Internacional)[286].

Nesse contexto, é preciso também considerar o não conhecimento das normas de direitos humanos por parte daqueles que provocam a jurisdição e, portanto, têm papel fundamental no sentido de trazer ao conhecimento do juízo ofensas aos tratados de direitos humanos[287], o que pode ser feito mediante os mais variados instrumentos.

Destacam-se as ações constitucionais como o *habeas corpus*, o Mandado de Segurança, o Mandado de Injunção e a Ação Popular, ainda que se retome aqui a ideia de inconstitucionalidade numa acepção ampla, ou seja, advinda de outro ato do Poder Público que não o ato normativo.

O *habeas corpus* é previsto para garantir a liberdade de locomoção de quem esteja sofrendo ou ameaçado de sofrer violência, por ilegalidade ou abuso de poder

---

autoridades federais brasileiras, duas das testemunhas que falaram com a relatora foram assassinadas em seguida. A Relatora declarou, e isso constou do relatório divulgado em 28 de janeiro de 2004, que era 'fortemente recomendado' que o Relator Especial sobre a independência dos juízes e advogados fosse encarregado de uma missão no Brasil, eis que havia sido constatado que juízes e jurados sofriam pressões de proprietários de terras e políticos locais, e que havia uma cultura da impunidade, fruto da ditadura militar. Houve em seguida um clamor do Presidente do Supremo Tribunal Federal, do Superior Tribunal de Justiça e do Tribunal Superior do Trabalho, respectivamente, à época, os Ministros Maurício Corrêa, Nilson Chaves e Francisco Fausto, eis que identificaram nessa fala uma suposta intervenção nos assuntos internos do país, uma alegada violação à soberania brasileira. Hélio Bicudo (2003), que foi Presidente da Comissão Interamericana de Direitos Humanos, escreveu à época que o termo usado na tradução da fala da Relatora — fiscalização, que não representa o 'exato conteúdo das atividades de um relator especial' — talvez tivesse causado as equivocadas reações dos presidentes desses tribunais superiores. O jurista explicou que 'a visita de um observador internacional ao Brasil não significa interferência em nossa soberania [...] Até mesmo um convênio entre o Superior Tribunal de Justiça e a Comissão Interamericana de Direitos Humanos foi celebrado no ano 2000, para uma troca de experiências [...]'. [...] Curiosamente, o Relator sugerido por Jahangir, Leandro Despouy, veio ao Brasil em outubro de 2004 sem causar perplexidades ou sofrer entraves por parte do Judiciário brasileiro, pelo que o equívoco, ou o eclipse, deve ter sido desfeito nessa ocasião. O Poder Executivo brasileiro, como se viu, já respondeu às críticas realizadas pelos órgãos internacionais de defesa dos direitos humanos alegando, entre outros fatores, que haveria uma ignorância do Poder Judiciário no tocante às normas internacionais que interessam às classes mais pobres. Em certas declarações públicas, esse aparente desconhecimento parece ser confirmado."

(286) FERNANDES, Pádua. *A produção legal da ilegalidade:* os direitos humanos e a cultura jurídica brasileira. Faculdade de Direito da Universidade de São Paulo, 2005. p. 68.

(287) Segundo Flávia Piovesan: "[...] a aplicação dos tratados internacionais de direitos humanos oferece relevantes estratégias de ação, que podem contribuir de forma decisiva para o reforço da promoção dos direitos humanos no Brasil. Observa-se, no entanto, que o sucesso da aplicação dos instrumentos internacionais de proteção dos direitos humanos requer a ampla sensibilização dos agentes operadores do Direito no que se atém à relevância e à utilidade de advogar estes tratados junto a instâncias nacionais e inclusive internacionais, o que pode viabilizar avanços concretos na defesa do exercício dos direitos da cidadania. [...]" (A Constituição de 1988 e os tratados internacionais de direitos humanos. In: FIGUEIREDO, Lucia (cood.). *Revista Especial do Tribunal Regional Federal 3ª Região*. Escola de Magistrados. Seminário Incorporação dos tratados internacionais de proteção dos direitos humanos no direito brasileiro. São Paulo: Imprensa Oficial do Estado — Imesp, 1997. p. 47).

(art. 5º, LXVIII). Como a liberdade de locomoção também está prevista em tratados internacionais de direitos humanos, isso também deve ser demonstrado ou reconhecido de ofício na ação constitucional de *habeas corpus*.

Quanto ao Mandado de Segurança, protege direito líquido e certo nos termos do art. 5º, LXIX. Nos tratados internacionais de direitos humanos, é possível encontrar direitos nessa condição, portanto, possível de utilização desse instrumento, ainda que o direito não esteja previsto internamente.

Já o Mandado de Injunção é o instrumento para viabilizar o exercício de direito constitucional obstado por ausência de norma regulamentadora (ou outro ato necessário)[288], é instrumento do controle concreto da omissão inconstitucional. Segundo Gilmar Ferreira Mendes e outros:

> No âmbito do Poder Legislativo, não somente a atividade legiferante deve guardar coerência com o sistema de direitos fundamentais, como a vinculação aos direitos fundamentais pode assumir conteúdo positivo, tornando imperiosa a edição de normas que deem regulamentação aos direitos fundamentais dependentes de concretização normativa[289].

Como os direitos previstos nos tratados de direitos humanos são direitos hierarquicamente constitucionais e existem aqueles pendentes, para a devida aplicação, de ação por parte do poder público, com maiores razões, aqui, tem cabimento o Mandado de Injunção com o fim de viabilizar o exercício de direitos fundamentais internacionalmente reconhecidos.

Cita-se, ainda, a ação popular, prevista no art. 5º, inc. LXXIII, para proteger o patrimônio público, a moralidade administrativa, o meio ambiente e o patrimônio histórico e cultural. Também é possível a propositura de tal ação com base em tratados de direitos humanos que protejam tais bens.

No mais, pertinente ao controle difuso, necessária uma releitura de alguns artigos constitucionais para elucidar a competência recursal do Supremo Tribunal Federal e assim refutar o entendimento advindo de interpretação do art. 105, inc. III, *a*, da CF/88 equiparando tratado de direitos humanos à lei federal, como se passa a expor.

5.4.2.2. *Os arts. 102, III, a, b e c e 105, III, a, da CF/88*

O art. 102, da Constituição Federal, apresenta a seguinte redação na parte que aqui interessa: "Compete ao Supremo Tribunal Federal, precipuamente, a guarda

---

[288] Para Flávia Piovesan: "Possível sustentar que a 'falta de norma regulamentadora' invocada pelo art. 5º, inciso LXXI, seja, pois, definida como 'omissão de medida para tornar efetiva a norma constitucional' Acolhendo-se este raciocínio, norma regulamentadora significa toda e qualquer medida para tornar efetiva a norma constitucional, o que inclui leis complementares, ordinárias, decretos, regulamentos, resoluções, portarias, dentre outros atos" (*Proteção judicial contra omissões legislativas:* ação direta de inconstitucionalidade por omissão e mandado de injunção. São Paulo: Revista dos Tribunais, 1995. p. 118-119).

[289] MENDES, Gilmar Ferreira; COELHO, Inocêncio Mártires; BRANCO, Paulo Gustavo Gonet. *Curso de direito constitucional*. 2. ed. São Paulo: Saraiva, 2008. p. 245.

da Constituição, cabendo-lhe: [...] III — julgar, mediante recurso extraordinário, as causas decididas em única ou última instância, quando a decisão recorrida: a) contrariar dispositivo desta Constituição; b) declarar a inconstitucionalidade de tratado ou lei federal; c) julgar válida lei ou ato de governo local contestado em face desta Constituição".

Quanto ao disposto na alínea *a* supramencionada, sua interpretação deve considerar outros comandos da própria Constituição, os quais vêm afirmar, como já demonstrado, que os tratados internacionais de direitos humanos possuem natureza constitucional e fazem parte do bloco de constitucionalidade. Assim, quando uma decisão contraria tratado internacional de direitos humanos, está contra-riando a Constituição. O mesmo se afirma diante do disposto na alínea c, quando a decisão julgar válida lei local contestada em face de tratado de direitos humanos. Trata-se, portanto, de competência recursal do Supremo Tribunal Federal, via recurso extraordinário[290], inclusive satisfeita atual exigência da repercussão geral, como se mencionará oportunamente.

No que tange ao teor da alínea *b* — quando a decisão recorrida declarar a inconstitucionalidade de tratado ou lei federal —, especificamente quanto ao tratado, é lembrar que um tratado após a ratificação gera efeitos jurídicos e requer observância, o que não se afasta com uma declaração de inconstitucionalidade. Uma norma de tratados de direitos humanos pode não ser aplicada caso exista norma mais benéfica em âmbito interno, sem necessidade de reconhecimento de inconstitucionalidade.

Todavia, caso prevaleça o entendimento no sentido de que os órgãos inferiores ao Supremo Tribunal Federal, diante de um caso concreto, podem reconhecer incons-titucionalidade em tratado de direitos humanos, tal decisão, com efeitos somente entre as partes do processo, pode chegar ao Supremo Tribunal Federal via recurso extraordinário.

Atualmente, para que o recurso extraordinário seja conhecido, é preciso a demonstração de repercussão geral, como prevê o art. 102, § 3º, da CF/88[291]. De acordo com o 543-A, § 1º, do Código de Processo Civil (acrescentado pela Lei n. 11.418/06): "Para efeito da repercussão geral, será considerada a existência, ou não, de questões relevantes do ponto de vista econômico, político, social ou jurídico, que ultrapassem os interesses subjetivos da causa".

Certamente as questões envolvendo tratados internacionais de direitos humanos têm repercussão geral. Possível mesmo afirmar que tais questões são relevantes perante todos os pontos de vista apontados pelo legislador, o que dá

---

(290) Para Pinto Ferreira: "Sempre haverá possibilidade de interposição de recurso extraordinário quando a decisão contrarie a Lei Magna, seja lhe dando interpretação incompatível com os seus princípios ou o seu sistema, ou se opondo a seus dispositivos, seja afinal afastando a sua incidência" (*Comentários à Constituição brasileira*. São Paulo: Saraiva, 1992. p. 167. v. 4: Arts. 92 a 126).

(291) "Art. 102 [...] § 3º No recurso extraordinário o recorrente deverá demonstrar a repercussão geral das questões constitucionais discutidas no caso, nos termos da lei, a fim de que o Tribunal examine a admissão do recurso, somente podendo recusá-lo pela manifestação de dois terços de seus membros."

ensejo a estudo isolado. Aqui, sumariamente, basta lembrar que se trata de compromissos assumidos pelo Estado, em âmbitos internacional e interno, com possibilidade de responsabilização em caso de descumprimento.

Quanto ao disposto no art. 105, transcreve-se a parte que aqui interessa: "Compete ao Superior Tribunal de Justiça [...] III — julgar, em recurso especial, as causas decididas, em única ou última instância, pelos Tribunais Regionais Federais ou pelos tribunais dos Estados, do Distrito Federal e Territórios, quando a decisão recorrida: a) contrariar tratado ou lei federal, ou negar-lhes vigência; [...]".

A lei tem de ser cumprida e, caso isso eventualmente não ocorra, deve haver a quem reclamar. Nesse caso, tratando-se de lei federal, o órgão constitucionalmente previsto é o Superior Tribunal de Justiça. Todavia, em 1988, o constituinte incluiu também nessa hipótese o descumprimento de tratado internacional, equiparando assim o tratado à lei federal. Como já se deixou assente, conforme lições de Konrad Hesse, o intérprete não pode contrariar a norma constitucional; então, não há negar tal competência ao STJ.

Todavia, também aqui, não se deve ter apego à norma isolada, e considerando o que já se expôs acerca dos tratados internacionais de direitos humanos, inevitável a afirmação de que tal comando se aplica aos tratados internacionais que não cuidam de tais direitos, porque, para estes, a competência é do Supremo Tribunal Federal. Quando a decisão recorrida contraria tratado internacional de direitos humanos, está contrariando a própria Constituição. Nesse sentido, aceitar que o Superior Tribunal de Justiça tenha tal competência é aceitar também que, da sua decisão, caberá recurso extraordinário ao Supremo Tribunal Federal.

Vale lembrar que, no Brasil, em 1988, ainda não se considerava a distinção entre tratados de direitos humanos e os demais tratados; atualmente, porém, tal distinção já consta do próprio texto, como se depreende nos arts. 5º, § 3º e 109, § 5º. Tais instrumentos recebem um tratamento especial do ordenamento pátrio.

Menciona-se, por oportuno, que a EC n. 45/04 deslocou da competência do Superior Tribunal de Justiça para o Supremo Tribunal Federal quando a decisão recorrida julgar válida lei local contestada em face de lei federal, conforme art. 102, III, *d*. Isso porque se trata de questão constitucional[292]. Para André Ramos Tavares, no caso, "envolverá problema de divisão de competências, logo, questão constitucional"[293]. Daí ser possível concluir que, quando a decisão contraria tratado internacional, a questão é constitucional, no caso, constitucional-internacional de direitos humanos, logo, competência do STF.

---

(292) Nesse sentido também o deslocamento de competência para a ação de executoriedade de lei federal para o fim de intervenção, que antes pertencia ao Superior Tribunal de Justiça e a partir da EC n. 45/04 está com o Supremo Tribunal Federal, nos termos do art. 36, III. p. f.

(293) TAVARES, André. A repercussão geral no recurso extraordinário. In: TAVARES, André Ramos; LENZA, Pedro; ALACÓN, Pietro de Jesús Lora (coords.). *Reforma do judiciário analisada e comentada*. São Paulo: Método, 2005. p. 210.

5.4.2.3. Controle concentrado

Hans Kelsen, ao tratar da Jurisdição Constitucional, ainda que direcionado ao direito internacional geral, leciona:

> Deve-se permitir que o tribunal constitucional também anule os atos estatais submetidos a seu controle por contrariarem o direito internacional? [...] De fato, essa competência se moveria absolutamente no terreno da Constituição, que é — não se deve esquecer — o terreno da justiça constitucional. O mesmo vale para a anulação das leis e dos atos equivalentes ou inferiores à lei por violação de uma regra do direito internacional geral, supondo-se que a Constituição reconheça expressamente essas regras gerais, isto é, as integre na ordem estatal sob a denominação de regras "geralmente reconhecidas" do direito internacional, como fizeram certas Constituições recentes. Com efeito, nesse caso a vontade da Constituição é que tais normas sejam respeitadas também pelo legislador; portanto, é preciso assimilar completamente, às leis inconstitucionais, as leis contrárias ao direito internacional. A solução é a mesma, tenham essas normas sido acolhidas pela Constituição no nível de leis constitucionais ou não. Porque, em ambos os casos, sua acolhida significa que elas não podem ser afastadas por uma lei ordinária. Essa acolhida solene deve exprimir a vontade de garantir o respeito ao direito internacional, e é à solução precisamente contrária que chegaríamos se, apesar dela, qualquer lei ordinária pudesse violar o direito internacional sem que se visse nisso, do ponto de vista da Constituição que a contém, uma irregularidade[294].

O autor, para o fim de controle da constitucionalidade, propugnou: "[...] é preciso assimilar completamente, às leis inconstitucionais, as leis contrárias ao direito internacional". Tal proposição neste estudo apresenta-se com mais intensidade, já que pertinente aos direitos humanos veiculados por tratados internacionais.

Quando se afirma competir à Corte Constitucional a guarda da Constituição, inclui-se, primordialmente, a guarda dos direitos fundamentais. Também é preciso ressaltar que a matéria internacional, por si só, é, por excelência, de competência do Supremo Tribunal Federal.

A Ação Direta de Inconstitucionalidade e a Ação Declaratória de Constitucionalidade apresentam-se como meios para o Supremo Tribunal Federal, com efeitos *erga omnes*, declarar a inconstitucionalidade ou confirmar a constitucionalidade considerando os tratados internacionais de direitos humanos. Nesse sentido, ressalta-se o caráter dúplice ou ambivalente de tais ações, ou seja, a improcedência da Ação Direta de Inconstitucionalidade confirma a constitucionalidade da norma impugnada, e a improcedência da Ação Declaratória da Constitucionalidade afirma a inconstitucionalidade da lei que se pretendia ter declarada sua constitucionalidade.

---

(294) KELSEN, Hans. *Jurisdição constitucional*. Introdução e revisão técnica de Sérgio Sérvulo da Cunha. São Paulo: Martins Fontes, 2003. p. 165-166.

Vale observar que, diante do comando do art. 27 da Lei n. 9.868/99, mesmo que se declare a inconstitucionalidade de uma lei por afronta a tratado de direitos humanos e a decisão não surta efeitos retroativos ou até mesmo surta efeitos para o futuro[295], isso não influencia nos efeitos jurídicos do tratado desde a sua ratificação, o que deve ser considerado no momento da decisão.

André de Carvalho Ramos, ao tratar da implementação de decisão internacional pelo Poder Legislativo, assevera:

> ... tendo em vista a aceitação pela Corte Interamericana de Direitos Humanos da visão ampliativa de controle em abstrato da convencionalidade de lei ou ato normativo interno, esta deverá ser implementada internamente. De fato, é decerto restritivo ao espírito protetivo de direitos humanos não permitir o controle abstrato, já que o mesmo pode ser útil para evitar lesões em potencial. [...] Ora, quando a lei for considerada, em abstrato, incompatível com a Convenção Americana de Direitos Humanos, é certo que é também incompatível com a Constituição brasileira, o que permite, em tese, a propositura de ações diretas de inconstitucionalidade, de acordo com o artigo 103 da Constituição[296].

Presentes, portanto, os requisitos para a propositura da Ação Direta de Inconstitucionalidade (também por omissão) e da Ação Declaratória de Constitucionalidade, mostram-se como meios hábeis a repelir a inconstitucionalidade decorrente de ofensa aos tratados internacionais de direitos humanos nos termos expostos, defendendo-se a própria Constituição.

Todavia, nem todos os atos são passíveis de controle via Ação Direta de Inconstitucionalidade ou Ação Declaratória de Constitucionalidade. Fogem a esse controle, por exemplo, as leis municipais e as leis anteriores[297] à Constituição Federal

---

(295) "Art. 27. Ao declarar a inconstitucionalidade de lei ou ato normativo, e tendo em vista razões de segurança jurídica ou de excepcional interesse social, poderá o Supremo Tribunal Federal, por maioria de dois terços de seus membros, restringir os efeitos daquela declaração ou decidir que ela só tenha eficácia a partir de seu trânsito em julgado ou de outro momento que venha a ser fixado." Redação essa reproduzida no art. 11 da Lei n. 9.882/99 que regulamenta a Arguição de Descumprimento de Preceito Fundamental.

(296) RAMOS, André de Carvalho. *Processo internacional de direitos humanos:* análise dos sistemas de apuração de violações dos direitos humanos e a implementação das decisões no Brasil. Rio de Janeiro: Renovar, 2002. p. 353.

(297) André de Carvalho Ramos registrou tal preocupação: "Não desconhecemos, entretanto, possíveis dificuldades na utilização de ações diretas de inconstitucionalidade para a implementação de decisões internacionais diante da atual jurisprudência do Supremo Tribunal Federal. Por exemplo, leis anteriores à Constituição de 1988 não podem ser apreciadas pela sistemática do controle concentrado. No caso da prisão civil do depositário infiel, o principal diploma normativo em questão é do Decreto-Lei n. 911, de 1969, o que impede eventual uso do controle concentrado de constitucionalidade, caso tal decreto-lei fosse considerado incompatível com a Convenção Americana de Direitos Humanos. Então, resta a alternativa de alterações constitucionais e legais, ao bom estilo das *enabling legislations*, para que o Supremo Tribunal Federal possa ser invocado para fazer valer as decisões internacionais que determinem, em abstrato, a inconstitucionalidade de alguma lei com diplomas normativos internacionais" (*Processo internacional de direitos humanos:* análise dos sistemas de apuração de violações dos direitos humanos e a implementação das decisões no Brasil. Rio de Janeiro: Renovar, 2002. p. 352-353). Mas veja que o autor mencionou em nota (n. 463) após "controle concentrado", a possibilidade de ADPF.

de 1988. Entretanto, a riqueza do sistema de controle da constitucionalidade no Brasil, tal como se apresenta atualmente, já dispõe de instrumento para o controle de tais atos. É a Arguição de Descumprimento de Preceito Fundamental prevista no art. 102, § 1º[298], da CF/88, regulamentado pela Lei n. 9.882/99[299].

Não há previsão legal do que seja preceito fundamental, ficando, assim, a cargo do intérprete tal apontamento. Para Luiz Alberto David Araújo e Vidal Serrano Nunes Júnior:

> Destarte, a ideia que parece ter orientado o constituinte foi a de estabelecer como parâmetro dessa ação aqueles preceitos que fossem indispensáveis à configuração de uma Constituição enquanto tal, ou seja, as normas materialmente constitucionais, a saber: a) as que identificam a forma e a estrutura do Estado (p. ex. federalismo, princípio republicano etc.); b) o sistema de governo; c) a divisão e o funcionamento dos poderes; d) os princípios fundamentais; e) os direitos fundamentais; f) a ordem econômica; g) a ordem social[300].

A despeito dos apontamentos diferenciados quanto aos preceitos compreendidos como fundamentais, há unanimidade de entendimento no que tange aos direitos fundamentais. Assim, tendo em vista tudo que se expôs neste estudo, por preceitos fundamentais se entende também os preceitos dos tratados interna-cionais de direitos humanos. Para Marcelo Figueiredo:

> Acreditamos que a arguição de descumprimento de preceito fundamental decorrente da Constituição pode vir a ser um instrumento que habilite a concretização da matéria constitucional positiva, desde que sua interpretação projete a dimensão dos direitos humanos, dos direitos fundamentais em sua expressão mais ampla e compreensiva[301].

Se as normas de direitos fundamentais são preceitos fundamentais e não estão apenas no texto constitucional, mas também nos tratados internacionais de direitos humanos, resta reconhecer o cabimento da arguição de descumprimento de preceito fundamental decorrente desses instrumentos internacionais. Maria Garcia leciona no seguinte sentido:

---

(298) "Art. 102 [...] § 1º A arguição de descumprimento de preceito fundamental, decorrente desta Constituição, será apreciada pelo Supremo Tribunal Federal, na forma da lei."

(299) Dispõe o art. 1º da Lei n. 9.882/99: "A arguição prevista no § 1º do art. 102 da Constituição Federal será proposta perante o Supremo Tribunal Federal, e terá por objeto evitar ou reparar lesão a preceito fundamental, resultante de ato do Poder Público. Parágrafo único. Caberá também arguição de descumprimento de preceito fundamental: I — quando for relevante o fundamento da controvérsia constitucional sobre lei ou ato normativo federal, estadual ou municipal, incluídos os anteriores à Constituição".

(300) ARAÚJO, Luiz Alberto David; NUNES JÚNIOR, Vidal Serrano. *Curso de direito constitucional*. 11. ed. São Paulo: Saraiva, 2007. p. 57.

(301) FIGUEIREDO, Marcelo. O controle de constitucionalidade: algumas notas e preocupações. In: TAVARES, André Ramos; ROTHENBURG, Walter Claudius (orgs.). *Aspectos atuais do controle de constitucionalidade no Brasil*. Rio de Janeiro: Forense, 2003. p. 185.

> O termo *decorrente* (decursivo, derivado, consequente, segundo o dicionário Aurélio) faz concluir, primeiramente, pela possibilidade de localização do preceito externamente à Constituição. Porquanto, se é decorrente da Constituição não deverá estar, necessariamente, contido na Constituição. Não expressamente. E, neste particular, obrigatória se torna a lembrança do disposto no § 2º do art. 5º, o qual admite a existência de "outros direitos e garantias", *além daqueles expressos* na Constituição, *decorrentes* do regime e dos princípios por ela adotados (ou dos tratados internacionais firmados)[302]. (destaques no original)

Para o uso dessa ação constitucional, impõe-se observar o princípio da subsidiariedade, previsto no art. 4º, § 1º, da Lei n. 9.882/99[303]. Mas André Ramos Tavares defende que a tese da subsidiariedade "não é sustentável constitucionalmente"[304]. Nessa direção a utilização desse instrumento seria de forma ampla.

Importa evidenciar que o sistema de controle da constitucionalidade no Brasil está apto para receber os tratados internacionais de direitos humanos na posição de parâmetros, seja mediante Ação Direta de Inconstitucionalidade (por ação ou por omissão), seja por meio de Ação Declaratória de Constitucionalidade, ou, ainda, por meio de Arguição de Descumprimento de Preceito Fundamental.

Há, ainda, uma ação prevista no ordenamento jurídico interno que, independentemente da concepção hierárquica dos tratados internacionais de direitos humanos, tem o condão de colocá-los como parâmetros de controle. É a ação direta para o fim de intervenção federal. A intervenção nem sempre pode ser decretada espontaneamente pelo Presidente da República. Um desses casos está previsto no art. 36, III, da CF/88, o qual determina que a intervenção, tendo por hipóteses os princípios do art. 34, VII[305], dependerá de "provimento, pelo Supremo Tribunal Federal, em representação do Procurador-Geral da República". Na alínea *b* desse dispositivo consta: "direitos da pessoa humana". Portanto, os direitos da pessoa humana constantes nos tratados de direitos humanos[306].

---

(302) GARCIA, Maria. Arguição de descumprimento: direito do cidadão. Cadernos de Direito Constitucional e Ciência Política. *Revista de Direito Constitucional e Internacional*, São Paulo: Revista dos Tribunais, ano 8, n. 32, 2000. p. 103.

(303) "Art. 4º [...] § 1º Não será admitida arguição de descumprimento de preceito fundamental quando houver qualquer outro meio eficaz de sanar a lesividade."

(304) TAVARES, André Ramos. *Tratado da arguição de preceito fundamental*. São Paulo: Saraiva, 2001. p. 236 (sob o título "Caráter principal e não subsidiário: mudança substancial no panorama do controle concentrado").

(305) Art. 34. "A União não intervirá nos Estados nem no Distrito Federal, exceto para: [...] VII — assegurar a observância dos seguintes princípios constitucionais: a) forma republicana, sistema representativo e regime democrático; b) direitos da pessoa humana; c) autonomia municipal; d) prestação de contas da administração pública, direta e indireta; e) aplicação do mínimo exigido da receita resultante de impostos estaduais, compreendida a proveniente de transferências, na manutenção e desenvolvimento do ensino e nas ações e serviços públicos de saúde."

(306) Veja a notícia: "O Procurador-geral da República, Antonio Fernando Souza, solicitou na terça-feira 7.10.2008 que o Supremo Tribunal Federal — STF determine uma Intervenção Federal (IF n. 5.129) no Estado de Rondônia por violação a direitos humanos no presídio Urso Branco, em Porto Velho. [...] Antonio Fernando classifica como uma 'calamidade' a situação no presídio. [...] O procurador-geral ressalta que entidades não

Vale observar que, se a inobservância ao mencionado princípio advier de ato normativo que possa ser objeto das demais ações do controle concentrado, estas são preferíveis[307]. De qualquer forma, o cidadão não tem, como desejável, legitimidade ativa para tais ações[308], restando-lhe a possibilidade de exercer o direito de petição para provocar aqueles legitimados, o que é bem-vindo.

Enfim, as normas-parâmetros para controle da constitucionalidade não estão apenas na Constituição formal, mas também nos tratados internacionais de direitos humanos. Tais instrumentos são integrantes do bloco de constitucionalidade e requerem que a legislação inferior seja compatível com seus comandos, assim como requer a Constituição. Se antes a inconstitucionalidade era identificada quando diante de ofensa às normas do texto constitucional, atualmente, para identificá-la necessário considerar também as normas decorrentes dos tratados de direitos humanos incorporados no ordenamento jurídico pátrio. Para tanto, o sistema de controle da constitucionalidade no Brasil já está apto e deve ser utilizado no sentido proposto a fim de intensificar a proteção dos direitos humanos em âmbito interno.

---

governamentais acionaram a Comissão Interamericana de Direitos Humanos, da Organização dos Estados Americanos — OEA, que, desde 2002, recomenda medidas com o intuito de solucionar a situação do presídio, mas que muito pouco foi modificado. [...] Segundo ele, o Estado de Rondônia descumpre uma dezena de preceitos constitucionais e dispositivos previstos na Convenção Americana de Direitos Humanos, do qual o Brasil é signatário" (Fonte: *Consulex*, edição 195, 9 de outubro de 2008).

(307) "... Não há uma reserva de intervenção, no sentido de que os princípios constitucionais sensíveis, violados, autorizam apenas a intervenção normativa e não a ação direta de inconstitucionalidade ou a declaratória de constitucionalidade. Na prática, há razões para a preferência pela ação direta de inconstitucionalidade ou ação declaratória de constitucionalidade: a legitimação ativa é ampla e não exclusiva do Procurador-Geral da República; a questão normativa é discutida 'em tese' ('em abstrato') e resolvida inteiramente pelo próprio STF, sem necessidade de edição de decreto pelo Presidente da República; [...]" (RUTHENBURG, Walter Claudius. Intervenção federal na hipótese de recusa à execução de lei federal, por requisição do STF: leitura e releitura à luz da EC n. 45. In: TAVARES, André Ramos; LENZA, Pedro; ALACÓN, Pietro de Jesús Lora (coords.). *Reforma do judiciário analisada e comentada*. São Paulo: Método, 2005. p. 275).

(308) O II Pacto Republicano de Estado por um Sistema de Justiça mais acessível, ágil e efetivo traz, entre as matérias prioritárias que menciona, a — Proteção dos Direitos Humanos e Fundamentais, sendo um dos objetivos, conforme item "1.4", "Legitimação da propositura da Arguição de Descumprimento de Preceito Fundamental por pessoas lesadas ou ameaçadas de lesão por ato do Poder Público". Isso já constava no texto da lei, mas foi vetado.

Conclusões

1. Após a Segunda Guerra, consolidou-se o sistema internacional de proteção aos direitos humanos marcado pelo advento da Declaração Universal de Direitos Humanos de 1948. Sob nova concepção para os direitos humanos, com base na dignidade humana, esse sistema é sustentado normativamente pelos tratados internacionais que se projetam em âmbitos global e regional. Em âmbito global, o Pacto dos Direitos Civis e Políticos e o Pacto dos Direitos Econômicos, Sociais e Culturais, ambos de 1966, juntamente com a Declaração Universal dos Direitos Humanos, formam a Carta Internacional dos Direitos Humanos. Em âmbito regional, em especial, no sistema interamericano, o principal instrumento é a Convenção Americana sobre Direitos Humanos de 1969 (Pacto de San José da Costa Rica).

2. Outros tratados internacionais de direitos humanos surgiram reconhecendo direitos aos indivíduos, não mais sujeito de direitos exclusivamente nacionais. Para alcançar os objetivos dos tratados, os Estados assumem uma série de obrigações, entre elas, a de adequar o ordenamento jurídico interno e a de aceitar o monitoramento e controle previstos nos próprios tratados.

3. O Brasil inseriu-se no sistema internacional de proteção dos direitos humanos após sua redemocratização marcada com o advento da Constituição de 1988, já que o regime ditatorial anterior não possibilitava tal inserção. Na Constituição de 1988, de forma inédita, há primazia dos direitos fundamentais, o que se percebe desde o seu Preâmbulo. No texto propriamente dito, além do aumento considerável de direitos, com localização privilegiada, há petrificação desses direitos e determinação para a aplicabilidade imediata. O princípio da dignidade humana, já reconhecida pelo Brasil ao assinar a Declaração Universal de 1948, agora está constitucionalizado como fundamento da República Federativa. Um dos princípios fundamentais a orientar o Brasil nas relações internacionais é o da prevalência dos direitos humanos e, diante da internacionalização desses direitos, o rol de direitos previstos na Constituição não é exaustivo, pois outros direitos não são excluídos, entre estes, os oriundos de tratados internacionais de direitos humanos ratificados pelo Brasil. É, portanto, o reconhecimento de dupla fonte normativa, a interna e a internacional, ambas as fontes imediatas.

4. Nesse novo cenário constitucional, o Brasil ratificou — e continua a ratificar — uma série de tratados de direitos humanos que trazem algumas consequências, como a concepção de soberania estatal em prol desses direitos; a condição de humanidade como único requisito para ser sujeito de direito com sua especificação quando necessária para uma efetiva igualdade; a indivisibilidade dos direitos civis, políticos, sociais, culturais, econômicos e ambientais.

5. Os tratados internacionais de direitos humanos, distintos dos demais tratados internacionais, inclusive atualmente com dispositivos constitucionais específicos, após um processo complexo e solene de formação, são incorporados no ordenamento jurídico interno com hierarquia constitucional.

6. Os tratados internacionais de direitos humanos são materialmente constitucionais e, quanto ao seu processo de formação, que compreende fases em âmbito internacional e também em âmbito interno, é mais formal em comparação ao processo de elaboração das próprias emendas constitucionais. Contudo, tais instrumentos não pretendem alterar o texto constitucional. Também, a formalidade pela qual passam para serem elaborados é suficiente para deixá-los a salvo de alterações por parte do legislador nacional. Nem mesmo o Poder Constituinte pode, por si só, alterar uma norma de tratado internacional. Daí ser possível afirmar que os direitos estão mais protegidos nos tratados, em comparação com a própria Constituição. As alterações nos tratados, quando possíveis, dificilmente ocorrem, mesmo porque se trata de um processo muito complexo a envolver todos Estados-partes. No mais, a superioridade desses instrumentos advém dos comandos que informam a produção e a adequação da legislação interna, pois informam o sentido e, ainda que de forma geral, o conteúdo da norma interna para estar conforme seus ditames. Dispõem também que, para tanto, devem ser observados os trâmites constitucionais, o que, de certa forma, é dispor sobre a forma.

7. O comando do § 3º no art. 5º da CF não tem o condão de retirar a posição hierárquica constitucional dos tratados de direitos humanos já ratificados pelo Brasil. Esses instrumentos têm a mesma posição daqueles elaborados segundo o novo regramento. Isso porque, ainda que não prevalente o entendimento no sentido de que tal comando é norma interpretativa do § 2º do mesmo dispositivo, não há que exigir observância de norma não existente à época da elaboração de tais instrumentos. A norma não surte efeito para o passado, porque assim não dispôs expressamente. Também não é caso de recepção, porque se estaria reconhecendo que, antes disso, não gozavam de *status* constitucional, somente a partir de então. Se o caso de recepção, seria apenas para receber tais tratados como se elaborados nos moldes do § 3º do art. 5º da CF. No entanto, esses tratados já possuem formalidade o bastante para atender à rigidez constitucional. No mais, não se pode conceder tratamento diferenciado a instrumentos com a mesma natureza.

8. Os tratados de direitos humanos podem ser denunciados com a participação do Poder Legislativo. A decisão pela denúncia, contudo, não pode ocorrer livremente.

Em observância ao princípio da proibição do retrocesso, expresso em tratados internacionais, a denúncia é aceitável quando diante de outro meio com o mesmo — ou maior — potencial de proteção. Fora desses moldes, a efetivação da denúncia até poderá cessar os efeitos do tratado em âmbito internacional, mas os direitos subsistem no ordenamento interno, já que petrificados quando da sua incorporação.

9. A hierarquia constitucional dos tratados de direitos humanos tem relação direta com a concepção de supremacia constitucional, pressuposto para o controle da constitucionalidade, o que se coaduna com o atual estágio do constitucionalismo que interage com o Direito Internacional dos Direitos Humanos. Sob essa perspectiva, a inconstitucionalidade advém não apenas da ofensa às normas do texto constitucional, mas também por ofensa às normas oriundas dos tratados internacionais de direitos humanos ratificados pelo Brasil, porque integrantes do bloco de constitucionalidade, o que, no mais, mostra-se como um meio para garantir a própria Constituição.

10. O impacto dos tratados internacionais de direitos humanos no ordenamento jurídico interno reforça a hierarquia constitucional ao trazer os mesmos direitos constantes da Constituição Federal, com a mesma pretensão de proteção. Constatação disso é a existência de direitos que, quando da sua constitucionalização, já estavam positivados por instrumentos internacionais, ou seja, foram reproduzidos pela Constituição, a exemplo do princípio da dignidade humana. Necessário enfatizar também que não se trata de mera reprodução, já que a existência de direitos nos tratados internacionais coloca à disposição dos destinatários dos direitos veiculados a sistemática de monitoramento e controle operante em âmbito internacional, inclusive com jurisdição a ser provocada em caso de ineficiência em âmbito interno. Assim também ocorre quando o impacto é a complementação ou a inovação. Já para o caso de eventual conflito entre norma constitucional e norma de tratado internacional de direitos humanos, resolve-se com os mesmos meios disponíveis para o caso de aparente conflito entre normas constitucionais, em especial, o princípio da unidade da Constituição. Mas, sobretudo, resolve-se o conflito com aplicação do princípio da primazia da norma mais favorável, positivado em âmbitos internacional e interno. Embora se considere, no eventual conflito, normas de mesmo escalão (constitucional), não há cabimento do critério segundo o qual norma posterior prevalece sobre a anterior. Primeiro, porque, no caso, são normas oriundas de fontes diversas; segundo porque não se busca a prevalência de uma norma sobre outra, mas a da norma que melhor proteja o ser humano. Assim, as normas oriundas dos tratados internacionais de direitos humanos se harmonizam na ordem constitucional.

11. Incorporados na ordem interna, os tratados internacionais de direitos humanos devem ser considerados na interpretação dos direitos constitucionalmente previstos. Com isso, o intérprete constitucional tem ampliado seu objeto de interpretação, o qual não se restringe ao texto constitucional, mas abarca também os tratados internacionais de direitos humanos, o que, de certa forma, já é realidade no Supremo Tribunal Federal.

12. Nesse cenário, a posição dos tratados de direitos humanos no controle da constitucionalidade é peculiar: por um lado, tais instrumentos são parâmetros, o que agora está mais claro com o advento do § 3º do art. 5º da CF, por outro lado, esses instrumentos podem apresentar inconstitucionalidade extrínseca (formal), devido à ausência de aprovação do Poder Legislativo para a ratificação do tratado, nos termos do art. 84, VIII. Quanto ao novo regramento do art. 5º, § 3º, deve ser observado para todos os tratados de direitos humanos, reforçando assim a hierarquia constitucional sob o aspecto formal. Mas caso isso não ocorra, como de fato não vem ocorrendo, não há nisso inconstitucionalidade, esta decorre da não aprovação do tratado pelo Poder Legislativo.

13. O controle, no caso de inconstitucionalidade extrínseca do tratado de direitos humanos, deve ocorrer de forma preventiva, ou seja, antes da ratificação, pois com esse ato começa a gerar efeitos internacionalmente com possível responsabilização do Estado em caso de descumprimento. Bem por isso, é difícil vislumbrar a possibilidade de uma declaração de inconstitucionalidade para esses tratados, tal como ocorre com a legislação comum cuja decisão não reflete internacionalmente.

14. Para a inconstitucionalidade intrínseca (material), os próprios tratados estabelecem que, existindo norma mais benéfica, é esta que deve prevalecer e ser aplicada. Portanto, não há necessidade de reconhecimento de inconstitucionalidade, basta a não aplicação da norma menos protetiva, esteja na ordem interna ou na ordem internacional. Não há que falar em responsabilização do Estado por não observar uma norma de tratado internacional caso exista norma mais benéfica na Constituição, já que assim determinam os princípios do não retrocesso e da prevalência dos direitos humanos.

15. Considerar os tratados internacionais de direitos humanos como parâmetros no controle da constitucionalidade, encontra suporte na questão da parametricidade, já que esses tratados fazem parte do bloco de constitucionalidade. Ao contrário de outros casos envolvidos na questão da parametricidade, como as normas constitucionais implícitas, as normas oriundas dos tratados não trazem dificuldades para sua identificação; são normas claramente positivadas. Os tratados de direitos humanos como parâmetros para o controle da constitucionalidade revelam-se como meio de prevenir eventual "controle da convencionalidade" em âmbito internacional e responsabilização do Estado por ofensa aos direitos humanos. Isso porque, quando o Estado ratifica tratado de direitos humanos, concorda livremente com a obrigação de adequação da legislação interna. No caso brasileiro, incorpora esses instrumentos com hierarquia de norma constitucional.

16. Quanto à expressão "controle da convencionalidade" para o âmbito interno, salvo convencimento contrário ulterior, basta hierarquia supralegal dos tratados internacionais. Nesse caso, a incompatibilidade de norma inferior com norma supralegal não gera inconstitucionalidade. Neste estudo, perante a hierarquia constitucional dos tratados internacionais de direitos humanos e a necessidade de um controle que considere os comandos desses instrumentos ao lado dos comandos do texto constitucional, a expressão *controle da constitucionalidade* se revelou mais pertinente. Com isso, possível entender, por inconstitucionalidade, a incompatibilidade de qualquer ato com ditames constitucionais provenientes da Constituição Formal e do bloco de constitucionalidade. Para o controle da constitucionalidade, essas normas são, unidas, parâmetros.

17. O sistema de controle da constitucionalidade no Brasil está apto para acolher os tratados de direitos humanos na posição de parâmetros. Para tanto, basta uma releitura dos dispositivos constitucionais pertinentes incluindo esses tratados nessa condição e afastando comandos constitucionais que se aplicam aos outros tratados internacionais.

18. O controle preventivo é o que se mostra mais eficaz, já que impede o nascimento de uma norma em contrariedade com a Constituição por desrespeito a tratados de direitos humanos. No entanto, caso fuja a esse controle, resta o controle repressivo, na forma difusa ou concentrada.

19. Na forma difusa, o reconhecimento da contrariedade com a Constituição por ofensa a tratados de direitos humanos nos moldes expostos cabe a qualquer juízo e poderá chegar ao Supremo Tribunal Federal via recurso extraordinário. Já na forma concentrada, a Ação Direta de Inconstitucionalidade e a Ação Declaratória de Constitucionalidade mostram-se como meios hábeis. Mas, caso não seja esse o entendimento prevalente, caberá então Arguição de Descumprimento de Preceito Fundamental. Contudo, há entendimento no sentido de a exigência da subsidiariedade não ter sustentação constitucional e, caso tal entendimento prevaleça, será ampliar a possibilidade de uso desse instrumento.

20. Independentemente da questão hierárquica, tem perfeita acolhida a ação de inconstitucionalidade objetivando a intervenção em Estado-membro por ofensa aos direitos da pessoa humana (arts. 34, VII e 36, III), pois não se pode considerar que esses direitos estejam apenas na Constituição, estão também em muitos tratados internacionais incorporados no ordenamento jurídico pátrio.

21. Por fim, considerando que o cidadão ainda não tem legitimidade ativa para as ações do controle concentrado, bem-vindo o exercício do direito de petição a fim de provocar os legitimados a agirem no sentido de expurgar a inconstitucionalidade por ofensa às normas com valor constitucional, entre elas, as provenientes dos tratados internacionais de direitos humanos.

REFERÊNCIAS

ACCIOLY, Hildebrando; SILVA, G. E. do Nascimento; CASELLA, Paulo Borba. *Manual de direito internacional público*. 17. ed. São Paulo: Saraiva, 2009.

AIDAR, Carlos Miguel C. Perspectiva didática dos tratados internacionais. In: AMARAL, Antonio Carlos Rodrigues do (coord.). *Tratados internacionais na ordem jurídica brasileira*. Prefácio de José Francisco Rezek. São Paulo: Aduaneiras, 2005.

ALARCÓN, Pietro de Jesús Lora. A efetividade dos direitos humanos: o desafio contemporâneo. In: A contemporaneidade dos direitos fundamentais. *Revista Brasileira de Direito Constitucional*, São Paulo: ESDC, n. 4, 2004.

ARAUJO, José Antonio Estévez. *La Constitución como proceso y la desobediencia civil*. Colección Estructuras y Procesos. Serie Derecho. Madrid: Trotta, 1994.

ARAÚJO, Luiz Alberto David; NUNES JÚNIOR, Vidal Serrano. *Curso de direito constitucional*. 11. ed. São Paulo: Saraiva, 2007.

BARACHO, José Alfredo de Oliveira. *Direito processual constitucional:* aspectos contemporâneos. Belo Horizonte: Fórum, 2008.

BARROSO, Luís Roberto. *Curso de direito constitucional contemporâneo:* os conceitos fundamentais e a construção do novo modelo. São Paulo: Saraiva, 2009.

_____ . *Interpretação e aplicação da Constituição*. 5. ed. São Paulo: Saraiva, 2003.

BASTOS, Celso Ribeiro. *Curso de direito constitucional*. 22. ed. São Paulo: Saraiva, 2001.

_____ . *Hermenêutica e interpretação constitucional*. 3. ed. São Paulo: Celso Bastos, 2002.

_____ . *Interpretação e aplicação da Constituição*. 2. ed. São Paulo: Saraiva, 1998.

_____ ; MARTINS, Ives Gandra. *Comentários à Constituição do Brasil*. São Paulo: Saraiva, 1998. v. 1: Pré-constitucionalismo. O Estado. Constituição. Arts. 1º a 4º.

BECCARIA, Cesare. *Dos delitos e das penas*. Trad. Torrieri Guimarães. São Paulo: Hemus, s.d.

BITTENCOURT, C. A Lúcio. *O controle jurisdicional da constitucionalidade das leis*. Rio de Janeiro: Forense, 1949.

BOBBIO, Norberto. *A era dos direitos*. Trad. Carlos Nelson Coutinho. Rio de Janeiro: Campus, 1992.

BONAVIDES, Paulo. *Curso de direito constitucional*. 13. ed. São Paulo: Malheiros, 2003.

_____ . *Do Estado liberal ao Estado social*. 6. ed. São Paulo: Malheiros, 1996.

BULOS, Uadi Lammêgo. *Curso de direito constitucional*. São Paulo: Saraiva, 2007.

CAFIERO, Juan Pablo; FAUR, Marta Ruth; LLAMOSAS, Esteban Miguel; LEÓN, Juan Méndez Rodolfo Ponce de; VALLEJOS, Cristina Maria. *Jerarquía constitucional de los tratados internacionales:* fundamentos. Tratados de derechos humanos. Operatividad. Tratados de integración. Accion positiva.

Derecho a la vida. Derecho de réplica. Diretores Juan Carlos Veja; Marisa Adriana Graham. Buenos Aires: Astrea de Alfredo y Ricardo Depalma, 1996.

CANOTILHO, José Joaquim Gomes. *Direito constitucional e teoria da Constituição*. 4. ed. Coimbra: Almedina, 2000.

_____. *Constituição dirigente e vinculação do legislador* — contributo para a compreensão das normas constitucionais programáticas. Coimbra: Coimbra, 1994.

_____. *Direito constitucional*. 5. ed. Coimbra: Almedina, 1991.

CAPPELLETTI, Mauro. *O controle judicial de constitucionalidade das leis no direito comparado*. 2. ed. Porto Alegre: Sergio Antonio Fabris, 1999.

_____. *Juízes legisladores?* Trad. Carlos Alberto Álvaro de Oliveira. Porto Alegre: Sergio Antonio Fabris, 1993.

CARRIÓ, Genaro R. *Los derechos humanos y su protección:* distintos tipos de problemas. Buenos Aires: Abeledo-Perrot, 1990.

CAVALCANTI, Themístocles Brandão. *Do controle da constitucionalidade*. Rio de Janeiro: Forense, 1966.

CINTRA JÚNIOR, Dyrceu Aguiar. O judiciário e os tratados internacionais sobre direitos humanos. In: FIGUEIREDO, Lucia (coord.). *Revista Especial do Tribunal Regional Federal 3ª Região*. Escola de Magistrados. Seminário Incorporação dos tratados internacionais de proteção dos direitos humanos no direito brasileiro. São Paulo: Imprensa Oficial do Estado — Imesp, 1997.

CLÈVE, Clèmerson Merlin. *A fiscalização abstrata da constitucionalidade no direito brasileiro*. 2. ed. São Paulo: Revista dos Tribunais, 2000.

COMPARATO, Fábio Konder. *Afirmação histórica dos direitos humanos*. 5. ed. São Paulo: Saraiva, 2007.

CONI, Luís Cláudio. *A internacionalização do poder constituinte*. Porto Alegre: Sergio Antonio Fabris, 2006.

CUNHA, José Ricardo. Direitos humanos e justiciabilidade: pesquisa no Tribunal de Justiça do Rio de Janeiro. In: *Revista Internacional de Direitos Humanos*, SUR, n. 3, ano 2, 2005.

DALLARI, Dalmo de Abreu. *Elementos de teoria geral do Estado*. 19. ed. São Paulo: Saraiva, 1995.

DALLARI, Pedro Bohomoletz de Abreu. Tratados internacionais na Emenda Constitucional n. 45. In: TAVARES, André Ramos; LENZA, Pedro; ALACÓN, Pietro de Jesús Lora (coords.). *Reforma do judiciário analisada e comentada*. São Paulo: Método, 2005.

_____. *Constituição e tratados internacionais*. São Paulo: Saraiva, 2003.

_____. Normas internacionais de direitos humanos e a jurisdição nacional. In: FIGUEIREDO, Lucia (coord.). *Revista Especial do Tribunal Regional Federal 3ª Região*. Escola de Magistrados. Seminário Incorporação dos tratados internacionais de proteção dos direitos humanos no direito brasileiro. São Paulo: Imprensa Oficial do Estado — Imesp, 1997.

_____. *Constituição e relações exteriores*. São Paulo: Saraiva, 1994.

DANTAS, Ivo. *Teoria do Estado*. Direito constitucional I. Belo Horizonte: Del Rey, 1989.

DIMOULIS, Dimitri. O art. 5º, § 4º, da CF: dois retrocessos políticos e um fracasso normativo. In: TAVARES, André Ramos; LENZA, Pedro; ALARCÓN, Pietro de Jesús Lora (coords.). *Reforma do judiciário analisada e comentada*. São Paulo: Método, 2005.

DROMI, José Roberto. La reforma constitucional. El constitucionalismo del "por-venir". La reforma de la Constitución. In: ENTERRIA, Eduardo Garcia; AREVALO, Manuel Clavero (dirs.). *El derecho publico de finales de siglo:* una perspectiva iberoamericana. Madrid: Civitas/BBV, 1997.

FERNANDES, Pádua. *A produção legal da ilegalidade:* os direitos humanos e a cultura jurídica brasileira. Tese de doutorado. Faculdade de Direito da Universidade de São Paulo, 2005.

FERRARA, Francesco. *Interpretação e aplicação das leis*. Trad. Manuel A. Domingues de Andrade. 3. ed. Coimbra: Armênio Amado, 1978.

FERRARI, Regina Maria Macedo Nery. *Efeitos da declaração de inconstitucionalidade*. 5. ed. São Paulo: Revista dos Tribunais, 2004.

FERRAZ JÚNIOR, Tercio Sampaio. *Introdução ao estudo do direito:* técnica, decisão, dominação. 4. ed. São Paulo: Atlas, 2003.

FERREIRA FILHO, Manoel Gonçalves. *Direitos humanos fundamentais*. 10. ed. São Paulo: Saraiva, 2008.

_____ . *Curso de direito constitucional*. 31. ed. São Paulo: Saraiva, 2005.

_____ . *Do processo legislativo*. São Paulo: Saraiva, 2002.

FERREIRA, Pinto. *Curso de direito constitucional*. São Paulo: Saraiva, 1998.

_____ . *Comentários à Constituição brasileira*. São Paulo: Saraiva, 1992. v. 4: Arts. 92 a 126.

FIGUEIREDO, Marcelo. O controle de constitucionalidade: algumas notas e preocupações. In: TAVARES, André Ramos; ROTHENBURG, Walter Claudius (orgs.). *Aspectos atuais do controle de constitucionalidade no Brasil*. Rio de Janeiro: Forense, 2003.

FIÚZA, Ricardo Arnaldo Malheiros. *Direito constitucional comparado*. 4. ed. Belo Horizonte: Del Rey, 2004.

FRAGA, Mirtô. *O conflito entre tratado internacional e norma de direito interno:* estudo analítico da situação do tratado na ordem jurídica brasileira. Rio de Janeiro: Forense, 1998.

FUNDAÇÃO Casa de Rui Barbosa. *Rui Barbosa e a Constituição de 1891*. Rio de Janeiro: Forense Universitária, 1985.

GARCIA, Emerson. Dignidade da pessoa humana: referenciais metodológicos e regime jurídico. In: A contemporaneidade dos direitos fundamentais. *Revista Brasileira de Direito Constitucional*, São Paulo: ESDC, n. 4, 2004.

GARCIA, Maria. Torres gêmeas: as vítimas silenciadas. O direito internacional entre o caos e a ordem. A questão cultural no mundo globalizado. *Revista de Direito Constitucional e Internacional*, São Paulo: Revista dos Tribunais, ano 14, n. 55, 2006.

_____ . A Constituição e os tratados — a integração constitucional dos direitos humanos. Cadernos de Direito Constitucional e Ciência Política. *Revista de Direito Constitucional e Internacional*, São Paulo, Revista dos Tribunais, ano 9, n. 37, 2001.

_____ . Arguição de descumprimento: direito do cidadão. Cadernos de Direito Constitucional e Ciência Política, *Revista de Direito Constitucional e Internacional*, São Paulo, Revista dos Tribunais, ano 8, n. 32, 2000.

_____ . Denúncia. Necessidade da participação do poder legislativo. O princípio constitucional da tripartição dos poderes. Cadernos de Direito Constitucional e Ciência Política, *Revista de Direito Constitucional e Internacional,* São Paulo, Revista dos Tribunais/Instituto Brasileiro de Direito Constitucional, ano 5, n. 21, 1997.

_____ . *Desobediência civil:* direito fundamental. São Paulo: Revista dos Tribunais, 1994.

GOMES, Luiz Flávio; VIGO, Rodolfo Luis. Do Estado de direito constitucional e transnacional: riscos e precauções (navegando pelas ondas evolutivas do Estado, do direito e da justiça). Trad. Yellbin Morote García. In: GOMES, Luiz Flávio; BIANCHINI, Alice (dirs.). *Coleção de direito e ciências afins*. São Paulo: Premier Máxima, 2008. v. III.

GUERRA FILHO, Willis Santiago. *Processo constitucional e direitos fundamentais*. São Paulo: RCS, 2005.

HÄBERLE, Peter. *Hermenêutica constitucional:* a sociedade aberta dos intérpretes da Constituição: contribuição para a interpretação pluralista e "procedimental" da Constituição. Trad. Gilmar Ferreira Mendes. Porto Alegre: Sergio Antonio Fabris, 1997.

HENRIQUES JÚNIOR, Fernando do Couto. Conflito entre norma interna e norma de tratado internacional. In: AMARAL, Antonio Carlos Rodrigues do (coord.). *Tratados internacionais na ordem jurídica brasileira.* São Paulo: Aduaneiras, 2005.

HESSE, Konrad. *Escritos de derecho constitucional.* Colección Estudios Constitucionales. Madrid: Centro de Estudios Constitucionales, 1983.

KELSEN, Hans. *Teoria geral do direito e do Estado.* Trad. Luís Carlos Borges. São Paulo: Martins Fontes, 2005.

_____ . *Jurisdição constitucional.* Introdução e revisão técnica de Sérgio Sérvulo da Cunha. São Paulo: Martins Fontes, 2003.

_____ . *Teoria pura do direito.* Trad. João Baptista Machado. São Paulo: Martins Fontes, 2000.

KLAUTAU FILHO, Paulo. Universalismo *versus* relativismo cultural — legitimidade da concepção cosmopolita dos direitos humanos. In: A contemporaneidade dos direitos fundamentais. *Revista Brasileira de Direito Constitucional*, São Paulo: ESDC, n. 4, 2004.

LAFER, Celso. *A internacionalização dos direitos humanos. Constituição, racismo e relações internacionais.* São Paulo: Manole, 2005.

_____ . Resistência e realizabilidade da tutela dos direitos humanos no plano internacional no limiar do século XXI. In: AMARAL JÚNIOR, Alberto do; PERRONE-MOISÉS, Cláudia (orgs.). *O cinquentenário da declaração universal dos direitos do homem.* São Paulo: USP, 1999.

_____ . *A reconstrução dos direitos humanos* — um diálogo com o pensamento de Hannah Arendt. São Paulo: Companhia das Letras, 1988.

LAMY, Marcelo. *Efeitos amplificados das decisões judiciais no controle concreto de constitucionalidade:* uma teoria dos precedentes constitucionais. Tese de Doutorado. PUC/SP, 2008.

LENZA, Pedro. *Direito constitucional esquematizado.* 13. ed. São Paulo: Saraiva, 2009.

LOEWENSTEIN, Karl. *Teoría de la Constitución.* Trad. Alfredo Gallego Anabitarte. Barcelona: Ariel, 1986.

LOUREIRO, Silvia Maria da Silveira. *Tratados internacionais sobre direitos humanos na Constituição.* Belo Horizonte: Del Rey, 2005.

LUÑO, Antonio E. Perez. Los derechos fundamentales. In: *Temas clave de la Constitución española.* 5. ed. Madrid: Tecnos, 1993.

MAGALHÃES FILHO, Glauco Barreira. *Hermenêutica e unidade axiológica da Constituição.* 3. ed. Belo Horizonte: Mandamentos, 2004.

MALHEIROS, Antonio Carlos. A prisão civil e os tratados internacionais. In: FIGUEIREDO, Lucia (cood.). *Revista Especial do Tribunal Regional Federal 3ª Região.* Escola de Magistrados. Seminário Incorporação dos tratados internacionais de proteção dos direitos humanos no direito brasileiro. São Paulo: Imprensa Oficial do Estado — Imesp, 1997.

MALUF, Sahid. *Teoria geral do Estado.* 24. ed. São Paulo: Saraiva, 1998.

MARTINS, Ives Gandra da Silva. Direitos humanos — aspectos jurídicos. In: A contemporaneidade dos direitos fundamentais. *Revista Brasileira de Direito Constitucional* — RBDC, São Paulo: ESDC, n. 4, 2004.

MATTOS, Adherbal Meira. *Direito internacional público.* 2. ed. Rio de Janeiro: Renovar, 2002.

MAXIMILIANO, Carlos. *Hermenêutica e aplicação do direito.* 19. ed. Rio de Janeiro: Forense, 2003.

MAZZUOLI, Valério de Oliveira. O controle de convencionalidade das leis. In: *Tribuna do Direito*, fev. 2009.

_____ . *Direito internacional público:* parte geral. 4. ed. São Paulo: Revista dos Tribunais, 2008.

_____ . *Direitos humanos, Constituição e os tratados internacionais:* estudo analítico da situação e aplicação do tratado na ordem jurídica brasileira. São Paulo: Juarez de Oliveira, 2002.

MEDEIROS, Antônio Paulo Cachapuz de. *O poder de celebrar tratados:* competência dos poderes constituídos para a celebração de tratados, à luz do direito internacional, do direito comparado e do direito constitucional brasileiro. Porto Alegre: Sergio Antonio Fabris, 1995.

MELLO, Celso D. de Albuquerque. *Curso de direito internacional público.* 15. ed. Rio de Janeiro: Renovar, 2004. v. 1.

_____ . *Direito constitucional internacional.* 2. ed. Rio de Janeiro: Renovar, 2000.

_____ . *Responsabilidade internacional do Estado.* Rio de Janeiro: Renovar, 1995.

MELLO, Mônica de; PFEIFFER, Roberto Augusto Castellanos. Impacto da convenção americana de direitos humanos nos direitos civis e políticos. In: GOMES, Luiz Flávio; PIOVESAN, Flávia (coords.). *O sistema interamericano de proteção dos direitos humanos e o direito brasileiro.* São Paulo: Revista dos Tribunais, 2000.

MELLO, Oswaldo Aranha Bandeira de. *A teoria das Constituições rígidas.* 2. ed. São Paulo: Bushatsky, 1980.

MENDES, Gilmar Ferreira. *Jurisdição constitucional:* o controle abstrato de normas no Brasil e na Alemanha. 5. ed. São Paulo: Saraiva, 2005.

MENDES, Gilmar Ferreira; COELHO, Inocêncio Mártires; BRANCO, Paulo Gustavo Gonet. *Curso de direito constitucional.* 2. ed. São Paulo: Saraiva, 2008.

MIRANDA, Jorge. *Teoria do Estado e da Constituição.* Rio de Janeiro: Forense, 2003.

_____ . *Contributo para uma teoria da inconstitucionalidade.* Coimbra: Coimbra, 1996.

_____ . A originalidade e as principais características da Constituição portuguesa. In: RIBEIRO, Lauro Luiz Gomes; BERARDI, Luciana Andréa Accorsi (orgs.). *Estudos de direito constitucional*: homenagem à professora Maria Garcia. São Paulo: IOB-Thomson, 2007.

MORAES, Alexandre de. *Direitos humanos fundamentais* — teoria geral. Comentários aos arts. 1º a 5º da Constituição da República Federativa do Brasil. Doutrina e jurisprudência. 8. ed. São Paulo: Atlas, 2007.

PIOVESAN, Flávia. Direitos humanos e propriedade intelectual: proteção internacional e constitucional. In: RIBEIRO, Lauro Luiz Gomes; BERARDI, Luciana Andréa Accorsi (orgs.). *Estudos de direito constitucional*: homenagem à professora Maria Garcia. São Paulo: IOB/Thomson, 2007.

_____ . *Direitos humanos e o direito constitucional internacional.* 7. ed. São Paulo: Saraiva, 2006.

_____ . *Direitos humanos e justiça internacional.* São Paulo: Saraiva, 2006.

_____ . *Proteção judicial contra omissões legislativas:* ação direta de inconstitucionalidade por omissão e mandado de injunção. São Paulo: Revista dos Tribunais, 1995.

_____ ; GOMES, Luiz Flávio (coord.). *O sistema interamericano de proteção dos direitos humanos e o direito brasileiro.* São Paulo: Revista dos Tribunais, 2000.

_____ ; VIEIRA, Renato Stanziola. A força normativa dos princípios constitucionais fundamentais: a dignidade da pessoa humana. In: *Temas de direitos humanos.* São Paulo: Max Limonad, 2003.

PUGLIESI, Márcio. *Por uma teoria do direito:* aspectos microssistêmicos. São Paulo: RCS, 2005.

RAMOS, André de Carvalho. *Processo internacional de direitos humanos:* análise dos sistemas de apuração de violações dos direitos humanos e a implementação das decisões no Brasil. Rio de Janeiro: Renovar, 2002.

RAMOS, Dircêo Torrecillas. A formação da doutrina dos direitos fundamentais. A forma do Estado e a proteção dos direitos: opção pelo federalismo. In: A contemporaneidade dos direitos fundamentais. *Revista Brasileira de Direito Constitucional* — RBDC, São Paulo: ESDC, n. 4, 2004.

RAMOS, Elival da Silva. *A inconstitucionalidade das leis:* vício e sanção. São Paulo: Saraiva, 1994.

REZEK, Francisco. *Direito internacional público:* curso elementar. 10. ed. São Paulo: Saraiva, 2005.

RODAS, João Grandino. *Tratados internacionais.* São Paulo: Revista dos Tribunais, 1991.

RUTHENBURG, Walter Claudius. Intervenção federal na hipótese de recusa à execução de lei federal, por requisição do STF: leitura e releitura à luz da EC n. 45. In: TAVARES, André Ramos; LENZA, Pedro; ALACÓN, Pietro de Jesús Lora (coords.). *Reforma do judiciário analisada e comentada.* São Paulo: Método, 2005.

SÁCHICA, Luis Carlos. *Esquema para una teoría del poder constituyente.* 2. ed. Bogotá: Temis, 1985.

SALDANHA, Nelson. *O poder constituinte.* São Paulo: Revista dos Tribunais, 1986.

SANTOS, Boaventura Sousa. Por uma concepção multicultural de direitos humanos. In: *Reconhecer para libertar:* os caminhos do cosmopolitanismo multicultural. Rio de Janeiro: Civilização Brasileira, 2003.

SARLET, Ingo Wolfgang. *Dignidade da pessoa humana e direitos fundamentais.* 5. ed. Porto Alegre: Livraria do Advogado, 2007.

_____. *A eficácia dos direitos fundamentais.* 7. ed. Porto Alegre: Livraria do Advogado, 2007.

SESSAREGO, Carlos Fernández. Protección a la persona humana. In: Autoria coletiva. *Daño y protección a la persona humana.* Buenos Aires: La Rocca, 1993.

SILVA, José Afonso. *Aplicabilidade das normas constitucionais.* 3. ed. São Paulo: Malheiros, 1998.

TAVARES, André Ramos. A repercussão geral no recurso extraordinário. In: TAVARES, André Ramos; LENZA, Pedro; ALARCÓN, Pietro de Jesús Lora (coords.). *Reforma do judiciário analisada e comentada.* São Paulo: Método, 2005.

_____. *Curso de direito constitucional.* 5. ed. São Paulo: Saraiva, 2007.

_____. *Tratado da arguição de preceito fundamental.* São Paulo: Saraiva, 2001.

TEIXEIRA, J. H. Meirelles. *Curso de direito constitucional.* Org. e atual. Maria Garcia. Rio de Janeiro: Forense Universitária, 1991.

TOMAZ, Carlos Alberto Simões. O décimo segundo camelo de Luhmann e o § 3º do art. 5º da Constituição brasileira acrescido pela Emenda Constitucional n. 45: inconstitucionalidade a partir de uma visão extradogmática do direito tendo como paradigma a alopoiese jurídica. In: Teoria da Constituição, *Revista Brasileira de Direito Constitucional*, São Paulo: ESDC, n. 6, 2005.

TORRECILLAS, Dircêo Ramos. A formação da doutrina dos direitos fundamentais. A forma do Estado e a proteção dos direitos: opção pelo federalismo. In: A contemporaneidade dos direitos fundamentais. *Revista Brasileira de Direito Constitucional*, São Paulo: ESDC, n. 4, 2004.

TRINDADE, Antônio Augusto Cançado. *Tratado de direito internacional dos direitos humanos.* Porto Alegre: Sergio Antonio Fabris, 2003. v. 2.

_____. *Tratado de direito internacional dos direitos humanos.* Porto Alegre: Sergio Antonio Fabris, 1999. v. 1 e 2.

_____. *A proteção internacional dos direitos humanos:* fundamentos jurídicos e instrumentos básicos. São Paulo: Saraiva, 1991.

VELLOSO, Carlos Mário da Silva. Tratados internacionais na jurisprudência do Supremo Tribunal Federal. In: AMARAL, Antonio Carlos Rodrigues do (coord.). *Tratados internacionais na ordem jurídica brasileira.* Prefácio José Francisco Rezek. São Paulo: Aduaneiras, 2005.

VIEIRA, Oscar Vilhena. A gramática dos direitos humanos. *Revista do Ilanud,* São Paulo, n. 17, 2001.